충청도는 왜 웃긴가?

— '청풍명월'의 말과 웃음

충청도는 왜 웃긴가?

— '청풍명월'의 말과 웃음

목차

들어가며

목차

제6장

말(言)

제7장

'충청도 따라 하기'의 필요성

들어가며

지역마다 고유한 기질이 있다. 이 기질은 그 지역이 안고 있는 자연과 역사 그리고 문화에 좌우되는 경향이 있어 다른 색채를 띨 수밖에 없다. 경상도 사람들은 높고 험한 산들과 큰 강을 끼고 있어 급하고 단호한 면을 보인다. 전라도는 산세가 부드럽고 너른 들판 덕에 식량도 풍부해 여유가 있고 정이 많은 편이다. 이북 사람들은 척박한 환경 탓에 생활력이 강한 대신 억세고 모진 면이 두드러진다. 한반도의 가운데를 차지하고 있는 충청도의 기질은 어떨까? 충청도 기질은 한두 마디로는 설명이 어렵다. 아래위 사이에 끼인 지리성과 복잡다단한 역사성 때문이다. 굳이 표현하자면, 부드럽고 소심하며 재미나다 정도로 말 할 수 있겠다. 싸이Psy가 세계적으로 히트한 '강남 스타일'이 언젠가는 '충청 스타일'로 버전을 달리하며 선보일 날이 올 것이라 믿는다. 우리 민족의 기질 중에서 가장 독특하며 가장 긍정적인 면모를 보이는 까닭이다.

경상도 사람들은 지형적 특성 탓에 친척 집에 가면 반드시 유하고 가는 게 관행처럼 되어 있다. 빈손으로 가기 미안해서 무얼 좀 장만해 가면 "뭐하러 이런 걸 사 왔냐?" 겸사를 연발하지만, 그건 그냥 "고맙다."라는 말의 경상도식 표현일 뿐이다. 한국에 시집온 외국 며느리들이 한 번씩 경험하는 지극히 경상도적인 에피소드가 있는데, 일본서 온

며느리가 뭘 들고 가면 싫어하는 줄 알고 그다음에 빈손으로 갔다가 서운해하는 시부모 모습에 당황한 일화가 TV 프로그램에도 소개된 바 있다. 경상도에서는 돈이나 음식 앞에서 손사래를 치며 사양하더라도 끝까지 들이미는 미덕을 보여야 한다. 손사래가 본심이 아니기 때문이다. 받고 싶은 마음은 굴뚝 같지만, 유교가 가르치는 겸양지덕 때문에 마음과 달리 손은 사래질하는 것이다. 이런 모습은 전라도나 충청도에서는 찾아보기 힘든 풍경일 것이다.

미국의 언어학자이자 철학자인 노암 촘스키(Avram Noam Chomsky, 전 MIT 교수, 1928~)는 "인간의 뇌에는 언어 학습을 촉진하는 선천적 장치인 '언어 습득 장치(Language Acquisition Device, LAD)'가 태어날 때부터 갖춰지고, 언어 습득 능력은 태어나서 13세까지 가장 활발하게 진행되며, 언어능력은 일반적인 지적 능력과는 달라서 '배우는 것learning'이 아니라 '습득하는 것acquisition'"이라고 정의한다. 따라서 적절한 입력이 언어 습득에 가장 큰 영향을 미친다고 본다. 입력된 내용이 있으면 응용이 가능하다는 촘스키의 이 '변형생성문법Transformational Generative Grammar' 이론은 영어 학습에 큰 영향을 끼쳤다. 기존의 구조주의 언어학 이론은, 언어를 소쉬르(Ferdinand de Saussure, 스위스 언어학자, 1857~1913)의 주장처럼, "요소 간의 관계로 결정되는 체계"로 보았다. 즉, 사고력과 가르침이라는 요소들에 따라 언제든지 언어의 구사가 영향을 받는다고 생각한 것이다. "언어 구사력은 13세 이전에 대부분 결정된다."라고 본 촘스키와는 차이를 보였다.[1] 따라서 소쉬르와 달리 촘스키의 이론에 따르면 유아 때 정글에 홀로 버려진 '타잔Tarzan'이나 '모글리Mowgli'가 동물들과 살다가 인간의 말을 하게 된다는 설정은, 영화

---

[1]   위키백과, '촘스키', '소쉬르', '구조주의 언어학', '변형생성문법' 참조

나 소설의 상상 세계에서나 존재할 뿐 현실에서는 불가능한 것이 된다. 촘스키의 관점에서 볼 때 한국 사회의 구성원들이 구사하는 말들은 그들을 키운 환경과 절대 무관하지 않다. 13세 이전에 개인의 언어 구사 능력과 스타일이 결정된다면, 그 개인을 키운 성장 환경은 그의 언어 구사에 절대적 요소임이 틀림없다 하겠다. 그래서 우리 조상들은 '본 바'나 '밥상머리 교육'을 강조했던 모양이다. 보고 들은 것들과 집안에서의 가르침이 그 개인의 언어 구사를 이루는 인격^{Personality} 형성을 좌우한다고 여긴 것이다.

충청도는 해학이 넘치는 고장이다. 우리나라의 개그맨을 가장 많이 배출한 지역이라는 통계 하나만으로도 충청도 사람들의 해학성을 가늠할 수 있다. 해학을 "인생을 관조하는 하나의 태도이며 견해"라고 표현한 중국의 언어학자인 린위탕^{林語堂}의 유머 개념에 따르면, "충청도 사람들은 인생에 대해 관조할 줄 안다."라고 말할 수 있을 것이다. 그 관조는 마침내 "인생이란 하나의 커다란 희극이며 인간은 무대에서 움직이는 꼭두각시일 뿐"[2]이라는 사실을 깨닫게 만든다. 삶을 깊고 그윽하게 바라보는 시선이 삶을 견디도록 힘을 주는 해학감^{諧謔感}을 만드는 것이다. 이 해학감은 대를 이어 계승된다. 이미 하나의 유전인자로 자리 잡은 까닭이다. 린위탕과 소쉬르의 분석이 틀리지 않는다면, 다른 지방에 비해 충청도에 해학이 풍성한 근원적 배경은 '관조 습관'과 '언어 환경'이 될 것이다.

필자는 이런 충청도 사람들을 '청풍명월^{淸風明月}'이라는 별칭으로 부르기로 한다. 달처럼 한적하니 밤하늘에 떠서는 안 보는 척하면서 세상만사 다 굽어보고, 분명히 느낄 수 있을 만큼 존재감을 드러내는 소

---

2   임어당, 〈중국, 중국인〉, 80p 참조, 도서출판 장락, 1991.

슬바람 같은 까닭이다. 일찍이 조선의 개국공신 삼봉 정도전(三峰 鄭道傳, 1342~1398)도 팔도를 품평한 글에서 충청인의 기질을 "明月淸風 廣山照 忠孝全心 傳授統"이라고 표현하며 '청풍명월'이라 읊은 바 있다.[3] 충청도를 '명월청풍明月淸風'으로 부른 데는 남한강과 충주호, 금강 등이 빚어내는 깨끗한 풍경과 맑은 환경을 부각한 것이라 여겨진다. 많은 시인 묵객이 남한강의 수려한 풍경을 찬양했다. '삼봉三峰'이라는 호도 충북 단양의 절경 도담삼봉嶋潭三峰에서 딴 것인데, 퇴계 이황(退溪 李滉, 1501~1570)의 시가 일품이다.

山明楓葉水明沙
三島斜陽帶晚霞
爲泊仙蹉橫翠壁
待看星月湧金波

산은 단풍으로 붉고 물에는 맑은 모래 비치고
석양의 도담삼봉은 황혼이 드리웠네
신선의 뗏목은 비췻빛 절벽에 기대어 자고
별빛 달빛 아래 금빛 파도 일렁이네

한편, 1925년 <개벽開闢>지 5주년 기념호에 '박돌'이라는 필명으로 게재된 '팔도 대표의 팔도 자랑'에 "충청도는 세상이 부르기를 '청풍

---

3   삼봉은 이 글에서 팔도의 특성을 각각 이전투구(泥田鬪狗; 함경도), 산중맹호(山中猛虎; 평안도), 석전경우(石田耕牛; 황해도), 암산노불(岩山老佛; 강원도), 경중미인(鏡中美人; 경기도), 태산고악(泰山高嶽; 경상도), 풍전세류(風前細柳; 전라도) 등으로 별칭했다.

명월'이라 합니다."라는 문장도 있어 '청풍명월' 별칭에 대한 당위성과 정통성을 부여해준다.

30년 전 충청도의 어투와 화법에 꽂히면서부터 자연스럽게 충청도의 해학에 매료당했다. 오랜 시간 경상도와 전라도가 우리 사회를 양분하다시피 하면서 갈등을 보이는 시간을 겪은 탓도 크게 작용한 것으로 생각된다. 삶이 고달프던 시절 친한 친구는 어쩌다 만나면 코미디 영화를 보자고 제안하곤 했다. 그런 심정이었을 것이다. '제3의 도道'로 부를 수 있을 정도로 한국 현대사 외곽에 머물러온 충청도의 사람과 언어에 꽂힌 것이다. 그러면서 '충청도는 왜 웃길까?'를 화두로 삼기 시작했다. 언어의 특성과 구성원의 개성 그리고 지역 특색이 망라됐다. 필자는 점점 충청도의 퍼스낼리티Personality가 진영논리에 발목 잡힌 우리 사회의 강팍한 경직성을 풀어줄 수 있는 멋진 대안이 될 수 있지 않을까, 생각하게 되었다. 갈수록 더 급해지고 더 거칠어지는 우리의 매너와 언어 환경도 '충청도 따라 하기'를 하면 훨씬 나아질 것이라고 믿게 되었다. '청풍명월'을 닮아 여유와 해학을 아는 사람들이 우리 사회의 주류를 형성하면, 세상은 훨씬 부드럽고 편안해질 것이라 확신한 까닭이었다. 그 생각은 지금도 변함이 없다.

'청풍명월' 작가들을 비롯해 사례와 영감을 주신 모든 충청도 출신 인사들께 깊은 고마움을 표한다.

2020년 5월
안상윤

추천사

충청도 사람이 봐도 웃기는 충청도 이야기

이 책을 접하니 오래전 이문구 선생님의 《관촌수필》을 아주 재미있게 읽은 기억이 난다. 그때 소설 속 활자로 된 내 고향 충청도의 말을 소리 내어 읽으며 물씬 풍기는 고향의 구수한 냄새와 추억에 젖어 들었었다. 철없던 시절에는 촌스럽게만 느껴졌던 고향 말이 천안삼거리 휘늘어진 능수버들처럼 몰아치고 내치고 올리고 내리고 하니 꼭 판소리의 아니리[해설]가 따로 없다는 생각을 했었다.

내 고향은 충청남도 광천인데 배움이 짧았던 나의 아버지는 칠 남매 중 장남인 내게 거는 기대가 크셨는지 없는 살림에도 나를 서울에 있는 고등학교로 유학을 보내셨다. 고등학교에 입학한 후 첫 여름방학에 고향에 내려와 밭일을 돕고 있는데, 아버지께서 불쑥 내게 말씀하셨다.

"넌 아직도 그랬슈, 저랬슈냐, 쑥맥처럼."

"잘 안 돌아가유."

서울에 유학을 보낸 아들이 똑 부러지고 멋지게 서울말을 구사할 줄 알았는데 여전히 어눌하게 촌티 풀풀 풍기는 것이 성에 차지 않으셨던 모양이다. 실은 서울에서 구멍가게에 물건을 사러 가면 혹시나 고향 말이 튀어나올까 걱정되어 그저 눈짓 턱짓으로 "얼마…?" 하면서 얼버무렸으니, 서울말은 언감생심이었다. 그 당시 서울 친구들의 말씨는 내가 들어도 정말 사근사근하고 교양 있어 보였다. 그때가 1965년, 그로부터 55년에 이르렀으니 이만하면 제법 서울말을 구사할 법도 한데 나는 "아직도 혀가 잘 안 돌아가서" 그냥 편하게 고향 말을 하고 산다.

이번에 안상윤 선생의 책 《충청도는 왜 웃긴가?》를 보면서 충청도 사람도 아닌 분이 어째 이렇게 자상하고도 정감 있게 충청도 사람들의 말투와 정서를 되살려주는지 글을 읽으며 감탄을 하기도 하고 충청도식 유머에 한참을 웃기도 했다. 연상 "마져, 마져." 공감하며 읽다 보니 어느새 책 한 권이 후다닥 읽혔다. 나 역시 충청도 사람인데도 때로 당황스러울 때가 있는데 타지 사람들은 어련할까.

몇 년 전이었다. 충남 홍성에서 공연이 있었다. 모처럼 만에 고향에서 열리는 공연이어서 큰맘 먹고 고향의 친구들과 어른들을 초청하여 공연장에 모셨다. 그날 열광적인 박수와 함께 공연이 끝났다. 그런 곳에 생전 처음 와 보셨고 내 공연 역시 처음 접하신 고향 어른들이 꽤 흡족하셨던 모양인지 내게 그분들로선 최대의 찬사를 아끼지 않으셨다.

"좀 허네!"

우리 고향에서 "노래 좀 허네."는 최대한의 칭찬인 것이다.

이런 분위기이니 고향 사람들은 큰일이 있어도 호들갑 떨지도 않고 모든 게 구렁이 담 넘어가는 식이다. 그야말로 "됐슈."라는 말 한마디 갖고 웬만한 의사 표현을 다 할 수 있으니 말이다. "됐슈."라는 말은 억양의 높낮이와 길게 늘여 빼는 정도에 따라 정말 괜찮다는 건지, 기분 나쁘니 그만하라는 볼멘소리인지, 알았다는 이야긴지 달라진다.

아무튼, 야심 차게 서울로 유학 보낸 아들이 당최 서울말을 배우지 못하고 (이는 곧 서울에 적응하여 출세하지 못하고) 언저리로만 빙빙 돌아도 채근하지 않으시고 기다려주신 아버지 덕분에 마흔다섯에 나는 가수가 되었다. 충청도 사람 아니랄까 봐 느려도 한참 느려터지게 데뷔를 한 셈인데, 어릴 적엔 부끄럽게 여겼던 충청도 사투리가 무대 위에선 박수갈채를 받는 말이 되었다. 나의 공연에 와주신 팬들에게 "고마워유! 아, 고마워유!"라고 말하면 객석에선 큰 웃음으로 응답하며 아낌없이 박수를 보내주는 것.

지금 이 책을 덮으며 고향이 아닌데도 숨어 있는 소중한 언어들을 큰 발품 파시며 진주를 꿰듯 엮어 주신 안상윤 선생님, 청풍명월의 해학과 은근한 웃음으로 우리 모두에게 따뜻한 위로로 위안을 준 글들에 대해 나의 공연 말미에 늘 던지는 멘트를 보내드리고 싶다.

"안상윤 선생님, 고마워유~"

직설적이지 않고 아프지 않게 빙빙 돌려 말하지만, 자신의 속내와 생각을 은근하게 그러나 확실하게 드러내는 충청도식의 해학은 어쩌면 지금 이 시대에 우리에게 가장 필요한 미덕이 아닐까 싶다. 말을 못 참고 막말을 해댐으로써 자신이 수십 년 동안 쌓아온 노력을 한순간에 날려버리는 사람들에 대한 뉴스를 접할 때마다 안타까웠는데, 참으로 시의적절한 책이 나왔다고 생각한다. 이런 시기에 많은 분이 나처럼 이 책을 읽으며 여유와 웃음을 찾을 수 있기를 바란다.

2020년 5월
장사익 · 소리꾼

충청도는 왜 웃긴가?

— 청풍명월의 말과 웃음

제1장

웃음의 미학

만나면 늘 즐거운 상대가 있다. 유머가 많은 사람이다. 웃다 보면 머리가 맑아지고 체중도 준다. 같은 스토리를 얘기해도 표현력이 좋은 사람이 있다.

"아! 그 사람이 기분이 업up 돼서…"를, "아! 그 작대기가 콧구멍이 벌럼벌럼해지며 콧구멍 평수가 점점 넓어지더니…"라고 부풀려서 표현하면 듣는 사람은 더욱더 재미있어 하는 법이다.

정치권의 모 씨는 식당에서 서비스를 잘 받기로 유명했다. 그의 비법은 듣기 좋은 아부성 발언이었다. 그는 생전 처음 가는 식당에서도 종업원이나 주인을 상대로 너스레를 떤다.

"가만있자, 가만있자! 1983년 미스 경북 진 맞제?"

여자들은 저 먹으려고 숨겨 놓았던 오징어 젓갈이며 명란젓, 나물, 꿀차 따위를 내오느라 분주해지게 마련이다. 미모가 되건 말건 그런 얘기 듣고 기분 나빠할 사람은 없다. 사람들은 모두 한 구석들은 자신이 대단하다고 여기고 있게 마련이니까. 대단한 커뮤니케이션이 아닐 수 없다.

이런 사람도 있다.

"어쩌면 그렇게 미인이세요? 이쁜 게 죄라면 정말 사형감인데요."

머리 나쁜 사람은 얼른 웃지 못한다. 칭찬인지 파악하는 데 형광등처럼 조금 시간이 걸리는 까닭이다.

좀 더 어려운 표현도 있다.

"아니, 이 동북아시아 변방에서 이렇게 예뻐도 괜찮은 겁니까?"

베네치아의 전설적인 바람둥이 카사노바(Giacomo Casanova, 1725~1798)형 표현들도 있다.

"아버지가 도둑이셨죠? 당신 두 눈이 하늘에서 훔쳐 온 별 같아서요."

"피곤하시겠어요. 온종일 내 맘속을 맴도느라."

"어떡하죠? 당신 눈 속에서 길을 잃어버렸어요."

유머는 매력의 코드로 작용한다. 이명박 대통령이 방미 중에 미국 상공인들을 만난 자리에서 반기문 당시 UN 사무총장을 소개했다.

"이분은 실업자로 외국을 전전하다 천신만고 끝에 UN에 어렵게 취직을 했습니다."

좌중은 웃음을 터뜨렸고 이 대통령은 호감을 얻었다.

우스갯소리에 한참을 웃게 되는 예도 있다.

역사 시간에 선생님이 돌이에게 물었다.

"이토 히로부미를 쏜 사람은 누구인가?"

돌이가 하얗게 질린 얼굴로 답했다.

"선생님, 제가 안 죽였는데요."

장난을 친다고 여긴 선생이 돌이 아버지를 불렀다. 돌이 아버지가 선생에게 말했다.

"제가 제 아들을 다 아는 건 아니지만, 쟤가 사람 죽일 애는 절대 아닙니다."

안중근, 하얼빈역, 애국심, 항일운동 등은 온데간데없이 사라지고 살인자로 의심받는다고 여기는 돌이 부자의 진땀이 두드러진다. 이 허를 찌르는 비틀기가 사람들에게 웃음을 제공한다.

외국어가 화제가 된 자리에서 누군가가 말했다.

"저도 두 개 정도는 합니다."

"어떤 거죠?"

"참말과 거짓말요."

역시 비틀기다.

딱딱하게 마련인 표어도 유머를 가하면 설득력이 높아진다. 훈계보다 웃음이 더 힘이 센 까닭이다. 대표적인 게 공중화장실에 있다.

"남자가 흘리지 말아야 할 것은 눈물만이 아닙니다."

"한 발짝만 다가와 주면 여러분의 물건을 못 본 체하겠습니다."

'하루에 통쾌하게 세 번만 웃으면 병이 생길 틈이 없다'라는 말이 있다. 사실이라고 믿는다. 배를 잡고 웃게 될 때는 650개 근육 가운데 230개가 움직여 혈액순환 효과가 등산한 정도에 해당한다고 한다. 웃음으로 자극을 받는 부교감신경이 자율신경을 자유롭게 함으로써 혈액순환을 돕고, 혈압을 낮추며, 긴장을 풀어주고, 면역력을 키운다.

다섯 살에 알코올 중독으로 부친을 잃은 후 모친이 정신 질환에 시달리는 등 불우한 환경에서 자란 찰리 채플린(Charlie Chaplin, 1889~1977)을 위대한 희극 배우로 만든 원동력은 다름 아닌 웃음이고 유머였다.

"인생은 가까이에서 보면 하나의 비극이지만, 멀리서 보면 한 편의 코미디이다."

이 찰리 채플린의 명언은 그의 삶을 관통한 지론이었다. 비극적 삶의 면면들을 웃음의 힘으로 이겨내야 하는 게 우리의 삶일지도 모른다. 생물체 가운데 웃을 수 있는 존재는 인간밖에 없다는 사실에 상도想到하면, 천부적으로 주어진 재능을 더 활발히 사용해야 할 필요를 느끼게 된다. 매일 웃음이 있는 환경에서 살 수 있다는 것은 대단한 행운이 아닐 수 없다. 해학의 습관을 지니려 노력할 때 얻을 수 있는 행운이다.

웃음의 기제

웃음은 자신이 상대에게 호감을 느끼고 있음을 보여주는 행위에서 시작됐다. 악수 같은 것이었다. 길에서 사람을 만나 웃는 것은 상대를 해칠 생각이 없음을 알리는 표현이었다. 한쪽이 웃으면 상대는 그에 고무돼 함께 웃는다. 역시 우호의 메시지를 전달하는 것이다. 비단 우호의 표시만이 아니라 타인을 즐겁게 해주는 데서 기쁨을 느끼는 까닭에 웃기도 한다. 미소와 달리 대화의 상대가 필요한 유머의 경우이다. 나의 우스갯소리에 즐거워하는 타인의 반응, 그리고 좋은 기분을 맛보고 싶어 하는 타인의 욕망을 충족시켜주려는 소통^{Phatic}의 행위이다. 유머는 상대에 대한 호감을 키우며 상호성을 확장하는 긍정적 요소로 작용한다. 웃음소리가 주는 연대 의식과 그것이 자아내는 일시적 동지애를 즐기는 까닭이다.[4] 웃음의 상호성은 개인과 개인 사이에서 시작해 사회의 윤활유 역할을 한다. 그래서 좋은 유머는 막강한 파급력을 발휘하며 사회 구석구석으로 스며든다. 그런 유머가 있는 사회는 건강하다.

---

4   테리 이글턴, 〈유머란 무엇인가〉, 175~176p 참조, 문학사상, 손성화 옮김, 2019.

웃음은 미소와 달리 보통 '터진다'라고 표현한다. 영어로도 같은 뜻의 'burst'라는 동사를 쓴다. 이 동사는 '별안간'이라는 시간성을 품는다. 'burst into bloom'에서 보듯 꽃이 봉오리를 터뜨리는 찰나의 순간을 표현한다. 'burst into laughter'는 '웃음이 터져 나온다'라는 말이다. 역시 갑자기 발생하는 웃음의 현상을 표현한다. 이처럼 동서양을 막론하고 웃음은 터져 나오는 몸짓 언어이다. 이때의 웃음은 파열음이다. 전혀 예상하지 못한 언어와 동작이 보통의 상상력 그 이상을 자극하는 까닭이다. "언어적 기대와 배반이 있을 때"(아리스토텔레스), "예상과 다른 것이 튀어나올 때"(키케로), "황당한 것이 정신을 불시에 덮쳐 허를 찌를 때"(윌리엄 해즐릿), "심리적 억압을 벗어던지는 일탈을 보일 때"(프로이트) 유머가 생성된다. 영국의 문화연구가이자 문학비평가로서 <Humour>를 쓴 테리 이글턴(Terry Eagleton, 1943~) 역시 "상대가 바보짓을 하거나, 의미나 기대가 어긋나거나, 개념과 실제가 부조화를 보일 때 웃음이 솟아난다."라고 분석한다. 분명한 것은 평범함으로는 웃음을 자아낼 수 없다는 사실이다. 사람들의 방어기제를 허물어뜨리는 그 무엇이 있을 때, 즉 불일치하는 측면들이 충돌할 때 웃음이 생겨난다.[5] 사소한 논리의 파열을 통해 파열음의 웃음이 터져 나오는 것이다.

케이스1.

환자 둘이 병원을 탈출하기로 했다. 시트를 찢어 길게 묶어 내려갔는데 먼저 간 사람이 도로 올라왔다.

---

5   테리 이글턴, 〈유머란 무엇인가〉, 111p 참조, 문학사상, 손성화 옮김, 2019.

"너무 짧아!"

다시 이것저것 연결해 내려갔는데 다시 올라왔다.

"역시 안 되겠어. 너무 길어!"

케이스2.

환자: 선생님 제 귀에 이상이 있나 봐요. 방귀 소리도 안 들려요.

의사: 이 약을 드세요.

환자: 귀가 밝아지나요?

의사: 방귀 소리가 커질 겁니다.

케이스3.

결혼하면,

첫해에는 남자가 말하고 여자가 듣는다.

2년 째에는 여자가 말하고 남자가 듣는다.

3년이 되면 둘 다 말하고 이웃이 듣는다.

윌리엄 해즐릿, 피터 콜릿, 해롤드 니콜슨 등 사회심리학자들은 "영국이 유머Humor의 본국으로 꼽히는 데는 난센스Nonsense가 자리 잡고 있다."라고 분석한다. 불합리하고 비이성적인 비상식이 영국인 웃음의 원천이라는 것이다. 피터 콜릿은 저서 <습관의 역사>에서 그 원인을 '피터 팬 콤플렉스Peter Pan Complex'라고 명명했다. 피터 팬은 네버랜드Neverland라는 섬을 배경으로 요정과 해적들을 상대하는 배리(J. M.

Barrie, 1860~1937)의 소설 속 주인공인데, 영국인들이 계속 피터 팬처럼 어린아이로 남고 싶은 바람을 천진난만하고 유치하기까지 한 말장난에 싣는다는 것이다. 그의 분석대로라면, 어른들 세계를 규정하는 규칙과 질서를 거부하고 싶은 아이의 마음이 유머를 낳는다.

테리 이글턴은 웃음을, "담화를 파편화하면서 이드^{id}가 에고^{ego}를 일시적인 혼란 속으로 내던지는 상황"이라고 어렵게 이야기한다. 무의식이 의식을 뚫고 나오는 현상이라고 해석된다. 본능이 의미를 해체하면서 찰나적으로 몸짓 기호로 치환되는 과정이 '웃음'이라는 설명일 것이다. '터져 나온다'라는 의미 속에는 인내가 숨어있다. 즉 '참고 있는데도 어쩔 수 없이 밖으로 쏟아져 나온다'라는 의미다. 수압을 견디다 못해 무너지는 댐을 연상시키는 대목이다. 수압을 형성하는 것은 물의 양이다. 평온함과 점잖음, 그리고 근엄함을 유지하는 수준의 양을 넘어서면 인간의 뇌는 더 견디지 못하고 폭발한다. 분노나 슬픔도 그렇지만 웃음도 똑같은 메커니즘을 보인다. 아무리 엄숙함을 유지하려 해도 한번 웃음이 터져 나와 버리면, 그다음에는 결코 예전 모습으로 되돌아갈 수 없다. 무장해제당한 총잡이처럼 그저 건들거릴 뿐이다. 한동안 총을 뽑을 생각은 엄두도 못 내게 된다. 웃음의 힘이다.

이 대목에서 웃음을 철저히 금기시했던 중세 유럽 사회의 우울을 떠올린다. 그 당시 "웃음은 종교의식에서, 국가적 의례와 예의범절에서, 모든 유형의 고도 추론에서 완전히 제거됐다."(미하일 바흐친) 오늘날까지 전해지는 가장 오래된 수도원 규칙에서도 농담을 금했다. '성 베네딕도$^{St. Benedictus}$ 수도 규칙서'는 웃음을 자극하거나 유발하지 말 것을 경고했다. 교회는 영혼의 기쁨을 저해하는 웃음에 거부감과 두려움을 보였다. 웃음으로 인한 개별적인 몸의 해체나 소멸은 "대중 봉기의 전조가 될 수 있다."라고 여겼다. 그 어떤 물질이라도 즉발적이고 자연적으로 폭발하듯 분출하는 상황을 경계했던 것이다. 교회는 웃음을 구토나 배설쯤으로 여겼다.

그러나 토마스 아퀴나스(Thomas Aquinas. 1224~1274, 신학자)는 영혼을 위로하는 데는 유머가 필요하다고 보고 유머를 못마땅하게 여기고 꺼리는 교회의 태도를 악덕으로 간주했다. 농담의 즐거움을 신성한 창조 행위의 반영으로 이해한 것이다. 그 후 희극이 고통이나 죽음처럼 중대한 사안들을 가볍게 여기면서 교회 권력은 약화되어 갔다. 희극이 권위의 장악력을 느슨하게 만들면서 무사태평의 태도를 키우자 다시 웃음이 지탄받기 시작한다. 에라스무스를 비롯한 많은 지식인이 품위를 문제 삼아 불평을 쏟아내며 우려를 표명하기에 이른다. 급진적 자유지상주의자들조차도 유머를 백안시했다. 유머가 다시 햇빛을 본 것은 18세기에 들어서였다. 영국의 토리당 보수파의 심술궂은 풍자가 한층 다정한 세계관으로 바뀌는 감수성의 변화가 일어난 까닭이었다. 이는 여성을 존중하는 영국 귀족의 '젠틀맨십Gentlemanship'과도 맞물렸다. 사교 클럽과 커피하우스를 배경으로 평온함과 상냥함이 이끄는 정신의 유쾌함이 지도적인 분위기로 정착했다. 사교 클럽 회원들의 쾌활함과 친화성이 고약한 청교도주의Protestantism가 차지하고 있던 자리를 찬탈했던 것이다. 진지함에 대한 혐오가 유머 탄생의 온상이 되었다.[6] 정신의 민첩성이 찬양받기에 이른 것이다. 유머는 자신들이 소유한 토지와 재산에 덧붙여 문화적 정체성이 필요했던 계층들에게 하나의 세계관이 되었

---

6   테리 이글턴, 〈유머란 무엇인가〉, 151~159p 참조, 문학사상, 손성화 옮김, 2019.

다. 다름 아닌 '자유'였다. 지주를 비롯해 상인, 은행가, 변호사, 기업가, 증권중개인, 브로커 등 신흥중산층들이 그 계층을 대표했다. 유머가 기존의 농담에 비해 자유의 가치에 깊이 파고드는 힘을 갖는다는 사실을 눈 밝은 그들이 포착한 까닭이었다. 산업화와 제국주의로 재산을 모은 그들이 기득권층인 신사^{Gentry}와 귀족^{Noble} 계급에 정면으로 맞서기보다는 타협하는 편을 선택하면서 파생한 문화 유형이기도 했다.[7] 그만큼 그들은 낙천樂天, 자애慈愛, 자기만족 등을 향유하고 싶어 했다. 그런 점에서 그들은 유머와 상업 사이의 유사성을 체감했다. 역시 '자유'였다.

웃음은 수 세기에 걸친 위험성과 재미 간의 경쟁 끝에 재미가 승리하면서 비로소 양지에 섰다. 어떤 사조나 이념의 도움 없이 즐거움과 행복을 추구하는 인간 본성에 바탕을 둔 승리였다. "사랑과 자비가 인간의 가슴 속에 있는 가장 강력한 원칙이다."라고 설파한 애덤 퍼거슨_{Adam Ferguson}의 정신이 "만인에 대한 만인의 투쟁"을 주장한 토마스 홉스^{Thomas Hobbes}의 철학을 누른 것이다.[8] 억압보다는 자유, 엄숙함보다 친밀감, 개인주의보다 공동체 정신의 승리라는 의견에 다름아니다.

테리 이글턴은 웃음이 "사회적으로 속속들이 코드화된다."라고 말한다. "웃음의 요소들이 사회적으로 특정돼 본능과 문화 사이에 존재하는 까닭"이라는 것이다. 웃음을 코드화시키는 기제는 여러 가지가 있을 수 있다. 현실 비판, 세태 풍자, 자학 등이다. 테리 이글턴이 각색한 유머를 예로 들어보자.

모세^{Moses}가 시나이^{Sinai}산에서 십계명^{Ten Commandments}이 새겨진 석

7 　　　테리 이글턴, 〈유머란 무엇인가〉, 171p 참조, 문학사상, 손성화 옮김, 2019.
8 　　　테리 이글턴, 〈유머란 무엇인가〉, 165p 참조, 문학사상, 손성화 옮김, 2019.

판을 들고 내려와 이스라엘 민족에게 외쳤다.

"율법을 10개로 줄이긴 했는데 '간음'은 빼지 못했어."[9]

이 유머는 문란한 성 풍속을 넌지시 암시한다.

우리 사회에는 '중2병'에 힘들어하는 부모들의 고초를 담은 이런 우스개가 있다.

"북한이 쳐들어오지 못하는 건 중2가 있기 때문이다."

중2가 그만큼 다루기 어렵고 무섭기까지 하다는 데서 비롯된 유머이다. 한 꺼풀 벗기고 들어가면 남한의 안보 의식이 중2에나 기댈 만큼 매우 헐거워졌다는 송곳 같은 지적이 숨어있다.

정치판을 소재로 삼으면 이런 유머도 가능해질 듯싶다.

"'나쁜 놈의 반대말은 '착한 놈'이 아니라 '더 나쁜 놈'이다."

정권이 바뀌어도 정치가 나아지지 않고 여전히 표리부동한 정치 모리배들이 등장해 국민을 실망하게 하는 우울한 세태를 풍자하는 씁쓸한 웃음일 것이다.

---

9   테리 이글턴, 〈유머란 무엇인가〉, 120p 참조, 문학사상, 손성화 옮김, 2019.

제2장

충청도 해학의 요소

2007년 10월. 충청남도 예산 장터. 중년 사내 둘이 국밥집에 앉아 농주 비워가며 이바구에 여념이 없다. 안주로 시킨 수육은 벌써 절반이 사라졌다. 얼굴이 불콰해지자 말들이 춤을 추기 시작했다. 소머리 국밥 한 그릇 뜨러 들어갔던 필자는 그들의 대화에 집중하느라 음식 맛 음미는 뒷전이 되었다. 얼른 손전화의 녹음 버튼을 눌러 채록에 나선다.

— 그러구… 며칠 뜨악허더니 워디가 션찮었담? 누구 말마따나 봄 도둑 모셔다 놓구 가을 도둑 쫓기가 더 급허던가 벼?
— 그것두 그거지만 하우스 지붕이 션찮아서 그놈 고치느라… 차일피일허다 내려앉게 생겨서 자재 사다가 맘먹은 김에 후딱 해치워버렸지…
— 아 그려? 변소허구 굴뚝도 그렇지만 지붕도 아주 무너진 뒤에 고쳐야 조은 벱여. 난 또 안 뵈길래 애인 데리구 어디 놀러 갔나 했지.
— 허허 이 사람이 바둑 두다 말고 장기 벌리는 소리 허구 있네. 내가 워디가 팔자가 그 모냥으로 조아서 지집 끼구 산천경개 찾아 놀러를 대닌대?
— 아 자네 정도믄 워치케 팔자가 안 좋다 헐 수 있남? 아 하우스로 떼돈 벌지, 예산, 공주, 부여에 집 시 채 있지, 서울 갱냄에도 아파트 사났지, 애들 셋 다 서울서 대학 댕기지, 아 그 정도믄 시쳇말로 짱이고 대박이지.
— 뭐다 죽겄네. 아 이 사람이 여름 다 갔는데 시방두 더위 먹은 소리 허구 있어. 머슨 집이 시 채여? 예산 집 한 채가 전부잔여? 부여, 공주 있던 건 애덜 대학 갤치느라 팔어먹었다고 몇 번을 얘기했어? 갱냄 아파트는 처남 거구. 자네는 워째 하나를 갤키믄 열을 까먹는 비상한 재주를 가진 겨? 도덕적으루다 사는 사람헌티 팔짜구짜 읊으며 쉰소리 허지 말구 술이나 마셔. 넘덜 들으믄 오해햐.

비닐하우스 영농인들로 보이는 두 50대의 이바구는 전형적인 충청도 사람들의 대화법을 따르고 있다. 너스레를 떨고, 말이 길고, 사투리가 정겹고, 비유가 있고, 문자를 쓰고, 듣는 이의 귀를 기울이게 하고, 웃음 짓게 만든다. 그들의 대화는 마치 미리 써놓은 연극 대사를 읊는 것 같아서 한 편의 극본을 방불케 한다. 다분히 필자를 비롯한 식당 내 주변 사람들을 의식한 말 배틀battle로도 보인다. 그럴 정도로 충청도 사람들은 말할 줄 알고, 말의 재미를 알고, 말을 즐길 줄 안다. 아니 삶을 재미나게 연출할 줄 안다.
청풍명월의 해학은 충청도의 능청, 너스레, 재치, 의뭉, 소심, 뭉근함, 수다, 사투리 등이 만든다. 충청도의 트레이드 마크들이다. 그 기질들은 충청도의 느긋한 여유와 느릿한 사투리 그리고 양반 연하는 품격과 만나면서 말에 재미를 더해준다. 자기들에게는 특별할 게 없는 이러한 성향들이 외지인들에겐 큰 웃음을 주는 요소로 작용한다.

뭉근함

대학 시절 서울로 이사 온 충청도 출신 친구들의 부모에게서 받은 느낌은 '뭉근하다'라는 것이었다. 단순히 '느리다'라기보다는 '조급해하지 않는다'라는 편이 그들의 기질에 대한 더 어울리는 표현이다.

전화를 걸어 친구를 찾으면 부모님이,

"응, 있어."

라고 말하고는 사라지신다. 이제나저제나 한참을 기다린 후 그냥 끊으려다 혹시나 해서 "여보세요?" 하면 이런 대답이 돌아온다.

"왜? 바꿔줘?"

충청도의 심성은 급하지 않다. 은근하지만 끊이지 않는 뭉근한 불기운을 닮았다. 성질 급한 사람은 입에 거품을 물 정도로 한가하지만, 그런 심성은 유유자적의 묘미를 안다. 어디에도 메이지 않고 자유로우며 호수처럼 잔잔한 마음의 상태를 유지한다. 상대에 상관하지 않고 자기 페이스를 유지한다. 요령이 생기면서 그다음에 다시 전화로 친구를 찾을 때는 아예 바꿔 달라는 주문을 덧붙이게 되었다.

기자 시절, 취재차 내려간 충청도에서 길을 물으면 답이 길다. 직진하면 되는지 아닌지를 묻는 짧은 질문에 느릿느릿하고 자세한 답변이 돌아온다. 갈 길 바쁜 서울 사람이 일단 직진을 확인한 후 '고맙다' 인사를 남긴 채 출발하다 돌아보면 충청도 사람은 그 자리에 서서 차 꽁무니에 대고 여전히 설명을 계속하고 있다. 세상 바쁠 게 없는 사람처럼 설명을 계속하는 그 청풍명월 입장에서, 말을 듣다 말고 가버리는 서울 사람들은 이해 못 할 정도로 바쁘게 사는 불쌍한 사람들로 비쳤을 게 틀림없다.

충청도 사람들은 느리다. 말과 행동도 느릿느릿한 편이지만, 가장 느린 것은 반응이다. 충청도 사람들은 기분이 나빠도 경상도 사람들처럼 즉각 화를 내지 않는다. 타지방에 비교해 비등점이 높고 웬만해서는 그 비등점에 오르지 않는다. 그러나 완전히 참고 덮어두는 건 아니다. 단지 시간이 좀 걸릴 뿐이다. 뭉근한 캐릭터 때문이다. 개그맨 최양락(충남 아산 출생, 1962~) 씨가 어느 TV 프로그램에 나와 어릴 적 운동회 풍경을 묘사하는 대목에서 충청도 사람들의 뭉근한 기질을 잘 그린 적이 있다. 이 느린 반응의 특성이 웃음을 제공한다.

가족 릴레이 달리기를 하다 아들에 이어 달린 엄마가 최종 주자 아빠에게 바통을 넘기는 장면에서 바통을 놓치는 불상사가 발생한다. 꼴찌로 들어온 아빠는 "별일이 다 있네~"라며 한바탕 너스레를 떨고 나선 담임 선생과 교장 선생 등에게 "노고가 많으시다.", "부임 이후 학교가 발전했다." 등등의 립 서비스Lip Service를 날리고 잘 놀다 집으로 돌아온다. 그리고는 그날 밤 아홉 시 반쯤 잠자리에서 엄마에게 넌지시 말한다.

"아까 왜 그랬어?"

엄마는 여섯 시간 반 전의 이야기를 알아채지 못하고 되묻는다.

"뭘요?"

아빠가 은근히 노기를 섞어 말한다.

"아~ 왜 바통을 놓쳤냐고? ~~"

엄마도 발끈한다.

"내가 놓쳤슈? 당신이 잘 못 받은 거지~"

아빠가 다시 공격한다.

"아! 나는 앞을 보고 있는디 뒤가 보여? 당신이 뒤에서 잘 건네줘야 할 거 아녀?"

부부의 대화는 점차 격앙되면서 급기야는 엄마의 삐침으로 끝이 난다.

"나는 이제 달리기 안 할 거니께 당신 혼자서 뛰든지 말든지 햐!"

이 대목에서 아빠는 충청도의 전형적 캐릭터를 보여준다. 화냄의 속도가 느린 것이다. 그 여섯 시간 반은 다른 지방 사람들로서는 감내하기 어려울 만큼 긴 시간이 틀림없겠지만, 충청도 사람들에게는 아무렇지도 않은 시간이다. 억지로 화를 누르며 참은 시간이 아니라 그냥 습관처럼 무심하게 흘려보낸 시간일 뿐이다. 다른 지방 사람에 비교해 여유가 있다고 비칠 정도로 반응이 느리지만 짚고 갈 건 반드시 짚는다. 화를 내는 게 아니라 자초지종을 밝히고 확인하는 과정인 것이다. 물론 서운한 마음도 살짝 피력하지만, 불평을 쏟아내는 게 결코 주목적은 아니다.

옆에 앉아있던 남희석(충남 보령 태생, 1971~) 씨가 목격담을 곁들였다. 친구가 미장원에 가서 머리를 감는데 고장 난 온수기에서 김이 무럭무럭 나는 열수가 쏟아졌는데도 아무런 반응이 없더라는 것이었다. 미장원 주인이 한참을 그러고 있다 비로소 물었다.

"괜찮은 겨?"

그러자 친구가 그제야 반응을 보였다.

"아! 닭 튀기는 겨?"

다른 지방 사람들이었으면 열수가 쏟아지자마자 화들짝 반응을 보이게 마련인 경우가 분명한데도 청풍명월의 반응은 이처럼 뭉근하다. 그나저나 친구 머리는 온전했나 모르겠다.

청풍명월들은 즉각적인 반응에 게으르다. 10여 년 전 태국 단체 여행길에 안마를 받는데 옆에 누운 충청도 아저씨 아픈지 시원한지 한마디 표현도 없다가 끝나고 나서 안마사가 어땠는지 물어보니 그제야 팔을 돌리며 중얼거린다.

"부러진 거 가튼디…"

청풍명월의 뭉근함은 여유에서 나온다. '참을 만하다'라거나 '뭐 그리 급하게 서둘 일이 아니다'라고 느끼는 소치이다. 청풍명월의 행동거지에 일희일비一喜一悲하거나, 아등바등하는 모양새는 없다. 한마디로 무디고 진중하다. 충청도의 속담에도 경박함을 경계하는 내용이 담겨 있다.

"총총들이 반병이여."

이다. (마음) '바쁠 총悤'을 써서 '바쁘게 담다가는 다 흘리고 반병밖에 못 채운다'라고 주의를 환기한다. '바쁠수록 둘러가라', '바늘귀 허리 매어 못 쓴다'와 같은 이야기를 하고 있지만, 훨씬 해학적인 표현이다.

서울 버스에서 자주 목격하는 풍경 가운데 하나가 버스 기사의 짜증이다. 교통 카드를 찍는 데 시간이 걸리는 경우나 빨리 좌석에 앉지 않는 경우, 다른 차들이 길을 막거나 빨리 움직이지 않을 때, 그리고 승객이 벨을 누르지 않은 채 있다가 내려달라고 급하게 소리칠 때마다 기사의 짜증 섞인 험담을 들어야 한다. 충청도 버스 기사들에게서는 찾아볼 수 없는 장면이다. 충청도 시인 이정록의 시집 <어머니 학교>에 이런 목격담이 소개된다. 노인이 버스에 올랐다가 정류장에 짐을 두고 탔음을 뒤늦게 알고 황급히 기사에게 말한다.

"아이구! 이걸 워쩐댜? 짐 보따리를 두고 탔디야."

막 시동을 걸어 앞으로 나아가던 버스를 기사는 잽싸게 멈추며 말한다.

"그류? 갖구 와유."

문을 열어주던 기사는 짐이 커 보이자 살짝 후진한다. 노인은 미안한 마음에 어쩔 줄을 모른다.

"정신이 읎어. 미안해서 워쩌캬?"

"괜찮아유~ 담엔 짐부터 먼저 실어유. 알았쥬?"

짐을 놓고 탔는데 버스는 출발하는 상황이다. 노인은 보따리 생각에 조바심을 친다. 누가 들고 가버리면 어떡하나, 발을 동동거리게 마련이다. 서울 기사는 교통 규칙을 앞세워 당연히 다음 정류장에 가서야 내려줄 것이다. 그 거리를 노인은 허둥지둥 걸어가야 한다. 그런데 충청도 기사는 버스를 세워주고 노인의 불편을 배려해 후진까지 해준다. 각박한 서울에서는 상상도 못 할 장면이다. 마치 다른 나라에 와 있나 착각이 들 정도로 현격한 차이를 보인다. 청풍명월의 여유는 일관성을 보인다. 충청도의 버스 정류장에는 이런 안내문도 붙어 있다.

"벨을 누르고 차가 정차한 후 내리셔도 괜찮아유~"

천안 시외버스터미널에서 접한 이 안내문은 필시 외지인을 위한 것으로 보였다. 청풍명월은 서두르는 법이 없기 때문이다. 서울에서는

'정차하기 전에 절대 내리지 마십시오!'라고 말하지만, 충청도는 '정차한 후 내리셔도 괜찮아유~'라고 쓰고 있다. 서울의 명령형 문구에서는 조급함이 마구 묻어난다. '절대!'를 강조하지 않으면 안 될 정도로 경직돼 있다. 충청도의 권유형 문장에서는 느긋함이 감지된다. 부드럽다. 훨씬 호소력이 커 보인다. "공부 잘해도 괜찮아유."처럼 당연한 일을 마치 사정 봐주는 듯한 뉘앙스의 표현으로 유머러스하게 가름하고 있다. 점잖게 얘기해도 점잖게 알아들을 사람들 사이의 언어이다. 미소가 절로 인다.

충청도의 이런 여유는 느림으로 이해되면서 흔히 부정적으로 묘사되기도 한다. 예를 들면,

"전국에서 충청도의 교통사고 발생률이 가장 높다. 이유는 브레이크를 밟는 속도가 느려서이다."

그럴듯하게 들리기까지 하는 이 개그는 그러나 사실에 전혀 부합하지 않는다. 대검찰청이 2014년에 발표한 '인구수 대비 교통사고 비율'이 가장 높은 지역은 경북 경주였다. 10만 명에 713건이었다. 경주 다음으로는 강원도 원주와 춘천 순이었다. 재미난 사실은 '인구수 대비 살인과 간통 발생률' 부문에서는 충남 논산과 서산이 각각 경북 안동과 강원도 강릉에 이어 모두 2위를 기록했다는 점이다. 살인 발생률 2위에 오를 정도면 구성원들의 성격이 느린 게 아니라 오히려 급하다는 얘기가 된다. 충청도 출신 시인의 시에서도 충청도 사람들의 행동이 빠르다는 사실이 확인된다.

신랑이라고 거드는 게 아녀 그 양반 빠른 거야 근동 사람들이 다 알았지

면내에서 오토바이도 그중 먼저 샀고 달리기를 잘해서 군수한테 송아지
도 탔으니까

(중략)

읍내 양지다방에서 맞선 보던 날 나는 사카린도 안 넣었는데 그 뜨건 커
피를 단숨에 털어 넣더라니까 그러더니 오토바이에 시동부터 걸더라고
번갯불에 도롱이 말릴 양반이었지 겨우 이름 석자 물어본 게 단데 말이여
그래서 저 남자가 날 퇴짜 놓는구나 생각하고 있는데 어서 타라는 거여

(후략)

　　　　　　　—이정록(충남 홍성 출생, 1964~), '참 빨랐지 그 양반'. 시집《정말》(창비, 2010)

　충청도 출신 신랑은 대화라곤 겨우 이름 석 자 물어본 게 전부였지
만, 신붓감 꿰차는 행동은 전광석화처럼 빨랐다는 내용을 담은 시이다.
충청도 사람들은 절대 느리지 않은 것이다. 이런 청풍명월의 기질은 토
끼와 거북이의 장점을 두루 섞은 모양새이다. 거북이처럼 한가롭게 여
유 부리다 일단 행동해야 한다고 판단하면 토끼처럼 빠르게 뛴다. '토
북이'라고나 할까. 설정해 보면, 경주 도중 낮잠을 자다 문득 "이러고
있을 때가 아녀."라고 깨닫는 즉시 토끼처럼 속도를 내는 거북이의 모
습이다.

능청

10여 년 전 여름 처남 동서들과 태안반도로 낚시를 하러 갔다. 이른 아침 낚싯배를 타고 나가서 오후 서너 시까지 온 바다를 헤매고 다녔으나 소출이라곤 우럭 세 마리뿐이었다. 회와 매운탕으로 점심을 먹는다는 애초의 계획은 산산조각이 나고 있었다. 선상 콘도 숙박비와 낚싯배 임차비, 기타 경비 등 모두 70여만 원이 소요된 걸 생각하면 헛헛한 웃음만 나올 뿐이었다. 노량진 수산시장 갔으면 한 상 제대로 받을 액수여서 슬그머니 부아가 치밀어올랐다. 여기저기 포인트를 바꾸며 애를 쓰던 배 주인도 난감한 표정이었다. 마침내 썰물 시간에 쫓겨 회항에 나섰다. 그때 일흔 전후의 배 주인이 청풍명월답게 느릿느릿 입을 열었다.

"이럴 수는 없어. 암만. 고기들도 더워서 먼바다로 피서 나가지 않고서는 이럴 수는 없는 뱁여. 안 그류?"

우리 일행은 충청도의 넉살 좋은 능청에 파안대소하고 있었다. 그 능청은 그 시각 그 상황에 꼭 필요한 존재였다. 덕분에 우리는 모든 불만을 잊어버린 채 가벼워진 마음으로 식당으로 향했다.

서울 사람이 충청도 마을을 지나다 어떤 집 마당의 누렁이에 눈길이 갔다. 아니 정확히는 그 누렁이의 밥그릇에 꽂혔다. 유물급 옛 도자기였던 것이다. 서울 사람은 마루에 앉아 대파를 손질하던 할머니에게 "개 팔지 않겠느냐?"고 작업을 걸었다. 물론 개보다는 개 밥그릇이 목표였다. 할머니가 "개는 왜 사간대유?"라며 짐짓 '밀당'을 하는 척하더니 서울 사람이 바짝 달라붙자 20만 원에 흥정해주었다. 서울 사람은 개 값치고는 비싸다고 생각했지만, 그릇 챙길 생각에 즉시 현금을 지급했다. 서울 사람이 득의만면한 표정으로 개에 이어 개 밥그릇을 챙기려들자 할머니가 조용히 한마디 했다.

　"아 그 그릇은 냅둬유. 그게 내 장사 밑천인디…"

　충청도 할머니는 서울 사람 머리 꼭대기에 앉아 수를 훤히 꿰고 있다. 능청도 이 정도면 보통 고수가 아니다. 바둑으로 치면 아마추어 다루는 프로급이다.

　2015년 4월 16일, 이완구 총리가 금품수수 의혹으로 국회 대정부질문에서 혼쭐이 나고 있었다. 새정치민주연합 유대운 의원이 "왜 자꾸 말 바꾸기를 하느냐?"고 지적하자 이 총리는 이렇게 답했다.

　"충청도 말이 그렇습니다. 충청도 사람들은 딱 부러지게 이야기를 하지 않죠. 그래서 말투가 경우에 따라 그렇게 들렸나 봅니다. '글쎄요'라고들 말하잖아요? 그런 식이죠."

　이 기사가 게재되자 네티즌들이 "고향 팔기"라고 비아냥 댓글들을 달았다. 이 총리의 변명 내용도 충청도 특색을 담고 있지만, '지역 화법'이라고 둘러대는 발상도 지극히 '충청도적'으로 느껴졌다. 전형적인 '말휘갑'이다. 말을 그때그때 이리저리 둘러대는 것을 이름이다. 딱 부러지게 단정적으로 이야기하지 않는 화법 덕이다. 언제든지 빠져나갈 여지를 두는 것이다. 청풍명월은 때로는 얼굴색 하나 바꾸지 않고 딴소리를 하기도 한다. 이 모두가 '능청'이다.

1992년 SBS가 방송한 <시골 부모 탐방기>는 큰 웃음을 주었다. 시골에 남아 자녀들을 그리는 연로한 부모들을 무작위로 찾아가 카메라 앞에 세운 후 서울 자식들에게 안부를 전하는 내용이었다. 충청도의 한 농가에서 부모가 나란히 카메라 앞에 섰다. 갓 개국한 SBS를 기억하지 못해 노인은 자꾸 'KBC'라고 했다.

"아들아 거 머시냐. 케이비씬가가 여기 왔다."

시청자들의 웃음이 터졌다. 제작진이 옆에서 'SBS'라고 정정해줬다. 노인은 '에쓰비씨'라고 말해 다시 웃음을 주었다. 노인이 다시 연설을 시작하려는데 옆에 있던 강아지가 계속 짖어댔다. 발로 툭툭 차며 개를 제지하던 노인은 급기야 개의 배때기를 발로 걷어찼다. 개는 "깨갱" 비명을 지르며 달아났다. 좀 무안했던지 헛기침을 몇 번 하더니 노인은 다시 말을 이어갔다.

"너덜은 잘들 지내쟈? 우리도 잘 있다. 손주들도 공부 잘 허쟈? 거 머냐, 참 앞집 식이네는 식이가 테레비 큰 거 사줘따더라. 우리는 갠찬여. 지금 테레비도 잘 나오는데 머. 그라고 명순이 알지? 갸는 지 엄니한테 냉장고 사줘따더라. 아이고 시골 살믄서 냉장고는 머슨. 우리는 갠찬여."

지켜보던 사람들은 배꼽을 잡았다. 충청도 사람들의 특성이 고스란히 묻어난 덕이었다. 해학적 기질도 역할을 했지만, 가장 웃음을 준 건 역시 능청이었다. 그 능청 역시 충청도를 제외하고는 다른 어느 지방에서도 맛을 낼 수 없는 그런 유였다. 그날은 충청도가 선물한 자연스러운 웃음 덕에 잠들 때까지 입가에서 미소가 떠나지 않았던 기억이다.

유명 개그맨들 가운데는 충청도 출신이 많다. 아니 압도적이다. 자니윤, 이상용, 임하룡, 서세원, 김학래, 최병서, 최양락, 이봉원, 김정렬, 남희석, 이창명, 서경석, 황기순, 홍기훈, 이영자, 김준호, 신동엽, 장동민, 안상태, 노홍철, 유병재, 오나미, 홍진호 등등.

배우 윤문식, 최주봉, 박인환 등을 비롯해 꼭 개그맨은 아니라 하더라도 개그맨 못지않은 웃음을 주는 인물들이 충청도 출신 가운데는 차고 넘친다. 매체에서 자주 접하는 인물들만 꼽아봐도 백종원, 김성주, 박찬호, 남능미, 강부자, 조영남, 장항선, 정청래, 김태호, 김용옥, 장사익, 태진아, 박영규, 이원종, 배일호, 금보라, 이명세, 이어령, 김홍신, 유지나, 전영미, 성지루, 서현철, 유해진, 이범수, 한기범, 황선홍, 박순천, 장기용, 양금석, 이봉주, 박세리, 류승완, 류승범, 정준호, 권상우, 차태현, 박광덕, 홍석천, 조영구, 안상태, 홍경민, 김종민, 장윤정, 한영, 음문석 등 전 분야에 걸쳐 있다. 면면을 들여다보면 하나같이 말이 능수능란하고 개그감이 넘친다. 예외 없이 능청 9단들이다. 이들은 타고난 해학감으로 기회가 주어지면 대중의 눈과 귀를 휘어잡는 특장을 발휘한다.

배우 서현철(충남 서산 출신, 1965~) 씨의 경우도 그렇다. 알 듯 말 듯한 배우에 불과하던 그가 '재미있는 배우'로 대중에게 각인된 것은 MBC의 '라디오스타'에 출연하면서부터였다. 그는 이 토크프로그램에서 아내와의 알콩달콩한 일상을 재미나게 풀어내 시청자들을 웃음 짓게 했다. 우아한 이미지의 배우 아내의 말실수 고발 시리즈는 사람들을 배꼽 잡게 했다. 비데를 '내비'로, 다이어트를 '아르바이트'라고 하고,

물건을 자주 잃어버리며, 방향감각이 어둡고, 혼자 속으로 한 얘기를 실제 한 양 착각해 다그치는 등 '허당'끼가 가득한 아내에게 우아한 외모와는 달리 '어디로 튈지 모르는 럭비공' 같다며 '우럭(우아한 럭비공) 여사'라는 별명을 붙여줬다고 밝혀 큰 웃음을 자아냈다. 자기가 이미 얘기한 사실을 잊어버린 채 남편이 자기 생각을 읽고 먼저 말한다며 감격했다는 일화는 김국진과 윤종신 등 MC들을 초토화시켰다. 그런 독특한 습관의 아내에게 맞춰 사느라 수고하는 서현철 씨의 애환 에피소드는 평소 웃음이 박하던 김구라마저도 나가 떨어지게 만들었다. 방송이 나간 후 댓글에는 서현철 부부의 스토리에 공감하며 그들의 매력을 찬양하는 표현들이 줄을 이어 달렸다. 대단한 '충청도'였다.

가장 최근에 뜬 탤런트 겸 가수 음문석(충남 아산 태생, 1982~) 씨는 충청도 건달을 코믹하게 연기한 드라마 <열혈사제>로 2019년 연말 SBS 연기대상에서 신인상을 받았다. 음문석은 이 드라마 한 편으로 20년 무명 생활을 청산했다. 그가 단기간에 시청자들의 주목을 받은 데는 단발머리 건달 콘셉과 충청도 사투리의 힘이 컸다. 음문석은 연기대상의 2부 개막 축하 공연 퍼포먼스도 맡아 '떠오르는 대세'임을 만천하에 과시했는데, 연인이 떠나가는 설정에서 노래를 부르다 멀어져 가는 여자 무용수에게 갑자기 툭 던진 애드립^{Ad lib},

"가는 겨?"

와 공연을 마치고 뒤돌아서서 나가며 던진 말,

"됐쥬?"

는 객석을 웃음바다로 만들기에 충분한 능청이었다.

2020년 1월, 최원섭 감독의 <히트맨> 시사회에서 정준호(충남 예산 태생, 1969~) 씨는 함께 출연한 권상우(대전 출생, 1976~) 씨가 "혀 짧은

소리를 한다."라는 일반의 지적에 대해,

"사람마다 잘할 수 있는 발음이 있고 할 수 없는 발음이 있다. 그건 권상우의 매력이다. 실제 보니 혀가 길더라. 혀가 너무 길어서 입안에서 주체를 못 하는 것 같다."

라고 능청을 떨었다. 정준호 씨는 이어,

"권상우의 역할이 영화를 살렸다. 이 영화를 통해 본인의 정점을 찍으려 하는 것 같다. 동향이어서 그런지 우리 둘은 촬영 기간 동안 단 한 번도 얼굴을 붉힌 적이 없다. 그렇지만 세월이 지나 봐야 알 거다. 1년 있다가 '그때 왜 그랬냐?'라고 문자가 올지도 모른다."[10]

라며 한바탕 능청스러운 너스레를 늘어놓아 웃음을 자아냈다. 코믹 액션 영화 <히트맨>은 스토리의 유머 코드에다 두 충청도 출신 배우들의 끼와 능청이 가세해 "관객의 배꼽을 빼놓았다."라는 평가를 받았다.

충청도 개그맨들은 사람들의 배꼽을 빠지게 해 놓고도 자기들은 웃지 않는다. 서영춘, 구봉서, 곽규석 등이 웃음을 자아내던 코미디와는 차이를 보인다. 어릴 적부터 어른들의 충청도식 유머 문화를 배우고 흉내 내며 능청이 몸에 밴 까닭일 터이다. "뭘 그 정도 갖고 나까지 웃겠냐?" 식인 것이다. 그 시치미 떼는 능청이 보는 이로 하여금 더 웃음을 자아낸다.

---

10   마이 데일리, <MD 인터뷰3> 참조, 2015.1.15

너스레

'너스레를 떤다'라는 말은 '수다스럽게 떠벌린다'라는 뜻이다. 본론을 꺼내기 전에 괜히 이런저런 들러리 말들을 늘어놓는다는 의미여서 단순한 수다와는 차이가 있다. 이 말은 충청도 사람들에게 어울리는 표현이다. 충청도 사람들은 미안한 이야기를 남에게 선뜻 꺼내지 못하는 까닭이다. 무언가 아쉬운 청을 해야 할 때면 엉뚱한 이야기를 하며 겉돌거나 상대가 먼저 알아챌 수 있도록 힌트를 날리는 데 그칠 뿐, 결코 본론을 바로 꺼내지 않는다. 충남 서천에선가 이런 에피소드가 있었다.

교통순경이 신호를 위반한 차를 세운다. 경례하며 다가간 순경은 잡고 보니 아는 선배였던지 "형님!" 어쩌고 반색을 하면서 운전자와 한참 이야기꽃을 피웠다. 오랜만에 보는 건지 둘의 대화는 족히 5분을 넘었다. 지켜보던 사람들이 모두 '저 사람 오늘 운 좋구나'라고 생각하는 순간, 웬걸. 교통순경이 목소리를 낮추더니 가만히 손을 내밀며 말했다.

"줘봐유."

운전면허증 내놓으라는 거였다. 딱지 떼겠다는 얘기였다. 대단한 반전이다. 이런 대목이 코미디 영화의 소재로 안성맞춤이 된다. 교통순경 자리에 이범수쯤을 박으면 영락없다. 그런데 뭐 하러 근황 이야기는 그리 길게 주고받았담. 그것이 다름 아닌 청풍명월의 너스레라는 걸 아는 데는 시간이 좀 걸렸다. 경상도에서는 그 정도 이야기를 나누었으면 좋게 끝나게 마련이라 인상적이었다.

충청도 사람들 얘기로는, 곤란하거나 아쉬운 이야기를 꺼내야 할 때면 늘 딴소리를 먼저 한단다. 예를 들어, 호미가 필요해서 마지못해 옆집을 찾아갈 때도 바로 이야기를 못 꺼내고 한참을 뜸을 들인다. 그 집 마당에 핀 꽃이며, 마루 밑에서 졸고 있는 강아지 이야기를 입에 올리고, 도회로 나간 아이들 안부를 물으며 한참 딴청을 부린다. 이윽고 집 주인이,

"그래 무슨 일로 걸음 한규?"

라고 물으면 그제야 비로소,

"아 참 내 정신 좀 보게 지비(집에) 호미 안 쓰거들랑 좀 빌려줘유."

라고 답한다. 주인이 묻지 않으면 언제까지라도 먼저 말을 꺼내지 않을 심산이다. 집에 들어서자마자 "마침 집에 있었네. 호미 좀 빌리세."라고 말할 게 뻔한 다른 지방 사람들과는 확실히 차이를 보인다. 다름 아닌 너스레이다. '너스레'는 사전적 뜻도 그러하지만, 확실히 충청도 사람의 입에 이르러서는 '이런저런 말을 아무렇게나 하는 듯 늘어놓으면서 은연중에 상대를 자기 의도대로 끌어당기려는 속셈을 감춘 말'이라고 할 수 있다.

충청도 출신 코미디언 이영자 씨가 소개한 '충청도 수박 아줌마'의 이야기도 충청도의 너스레를 압축한다.

서울 손님: 아줌마 이 수박 얼마예요?

아줌마: (한참 뜸 들이다가) 수박 값을 사는 놈이 알지 파는 년이 어떻게

안대유?

서울 손님: 오천 원 드리면 돼요?

아줌마: 내비둬유. 돼지새끼나 멕이게.

서울 손님: 만 원 드리면 되나요?

아줌마: (갑자기 물건을 집어 던지며) 내가 이놈의 농사를 때려치우든지 해야지. 내가 시집을 잘못 와서 이런 겨.

서울 손님: 그럼 만오천 원 드릴까요?

아줌마: 아 그렇게 가져가고 싶으면 가져가유~

충청도 상인은 결코 자기 입으로 먼저 값을 이야기하지 않는다. 손님들이 값을 제시하는 걸 듣고선 마음에 안 들면 대답도 안 하거나 딴짓을 하며 대응을 하지 않는다. 그래도 흥정이 자기 뜻대로 이루어지지 않으면 자학조의 타령을 늘어놓는다. 자기가 '시집을 잘못 온' 까닭에 이 모든 옳지 못한 흥정에 시달리고 있다는, 그야말로 뜬금없는 넋두리를 쏟아냄으로써 상대의 혼을 빼놓는다. 마침내 값이 맞으면 괜히 딴청을 피우면서 승낙을 한다. 그렇게 갖고 싶으면 가져가라는 식이다. 속셈을 숨기고 상대를 다루기 위해 말을 늘어놓는 너스레가 보통 수준이 아니다. 이 너스레를 통해 충청도 상인은 흥정가를 자기 페이스^{pace}에 맞게 끌고 오는 노회함을 보인다. 감춰둔 자기 수가 있는 것이다. 중국 상인들이 물건을 팔 때 상대에게 먼저 값을 제시하게 만든 후 타협점을 찾아가는 노하우와 닮아있다. 상대가 자기 제시 가격에서 만 원 단위로 올리면 중국 상인은 자기 제시 가격에서 천 원 단위로 내린다. 그렇게 서로가 접점을 찾아가는 방식이다. 그 거래에서 손님이 장사치를 이기기는 쉽지 않다. 충청도 상인들이 중국 상인과 다른 점은 결코 숫

자를 입에 올리며 흥정하지 않는다는 것이다. 그저 먼 산 보며 딴소리를 늘어놓을 따름이다. 이 상술에 모두가 당한다.

모든 상인은 "밑지고 판다."라는 말을 입에 달고 산다. 때에 따라 "아가씨가 하도 예뻐서." 혹은 "오늘 개시開始라서." 등의 핑계를 덧붙인다. 물건을 사가는 손님들은 기분이 좋아질 수밖에 없다. 충청도 상인들은 한 술 더 뜬다. "그렇게 밑지고 팔아서 어떡하냐?"라고 물으면 느물느물 이런 대답이 되돌아온다.

"아 밑지구 팔아두 정 하나는 남는 뱁유~"

이 말을 듣고 기분 나빠할 손님이 있을까? 충청도 상인의 너스레는 장터 서커스단에서 들려오는 트럼펫 소리와 어우러져 춤을 춘다. 자기 자신도 상대도 모두 만족시키는 놀라운 청풍명월의 입심이다.

너스레는 서먹하거나 경직된 분위기를 녹이기 위한 수단으로도 자주 활용된다. 양승숙(충남 논산 태생, 1950~) 전 국군간호사관학교 교장이 얘기한 충청도 출신 라운딩 파트너의 너스레이다.

"우리 어머니는 일찍부터 나를 골프 선수로 키우고 싶은 뜻이 있었던 것 같아요. 돌아가시고 나서야 비로소 알았지 뭐예요."

모두가 무슨 얘긴가 귀를 모으는데 뒷말이 허를 찌르고 들어온다.

"초등학교 때부터 학교에서 돌아오면 어머니가 '파하고 왔니?'라고 묻곤 하셨거든요^^"

'파하다'는 '마치다', '끝내다'라는 뜻의 표준어인데 이 단어를 골프의 점수 '파Par'에 연동시켜 말장난을 친 것이다. 이런 너스레에 라운딩 동반자들은 활짝 웃게 된다. 웃음이 그치기도 전에 이어서 2탄이 날아온다.

"김치도 파김치만 주셨어요.^^"[11]

처음 만난 사이라도 금세 친해지게 만든다. 청풍명월에 체화된 너스레 덕이다.

너스레는 창의력을 추동하기도 한다. 소설 <바바나가 뭐예유?>가 그러한 예에 속한다. 충청도 출신 작가 김기정 씨가 구사하는 끝없는 너스레가 독자들의 상상력을 자극하는 요소로 작용한다. 이 작품은 1970년을 전후해 충청도의 '지오'라는 가난한 산골 마을에서 일어난 바나나 소동을 다룬 동화인데 실제인지 가상인지 헷갈릴 정도로 묘사가 그럴듯하다.

수박을 최고의 과일로 알고 있는 산골 사람들에게 도시에서 내려온 청년이 '바나나'라는 과일을 '이 세상에서 가장 맛있는 과일'이라고 소개한다. 그때부터 마을 사람들은 '바나나'에 대한 동경을 품는데 어느 날 '바나나'를 싣고 가는 트럭이 전복되는 일이 발생한다. 그러자 마을 사람들은 이 '바나나'라는 신기한 물건을 가져가서 구워 먹기도 하고, 삶아 먹기도 하고, 홍어처럼 두엄 속에 넣어 푹 썩혀서 먹기도 한다. 작가의 충청도 너스레는 스토리에 재미를 더한다. 작가는 '바나나'를 매개로 우리가 산업화를 추진하면서 잃어버린 것들, 맹목적으로 동경했던 도시에 대한 허구 같은 것들을 드러내려 한다. '바나나'라는 과일 하나가 수천 년 동안 전해 내려온 마을의 풍습까지도 바꿔버린다는 사실은 여러 가지를 생각하게 만든다. 이 '바나나' 이야기는 1980년대 초 전라남도 도서 지방에서 보건선이 공급해주는 피임 기구 '콘돔'이라는 물건을 '몸에 좋은 것'이라고 소개하는 공무원의 우스개를 곧이듣고선

11   <신동아>, 골프마니아들의 18홀 편력기, 2005.2.24

뚝배기에 끓여 곰국처럼 고아 마신 실제 해프닝을 연상시킨다. 그런 점에서 '바나나' 너스레는 괜한 '후라이'만은 아닌 것이다. 너스레는 소설을 구성하는 '이바구'의 원동력이자 조미료가 된다. 너스레가 좋은 청풍명월 작가들에게는 창작의 강점이 된다.

눙치기

"어지간해유."

는 충청도 사람들이 입에 붙이고 다니는 말이다. 주로 "요즘 사는 형편이 어떠냐?", "몸이 좀 나았느냐?"라는 질문들에 대한 답으로 듣게 되는데, 어중간한 말이다. 이것도 아니고 저것도 아닌, 그야말로 중간 지대에 놓인 상태로 들린다. 굶어 죽을 정도는 아니지만, 그렇다고 배 두드릴 만큼 여유 있는 상태도 아닌, 혹은 다 나은 것도 아니지만 그렇다고 계속 자리를 보전할 정도로 아픈 것도 아닌, 애매한 상태임을 전한다. 판단은 고스란히 듣는 이의 몫이 된다. "살만하구나.", "좋아졌구나."라고 느끼기도 하고 "아직 어렵구나.", "아직 덜 나았구나."라고 짐작하기도 한다. 들은 말이 딱 부러지게 명확지 않다 보니 판단하기도 쉽지 않은 것이다.

유사한 말에,

"괜찮아유."

도 있다. 주로 감정 상태를 물을 때 흔히 듣게 되는 말이다. "괜찮다."라고 말은 하지만 사실은 괜찮지 않은 경우가 더 많다. 그러나 그렇다 하더라도 결코 자기 상황이나 감정을 드러내지 않는다. 그냥 "괜찮다."라고만 이야기한다. 눙치는 것이다.

'눙치다'의 사전적 표현은 '문제 삼지 않고 넘기다' 혹은 '듣기 좋은 말로 상대의 마음을 누그러지게 하다'이다. 분명히 문제가 되고 기분이 나쁘지만, 본심을 숨기고 속마음과 다르게 표현한다는 뜻이다. 이런 표현은 상대의 감정을 자극하지 않고 계속 관계를 유지해나가려는 지혜로운 처신의 발로다. 그렇다고 다 괜찮은 것은 아니다. 밖으로 드러내지는 않지만, 자기가 품고 있는 속셈은 반드시 관철한다. 그런 의미에서 충청도의 말은 이중화법을 보인다. 일본인들처럼 '혼네本音'와 '다테마에建前'가 존재한다. 일본인들이 언어로 표현하는 부분은 주변과의 조화를 고려한 '다테마에'이고, 언어화하지 않은 부분은 '혼네'이다. '혼네'는 '숙성되지 못한 생각일 수 있다'고 여겨 숨긴다. 본심이 야기할 주변과의 마찰을 피하려는 목적에서다. 충청도 사람들도 속마음과 겉마음을 따로 둔다. 충청도 출신인 강원대 영문학과 김대중 교수는 충청도 화법의 특징을 묻는 필자의 앙케이트 질문에 답하면서 "이중화법에서 비롯되는 충청도 말의 온도 차가 타지방 사람들에게 재미있게 들리는 것"이라고 풀이한다.

"가령 친구들과 싸우다가 '나 이제 안 볼 껴' 하고는 지나가다 보이기만 해도 고개를 돌리고 가는 경우들이 많은데, 이러한 상황들이 다른 지역 사람들에게는 웃기게 느껴지곤 합니다. 체면을 굉장히 중요하게 여기고 상대방과 싸우면 철천지원수가 되기도 하기에 싸움을 가급적 피하려는 경향을 보이는데 다른 사람들에게는 그게 웃기게 보이는 거죠."

"충청도 사람들의 해학은 딱 최양락 스타일이라고 보면 됩니다. 그가 예전에 유머 1번지에서 했던 '괜찮아유'가 딱 그 해학성이라고 봅니다. 눙치기를 잘하고 의뭉스럽고 말끝을 흐리면서도 할 말은 다 하다 보니 다른 사람들이 볼 때 속은 모르겠지만 그 안에 있는 분노나 감정은 느껴지기 때문에 해학적이라고 보는 것 같습니다. 실제로 충청도 사람들끼리는 별로 웃기지 않은 어떤 분위기가 다른 지역 사람들에게는 해학적으로 느껴지는 것은, 충청도 사람들끼리 상당히 감정적으로 한 이야기인데도 다른 지방 사람들에게는 별로 강한 이야기로 느껴지지 않고 오히려 웃기게 느껴지기 때문이기도 합니다. 가령 사고가 나면 '그러다가 누구 하나 딱 죽겠네유'라고 아무렇지도 않게 능글맞게 말하는데 이것이 충청도에서는 굉장히 감정적이고 위협적인 언사지만, 다른 도道 사람들이 볼 때는 웃기게 들리는 것과 같습니다. 예전에 '짝패'라는 영화에서 충청도 깡패가 '성님, 아프쥬?'라고 하면서 칼로 쑤시는 장면이 나오는데 이게 충청도의 해학이 반영된 거라고 보면 됩니다."

충남 서산서 자란 소설가 김애란(1980~) 씨가 2016년 숭대시보의 <소설은 가까운 곳에 있다>에서 이야기한 어머니와의 일화에도 청풍명월의 능치기가 녹아 있다.

저희 어머니는 음식솜씨가 좋으셔서 일주일 전부터 제가 오는 걸 설레하시면서 여러 음식을 준비해 놓으세요. 근데 제가 결국 마감일을 못 맞추고 명절 당일이 돼서야 엄마에게 "엄마, 미안해. 내가 원고를 못 넘겼어. 이번에 못 갈 것 같아." 이러면 막 솔직하게 화를 내시는 것도 아니고 쿨하게 이해하시는 것도 아니고 충정도 화법으로 한마디 하세요. "응. 뭐 괜찮아~ 너 주려고 했던 음식들 다 개 주면 돼."라고요.

김애란은 이 추억담을 이야기하면서 자신 속에도 스며들어 있을 고향의 화법을 축구팀에 비유해 풀이했다. 당연히 능치기(시치미)도 포함된다.

> 제가 어디선가 들은 이야긴데 축구팀 중에 가장 상대하기 힘든 팀이 이기자고 덤비는 팀이 아니라 비기자고 덤비는 팀이라는 얘기를 들었어요. 충청도 화법에는 마치 비기자고 덤비는 것처럼 시치미, 능청, 에두름 같은 것들이 들어있다고 생각해요. 그리고 조금은 저도 그 언어에 영향을 받은 부분이 있지 않나 하는 생각이 들어요.

이기기 위해서가 아니라 비기기 위해서 구사하는 말들은 평화를 지향한다. 그 과정에는 상대에 대한 이해와 배려가 뒤따르게 마련이다. 혹여 삐침이 있다 해도 그것은 상대적 우위를 점하고 있는 사람을 제압하려 듦이 아니라 비김으로 내려오게 만들기 위한 수단일 뿐이다.

크고 작은 경험을 녹여내는 고향의 화법은 작가의 뇌리에도 '소설의 자리'로 남아 시간이 흘러도 불쑥불쑥 튀어나오게 마련이다. 자기감정을 누그러뜨리거나 숨기는 "나 이제 안 볼 껴.", "그러다 누구 하나 죽겠네유.", "괜찮아유." 식으로 능치지만, 아예 감정 표출을 억제하는 것은 아니다. 그러나 속을 드러낼 때조차도 해학적 요소를 잊지 않는 화법을 보인다.

"나 원 재수 읎으면 송사리헌티 물린다더니…"

의외의 봉변을 당했을 때 쓰는 표현이다. 기분이 상하면 "재수 없으면 마른하늘에 날벼락 맞는다더니…", "개미에게 X 물린다더니…" 식의 험한 말을 내뱉기에 십상인 법인데 청풍명월들은 겨우 "송사리에 물린다."로 대신한다. 부드럽고도 자연 친화적인 표현이 아닐 수 없다.

우리가 살아봐서 아는 사실이지만 송사리에게 물릴 일은 없다. 그만큼 예상 밖이라는 표현이다. 혹은 깜냥도 안 되는 존재에게 당한 경우에 화풀이성으로 불평하는 투도 섞여 있긴 하다. 유쾌하지 못한 기분을 아예 감추는 것은 아니지만, '송사리'만큼만 내비칠 뿐이다. 말의 뒤 편에 분명 응어리가 있는 걸 알면서도 전면에 등장하는 '송사리' 때문에 듣는 이는 그리 불쾌하게 여기지 않게 된다.

상대가 약속 시각을 훌쩍 넘겨 나타날 때도 불쾌한 표정이나 쏘아붙이는 말 대신 "안과에 다녀오려고 했어요."라는 완곡하고 해학적인 말로 대신한다. '눈이 빠지게 기다렸다'라는 뜻의 간접적 표현이다.

"이건 경우가 아녀~"

"이건 법도가 아녀~"

상대의 행동이 옳지 않다고 여기거나 마음에 들지 않을 때 충청도 사람들이 구사하는 점잖은 불평이다. 그러나 절대 가볍지 않은 단호함이 숨어있음을 눈치채야 한다.

비슷한 예로 '얼래?'가 있다. 상대의 말이 과장됐다거나 경우에 맞지 않는다고 느낄 때 청풍명월의 입에서 자연스럽게 터져 나오는 반어적 탄성이다. 우리가 익히 아는 말로 표현해 보면 '아이구 그러셔?', '웃기네', '말이 되는 소리야?' 등의 느낌이다. 재미있는 것은 이 말이 긍정의 감탄사 역할도 동시에 한다는 데 있다. '어쭈!' 정도에 해당한다. '너도 그걸 안단 말이야?', '너도 그렇게 여긴다고?' 정도의 느낌이다. 이처럼 '얼래?'는 상대의 말에 대한 긍정과 부정이 함께 들어 있는 애매한 표현이다. 충청도 언어의 특성인 능치기가 갖는 이중성이다.

재치

"그렇게 바쁘면 어제 오지 그랬슈~"

충청도 국도를 달리다 보면 이런 플래카드를 자주 접하게 된다. 과속 운전자에게 던지는 충고이다. 웃음을 유발하는 기발한 유머 감각이다. 시간에 쫓겨 그렇게 위험하게 달릴 것 같으면 미리 앞당겨서 오지 그랬느냐는 말을 저리도 간결하고 해학적으로 표현하는 것이다. 이것은 재담 즉, 위트^{Wit}에 속한다. 위트는 말을 작품^{Fiction}처럼 지어내는 농담이나 개그^{Gag}와 달리, 현실에 바탕을 두면서 날카로운 기지^{機智}를 보여준다. 영국에서는 "펜싱^{Fencing}의 칼처럼 예리하다."(<영국인의 유머 감각>, 해럴드 니컬슨$^{Harold\ Nicolson}$)라고 묘사한다. 세련되고 날렵하면서 동시에 상처를 줄 정도로 공격적이기도 한 까닭이다. 이런 점에서 관용, 친절, 애정, 겸양을 내포하며 동지애를 키우는 유머와는 차이를 보인다. 예를 들어,

"뚱뚱하고 날씬하고는 거울을 어떤 걸 쓰느냐에 달려있다."
라고 말하면 뚱보들에게 위안을 주는 유머가 되지만,

"모든 뚱뚱이의 내부에는 밖으로 나가려고 몸부림치는 홀쭉이가 있다."

라고 말하면 뚱보들을 희미하게 웃게 만드는 위트가 된다. 뚱보들도 식탐에서 벗어나지 못하고는 있지만, 날씬해지고 싶은 욕망이 있음을 예리하게 찌르기 때문이다. 여기에 변화를 가하면 이런 위트도 가능해진다.

"모든 홀쭉이의 외부에는 안으로 들어가려고 눈치를 보는 뚱뚱이가 있다."

날씬한 사람들 역시 먹고 싶은 욕망에서 자유롭지 못하다는 사실을 입심 좋게 늘어놓고 있는 것이다.

위트를 잘 구사하는 사람은 두뇌가 비상하면서 유머 감각도 갖춘 멋쟁이로 평가된다. 자기 삶 자체에 미적 요소를 더하는 것이다. 그들의 말은 상대의 귀에 꽂히는 순간 더 이상의 설명이 필요치 않은 채로 무릎을 치게 만든다. 또한, 말하는 사람 역시 자기의 재담에 성취감을 만끽한다.[12]

김 선생이 친구 집을 찾았더니, 주인이 술상을 차렸는데 안주가 채소뿐이다. 주인이 사과하며 말한다.

"형편이 어려워 먹을 건 없고 오직 담박하니 부끄러울 뿐이네."

그때 마침 마당에서 뭇 닭들이 어지럽게 바닥을 쪼아대고 있는 광경이 눈에 들어오자 김이 말했다.

"대장부는 천금을 아끼지 않는 법이니, 내 말[馬]을 잡아서 술안주를 해야겠네."

주인이 물었다.

12   테리 이글턴, 〈유머란 무엇인가〉, 196~202p 참조, 문학사상, 손성화 옮김, 2019.

"아니 말을 잡으면 무얼 타고 돌아가겠다는 건가?"

김이 말했다.

"자네 닭을 좀 빌려 타지 뭐."

주인이 크게 웃고선 닭을 잡아 대접했다.

—류정월, <오래된 웃음의 숲을 노닐다>, 샘터, 2006 재인용

조선의 재담이다. 이야기 속의 김 선생은 아마도 기지와 재치가 대단해 대동강 물 팔아먹은 걸 비롯한 수많은 설화의 주인공인 봉이 김선달 아닌가 여겨진다. 위의 상황에서 "아니, 닭이 이리도 많은데 한마리 잡으면 어떤가?"라는 평범하고도 무미건조한 제안은 소기의 목적을 달성하는 데 아무 도움이 되지 못함을 우리는 잘 알고 있다. 실속도 얻지 못한 채 "염치없는 놈."이라며 주인을 언짢게 만들기 십상이다. 김 선생은 달랐다. "내 말을 잡아 안주하겠다."라는 호기와 "대장부는 천금을 아끼지 않는 법."이라는 호언이 상대를 주눅 들게 만든 데다, "자네 닭을 좀 빌려 타고 가면 되지."라는 허를 찌르는 위트가 결정적으로 집주인을 움직인 것이다. 비록 친구의 말재주 탓에 닭을 한 마리 잃긴 했지만, 큰 웃음과 함께 친구의 기분을 돋우어주었으니 집주인으로서도 성과가 없진 않았을 터이다. 이 고사의 주인공이 설사 김선달이라고 하더라도 필자는 김 선생을 충청도 사람으로 보고 싶다. 담대하면서 순발력 넘치는 위트감이 청풍명월의 캐릭터를 연상시키기 때문이다.

안주가 마땅찮아 뭘 시키나 주저하고 있을 때 식당 주인이 구시렁거리며 보채면, 충청도 사람들은 슬며시 한마디 한다.

"아, 이 뱃속에 간두 있구, 쓸개두 있구, 곱창두 있는디 뭐하러 안주

를 또 먹어유? 술만 넣어 주믄 되는 거 아뉴?"

순발력 넘치는 대응이다. 이 정도 재치면 식당 주인도 웃을 수밖에 없을 듯싶다.

찌는 듯 무더운 여름날 충청북도 보은을 걷다 목이 말라 구멍가게에서 콜라를 찾았더니 가게 아주머니가 희미하게 웃으며 이렇게 대답한다.

"시원한 사이다는 있는디…"

충청도 사람들의 재치가 감지되는 순간이었다. 그도 그럴 것이 콜라가 없으면 "콜라는 없는데요.", "콜라는 다 떨어졌어요."라고 말하는 게 일반적인데, 가게 주인은 그 얘기는 생략하고 곧바로 "시원한 사이다는 있는데…"라고 은근짜를 놓으며 대체 구매를 부채질하는 것이다. 간결함을 좋아하는 청풍명월의 성향 탓에 거두절미식 생략의 과정을 거쳐 곧바로 본론으로 이어진 경우이다.

청풍명월이 구사하는 위트는 가히 천부적이어서 웃다가 가만히 생각하면 팔도에 이런 식의 예술적 표현을 구사할 수 있는 곳이 충청도 말고 또 있을까 하는 생각에 잠기게 만든다. 윌리엄 해즐릿의 표현처럼 "기민하고 총명한 이해력에 절묘한 창의력, 그리고 생기가 넘치는 정신력이 없이는 위트를 생산하기 어려운" 까닭이다. 과속 위험을 경고하는,

"그렇게 바쁘면 어제 오지 그랬슈~"

경우에도 경상도 사람들이라면 "와 그리 뽑노? 죽을라고 환장했나?"라고 직사포를 날리거나, 기껏해야 "쪼매 급하게 달리네? 그라다 영영 갈 낀데?"라고 비판 조의 충고를 뱉어내지 않을까 싶다. 호남 사람은 경상도 사람보다는 정감과 여유가 있는 표현을 구사하겠지만, 역

시 유머 감각을 느끼기는 힘들지 않을까 싶다. "아따 좀 거시기 허요. 쪼매 급한가 보제? 그러다 먼 일 나면 어쩔라고 그라요?" 정도일 것이다. 서울 사람들은 모범적이지만 딱딱한 어감으로 얘기할 게 틀림없다. "속도 좀 줄여요. 조금 빨리 가려다 영영 가버릴 수 있어요." '위험하니 과속하지 말라'는 이야기에다 '그렇게 바삐 가야 할 상황이면 좀 일찍 서두르지 그랬느냐'라는 투의 핀잔을 하면서 '어제'라는 시점을 들이대는 재치와 말재간은 타고난 재담 감각이 없이는 불가능할 것이다. 듣는 사람도 불쾌하지 않게 하면서 소기의 목적을 달성하는 테크닉을 보여주는 까닭이다. 이 표현은 운전자들끼리의 갈등 국면에도 자주 출현한다. 주로 지역 운전자와 외지인 운전자들 사이에 갈등이 생길 때 등장한다. 예를 들어 서울 차가 천천히 가는 충청도 차를 못 견뎌 클랙슨을 올리면 앞서가던 충청도 운전자가 차를 세우고는 다가와서 말한다.

"그렇게 바쁘믄 어제 오지 그랬슈?"

이 느닷없는 조용한 공격에 서울 운전자는 피식 웃게 마련이다. 예상 못 한 의외의 표현에 마음을 빼앗겨버리는 까닭이다. "아, 왜 빵빵거려? 이 도로 전세 냈어?"라고 과격하게 덤비게 마련인 타지방 사람들의 성깔이 배제된 채 훅 날아오는 해학적 핀잔인 때문이다. 맞아도 기분 좋은 달콤한 솜방망이인 것이다. 물론 화자는 한순간 당황해하는 상대에게서 가학적 쾌감을 맛보기도 한다. 그러나 그 쾌감은 어디까지나 지적 희열에 가까워서 그렇게 위악적으로 여겨지지는 않는 순기능을 보인다.

감정이입

누군가가 많이 늦는 바람에 한참을 기다리게 될 경우에는 청풍명월의 반응도 조금 더 길어진다. 이런 식이다.

"일찍 떠났으면 비알써 수덕사 가서 머리 깎고 여승 됐슈~"

충청도 토박이 수필가 남덕현(대전 출신. 1966~) 씨가 구사한 이 표현은 '기다릴 게 아니라 서둘러 떠나는 게 옳았다'라는 불평이다. "그시간이면 이러저러하고도 남았을 시간이다."라는 말을 하고 있다. 다른 지방 사람들은 보통 "목적지에 벌써 닿고도 남았다." 정도로 이야기하게 마련이겠지만, 충청도 사람들은 거기에 그치지 않고 '수덕사'와 '여승'을 등장시켜 상황을 과장하고 불평을 희극화 하는 유머 감각을 보인다. 일찍 떠나지 않은 데 대한 불만을 숨기지 않으면서도 상대방이 불편해하지 않도록 적절히 배려하는 충청도의 마음이 숨어있다. 표현에 사용하는 소재 면에서도 충청도식 화법은 독특하다. 수덕사는 충청도에서 가장 대찰大刹이니 만큼 들먹이는 게 별스럽진 않지만, '여승'과 '삭발'을 언급하는 대목은 기발하다. 감탄을 불러일으킬 만큼 창의적이다. "그 시간이면 수덕사까지 갔겠다."라며 불만을 토로하는 선에서 그치는 게 일반적이지만, 충청도는 거기에서 멈추지 않는다. "여女 행자行

者가 수행修行과 수계受戒의 과정을 거쳐 머리 깎고 비구니가 될 만큼 긴 시간이 흘렀다."라고 덧붙인다. 평소 이런 식으로 말을 꾸미는 훈련이 뒤따르지 않으면 불가능한 표현법이다. 충청도의 표현은 기타 지방이 "그 정도면 됐다."라고 여기는 지점에서 한 발짝 이상 더 나간다.

"그 양반 숟가락 놓으셨디야."

지인知人이 '돌아가셨다'라는 말을 "숟가락 놓았다."라고 생활 용어로 표현하는 건 충청도밖에 없다. "저세상 사람이 됐으니 더는 밥 먹을 일 없다."라는 데서 비롯된 표현인 게다. 숟가락 드는 행위를 단순히 밥을 먹는 행위라고 보는 데서 그치지 않고 그 위에 생명을 오버랩해서 본 과정이 엿보인다. 숟가락을 생명 부지의 수단으로 여기며 삶과 죽음의 경계에 밥숟가락이 있다고 보는 것이다. 그래서 충청도 사람들에게 저승까지의 거리는 2.5cm이다. 밥 먹던 입에서부터 숨 거두는 콧구멍까지의 길이[13]인 것이다. 듣고 보면 지극히 당연한 말이 되고 마는 이 신기한 충청도 해학을 어찌 설명해야 할까? 영어에도 '죽는다'라는 뜻의 "kick the bucket."이 있다. '목을 매단 후 발을 받쳐주던 버킷을 차버린다'라는 연원을 갖는다. 서양의 '버킷'이 처절하고 비극적인 느낌을 주는 반면, 충청도의 '숟가락'은 은유적이며 해학적이다. 청풍명월은 '돌아가셨다'라는 말 대신 이런 표현도 쓴다.

"그 양반 떼 이불 덮으셨디야."

역시 죽음의 표현이 생활적이고 따뜻하며 긍정적이다. '세상 버렸다'라는 식의 어둡고 부정적인 표현은 격이 낮다고 여기는 문화이다.

충청도의 해학은 '밝음과 긍정을 지향'한다는 점에서 서양의 유머와 차이를 보인다. 서양의 유머는 정신 근육을 이완시켜주지만, 이성적인

---

13   이정록, 〈콧구멍만 바쁘다〉, '저승까지 거리는' 참조. 창비, 2009.

힘 아래서는 어둡고 냉소적인 성향도 보인다. 광기나 범죄, 성적 환상들이 날카로운 기지^{Esprit}의 형태로 분출한다.[14] 의미의 부담에서 놓여나면 부조리함에 섬뜩함을 느끼면서도 동시에 즐거워하는 것이다. 의미를 놓아버리는 것이 매혹적인 유머의 전제가 된다. 예를 들면,

> 어느 정신병원에 입원한 환자들이 치료법을 견디다 못해 집단 자살을 감행하기로 했는데, 당장 쓸 수 있는 약이나 도구가 없자 한 사람이 물이 담긴 양동이에 양발을 담그고 선 상태에서 손가락을 플러그처럼 소켓에 넣었고, 그 순간 다른 사람들이 다들 그 사람에게 매달렸다.

일종의 블랙코미디다. 의미에 매달리지 않는다면, 어둡게 재미있는 측면이 있다. 환자들이 극단적 선택을 하도록 내몬 고통은 잠시 잊는 것이다. 그냥 우스꽝스러운 상황이 주는 설정에 웃음을 짓는다. 실제가 아닌 언어에 불과하기 때문이다. 프로이트식으로 이해하자면, 도덕적이고 규범적인 초자아^{superego}가 도덕과 본능^{id}의 가운데에서 그 둘을 제어하는 자아^{ego}를 가엾게 여겨 자기애^{narcism}를 강화하도록 내버려두는 것이다. 초자아는 그것이 단지 농담에 불과하므로 인간의 가치에 대한 잔인한 묵살이 야기하는 무분별로 인한 불안을 가질 필요가 없다고 달랜다. 자아가 천하무적임을 확인시키면서 유머라는 수단으로 위로하는 것이다.[15]

충청도의 긍정적이고 창의적인 표현력은 조용한 관찰을 뜻하는 '관

---

14   테리 이글턴, 〈유머란 무엇인가〉, 37p 참조, 문학사상, 손성화 옮김, 2019.
15   테리 이글턴, 〈유머란 무엇인가〉, 40~41p 참조, 문학사상, 손성화 옮김, 2019.

조'에서 비롯되는 게 아닌가 생각된다. '머리 깎는 여승'이나 '숟가락',
'떼 잔디' 등을 무심히 보지 않고 그 대상에 감정을 이입해 바라보면,
대상과 나는 일체를 이룬다. 머리를 깎고 행자에서 스님으로 신분이 바
뀌는 순간의 시간은 길다. 그 시간의 길이는 그 여승에 감정이입을 해
본 사람만이 짐작할 수 있다. '숟가락'이나 산소의 '떼 잔디' 역시 물아
일체의 경험 속에서 바라보면 생과 사의 경계를 이루는 표지석이 된다.

유머 본능

충북 청주에서 버스에 오르기 전 '무심천 가느냐'고 물어보니 기사가
말했다.

"타면 가유."

필자는 웃음을 참을 수 없었다. 충청도의 멋과 여유 그리고 유머 본
능을 접했기 때문이었다. 버스를 타고 가는 내내 그 답변이 재미있어
여러 번을 되풀이하며 음미했다. 그냥 '네 갑니다'라는 말보다 얼마나
창의적이며 매력적인 표현인가. 준비된 답변일 수도 있고 즉흥적으로
구사된 표현일 수도 있다. 어느 쪽이든 다른 지역에서는 기대하기 어렵
고 해학의 DNA를 가진 청풍명월의 심성이라야 가능한 것이었다. 그
유머 한 마디가 초면의 그와 나 사이를 유쾌하게 만들어주고 있었다.
신선했다.

필자가 방송사에 입사해서 만난 선배 신완수 형은 충북 청주 출신인
데 유머감이 대단했다. 일찍 서울로 옮겨와 살아 사투리는 덜한 편이었
지만, 해학 감은 어김없이 청풍명월의 계보를 따르고 있었다.

"이쁘다는 거 말고는 아무런 장점이 없시유."

"댁도 열심히 하면 나처럼 훌륭하게 될 수 있슈."

"환경만 좀 좋았더라면 더 훌륭하게 될 수 있었을 텐데, 그놈의 환경 땜에…"

"그럴까? 그럴 껄. 까? 껄."

"김영삼 측근에 은발이 많은 건 거제 은멸치 때문이고, 김대중 주위가 모두 흑발인 건 신안 김 덕분이다."

그는 이런 탄복할만한 순발력과 말재간을 인정받아 PD임에도 오랜 기간 주요 프로그램의 MC를 맡았다.

어느 봄날 몇몇이 임진강 근처 친구 집 마당에서 술자리를 가졌다. 팔도 건달이 화제에 올랐다. '누가 더 세네'식의 이바구가 펼쳐지던 중에 충청도 출신인 집주인이 넌지시 끼어들었다. "충청도 건달이 제일 세다."는 것이었다. 이유인즉슨, 충청도 건달은 맞으면서도 웃기기 때문이라는 것. 충청도 건달이 힘에 부쳐 다른 지방 주먹에게 맞으며 외쳤단다.

"왜 때려유? 아 왜 또 때려유. 참는데 또 때려유? 그짝도 나 때리느라 팔 아프겠슈!"

나 같으면 웃겨서 더 못 때렸을 것 같다. 개그맨 최양락을 떠올리면 매 맞는 충청도 건달은 금세 형상화된다. 이런 캐릭터를 당해낼 재간이 다른 지방 사람들에게 과연 있을까 싶다.

청풍명월 코미디언 이영자(충남 아산 출생, 1968~) 씨의 입담에도 해학이 그득하다.

이영자: 차 막아놓았다고 나만 욕먹었지 뭐~

매니저: 차를 직접 빼셨어요?

이영자: 그럼 내가 들어서 옮겼을까요?

매니저: 욕먹어서 어떡해요?

이영자: 괜찮아요. 나 먹는 거 좋아하잖아. 음식도 먹고 욕도 먹고, 편식 안 하잖아~

　　2018년 MBC의 <전지적 참견>이라는 프로그램에서 이영자 씨가 매니저의 마음을 편안하게 해주기 위해 구사한 입담이다. 이 씨의 배려가 유머로 승화되고 있다. 청풍명월 입담의 매력이다.

　　시라고 예외가 있을 리 없다. 미망인의 남편 회고를 소재로 한 충청남도 홍성 출신 시인 이정록(교사, 1964~)의 시는 온통 해학으로 그득하다.

(전략)

어서 타라는 거여 망설이고 있으니까 번쩍 안아서 태우더라고 뱃살이며 가슴이 출렁출렁하데 처녓적에도 내가 좀 푸짐했거든 월산 뒷덜미로 몰고 가더니 밀밭에다 오토바이를 팽개치더라고 자갈길에 젖가슴이 치근대니까 피가 쏠렸던가 봐 치마가 홀러덩 뒤집혀 얼굴을 덮더라고 그 순간 이게 이녘의 운명이구나 싶었지 부끄러워서 두 눈을 꼭 감고 있었는데 정말 빠르더라고 외마디 비명 한 번에 끝장이 났다니까 꽃무늬 치마를 입은 게 다행이었지 풀물 핏물 찍어내며 훌쩍거리고 있으니까 먼 산에다 대고 그러는 거여 시집가려고 나온 거 아녔냐고 눈물 닦고 훔쳐보니까 불한당 같은 불곰 한 마리가 밀 이삭만 씹고 있더라니까 내 인생을 통째로 넘어뜨린 그 어마어마한 역사가 한순간에 끝장나다니 하늘이 밀

밭처럼 노랗더라니까 내 매무새가 꼭 누룩에 빠진 흰 쌀밥 같았지

얼마나 빨랐던지 그때까지도 오토바이 뒷바퀴가 하늘을 향해 따그르르
돌아가고 있더라니까 죽을 때까지 그 버릇 못 고치고 갔어 덕분에 그 양
반 바람 한 번 안 피웠어 가정용도 안 되는 걸 어디 가서 상업적으로 써
먹겠어 정말 날랜 양반이었지

—이정록, '참 빨랐지 그 양반' 중에서,《정말》, 창비 2010

　매력적 서사구조를 가진 이 시는 충청도식 해학으로 인해 맛을 더
한다. 웃지 않고는 배겨낼 재간이 없을 정도로 입심이 세다. 특히 마지
막 연은 압권이다. 급하게 자기를 밀밭으로 납치해가서 일을 치렀는데,
얼마나 빨리 끝냈던지 팽개친 '오토바이 뒷바퀴가 여전히 돌고 있더
라'라고 과장한다. 그 정도 능력이다 보니 평생 어디 가서 바람피울 실
력(?)은 못 됐다는 이야기를 '가정용도 안 되는 걸 어디 가서 상업적으
로 써먹겠어'라고 피력하고 있다. '가정용'과 '상업용' 표현은 가히 '신
의 한 수'로 보아도 무방할 재치일 듯싶다. 시를 구성하는 주제와 심상
의 요소들이 충청도의 해학 속에 유머러스하게 녹아 있다.
　이런 용례는 <콧물의 힘>에서도 찾아진다.

　　느릅나무 향나무 노간주나무, 그 어떤 무쇠나무로 코뚜렐 만든다 해도
　　소 콧구멍에 주소를 둔 놈이라야 힘을 쓰는 겨

　평소 코뚜레를 예사로 보지 않고 지켜봐 온 청풍명월다운 관심의 발
현이다. 콧구멍을 '주소'로 본 표현이 익살스럽다.

'덥다'라는 말을 표현하는 우리말은 많다. '무덥다', "뜨겁다', '찐다', '삶는다', '가만히 있어도 땀이 줄줄 흐른다' 등이다. 충청도는 이런 표현들에 그치고 마는 걸 용서하지 않는다. 이런 식이다.

> "관 속의 망자들도 참지 못하고 벌떡 일어나다가 관 뚜껑에 이마를 부딪쳐 두 번 죽을 정도로 덥다."
>
> —남덕현, <한 치 앞도 모르면서>, 빨간소금, 2017

들으면 웃음이 절로 터진다. 다분히 충청도 적인 해학 때문이다. "죽은 이가 더위 탓에 신경질적으로 벌떡 일어나"고, "관 뚜껑에 머리를 부딪쳐 다시 죽는다."라는 발상은 상상을 두 번 가공하는 과정을 거친 것이다. "죽은 이가 관 속에서 벌떡 일어날 정도로 덥다."라는 1차 가공까지는 가능하다. 그러나 "관 뚜껑에 머리를 부딪쳐 또 죽는다."라는 2차 가공은 상상하고 창작하기에 쉽지 않다. 충청도는 늘 한두 발짝 더 나간다. 몸에 익은 해학감이 왕성한 상상력과 결합해 조크^{joke}로 태어난다. '충청도적 해학'이라는 표현은 생활에서 발견한 소재를 비유에 활용하며 과장에 너스레를 떨고 거기에다 또 조미료를 친 해학을 두고 이름이다. 이런 맛의 해학을 툭툭 던지는 지역은 충청도밖에 없다고 여긴다.

충청도 사람들이 "실제 있었던 일화"라며 소개하는 '충청도 할매의 비밀번호'라는 우스개에서도 청풍명월의 우스개 본능이 드러난다. 얘기인즉, 충청도 할머니가 시골 은행에 송금하러 갔는데 여직원이 비밀번호를 묻자 "비둘기"라고 말하면서 시작됐다. 재차 묻고 거듭 물어도 여전히 "비둘기"라고 되풀이 답하자 "얼른 비밀번호 야그를 혀유."라며 보채는 여직원이 한심해 보였던지 할머니는 마침내 비번을 알려 주었다. 그 순간 흥미롭게 그 광경을 지켜보던 사람들은 모두 자지러지며 환호성을 지르고 박수를 쳐댔다. 할머니가 밝힌 비밀번호는 "9999"였던 것이다.

필자는 이 에피소드를 들으며 충청도 할머니가 아무렇지도 않게 내비친 개그 본색에 깊은 경외감을 표할 수밖에 없었다. 할머니의 개그 본능 덕에 그 시간 그 공간에 함께 있었던 사람들은 천연 웃음이라는 귀한 선물을 공짜로 받은 것이다. 그렇게 빵 터지는 웃음은 웃을 기회가 흔치 않으므로.

사투리의 매력

청주의 한 돈가스 맛집에 나붙은 안내문이다. 충청도의 방언이 정감을
더한다. 괜히 들어가 보고 싶어진다.

> 들어와유~
>> 오전 11시 30분
> 나도 쉬어유
>> 오후 3시~오후 5시
> 집에 가유~
>> 오후 9시 30분

대전의 녹색교통수단인 공공자전거의 명칭도 방언을 살린 '타슈~'이
다. 이름을 보면 피식 웃음이 스며 나온다. 충청도 사투리는 매력적이
다. 거칠고 강한 경상도나 전라도 사투리와 달리 부드럽고 정겹다. 이
런 특성 덕에 영화나 드라마가 충청도 사투리를 구사하면 관객은 익숙
한 영호남 것이 아닌 충청의 새로운 사투리 맛에 깊이 매료되고 만다.
'익살'이라는 단어는 충청도의 것이다. 너나 할 것 없이 모두 '충청도

특유의 익살'이란 표현을 쓰는 까닭이다. 아마도 충청도 사투리가 만만하고 정겨우며 구수하기 때문일 것이다.

류승완 감독의 2006년 작 <짝패>도 액션에 예외적으로 충청도 사투리를 접목함으로써 "충청도의 말맛이 재미나다."라는 관객 반응을 얻었다. 류승완이,

"이놈들아! 너들은 집에 삼춘두 없냐?"

라며 긴박한 상황에서 웃음을 유발하고, 이범수의 훈계,

"강한 놈이 오래 가는 게 아니구, 오래 가는 놈이 강한 거여."

는 명대사로 남았다.

권오광 감독의 2019년 작 <타짜: 원 아이드 잭>에서 '물영감'으로 분한 우현도 도박판에서 '타짜'들에게 거액을 잃는 절박한 상황에서,

"이것은 법도가 아닌디…"

라고 난데없이 '정의'를 논해 폭소를 자아낸다.

이민재 감독의 2019년 작 <기묘한 가족>에서는 충청도 사투리가 코믹성을 더한다. '좀비가 나타났다'와 '너도 좀비가 됐느냐'를 각각,

"뭐여?"

"물렸는 겨?"

라고 간결하게 표현해 극장 안에 한바탕 웃음이 일었다.

이연우 감독의 2014년 작 <피 끓는 청춘>도 충청도의 농고와 공고를 배경으로 이종석과 박보영이 능청맞게 사투리를 구사해 큰 웃음을 주었다.

"보면 볼수록 사람을 환장하게 만드는 매력이 있구면."

"팔꿈치가 그렇게 허연 사람은 참말로 너밖에 읎어."

"왜 온 겨?"

"전쟁이라도 하자는 겨?"

"그런 겨?"

"좋은 겨?"

등의 충청도 말투는 젊은 세대들에게 빠르게 전염됐다. 관객들은 하나같이 충청도 사투리에 깊은 매력을 느끼며 "충청도 말이 표준어이면 지금보다 조금 더 느긋하고 욕도 덜하며 살 것 같다."라는 소감들을 남겼다.

소월의 시 <진달래꽃>은 떠나는 이를 잡지 못하고 오히려 떠나는 길에 꽃을 깔며 축복하면서도 언제든 다시 돌아오라는 기원을 담고 있다. 이 애달픈 민족시를 인터넷에 나도는 충청도 사투리 버전으로 풀면 슬픔은 뒤로 빠진 채 마냥 웃음이 쏟아진다. 의뭉스러운 원망과 뒤끝, 미련도 진하게 느껴진다.

이제는 지가 역겨운 감유

가시려면 어서 가세유

임자헌테 드릴 건 없구유

앞산의 버얼건 진달래꽃

뭉테기로 따다가 가시는 길에 깔아드리지유

가시는 걸음 옮길 때마다 저는 잊으세유

미워하지는 마시구유

가슴 아프다가 말겠지유 어쩌겠시유

그리도 지가 보기 사납던가유

섭섭혀도 어쩌겠시유

저는 괜찮아유 울지 않겠시유

참말로 잘가유

지 가슴 무너지겠지만 어쩌겠시유

잘 먹고 잘 살아바유

그래도 혹시라도 맴 바뀌면

언제든 다시 돌아와유 알았쥬?

이런 충청도의 해학적 말 맛은 더러 엄숙한 분위기를 망쳐놓기도 한다. 가상이긴 하지만, 장례식장을 찾은 충청도 조문객이 너스레를 늘어놓는다면, 상가에는 난데없이 웃음꽃이 활짝 필 것이기 때문이다. 영화에서도 충청도 사투리를 구사하면 그 주인공이 가사 비장한 심정으로 전장에 임하는 백제의 계백 장군이라 하더라도 코믹하게 느껴질 수밖에 없다. 극을 끌고 가는 감정선이 깨질 수 있는 것이다. 이준익 감독의 2003년 작 <황산벌>에 계백 장군으로 분한 박중훈은 죽음을 각오하고 국가 흥망의 운명이 걸린 황산벌 전쟁터로 향하는 비장한 장수의 모습을 잘 연기했지만, 그가 구사한 충청도 억양 탓에 어쩔 수 없이 "코믹했다."라는 게 관객들의 반응이었다. 백제의 마지막 왕 의자왕 역의 오지명 역시 '비운의 왕'이라는 이미지가 충청도 사투리에 가려진 느낌이 있었다. 그러나 관객들은 대체적으로 이 감독의 기발한 시도에 웃음을 연발하며 마냥 재미있어했다. 액션과 웃음의 요소가 묘하게 하모니를 이룬 것이다.

긴박한 상황을 웃음으로 갈음한 후 관객들은 계속 영화의 스토리를 좇아간다. 영국 영화 <007> 시리즈에서는 주인공 제임스 본드의 유머가 자주 관객들의 긴장을 풀어준다. 생사의 기로에 선 상황에서도 본드는 유머의 끈을 놓지 않는다. 기차 지붕 위 격투 장면에서 거한에게

눌려서 죽게 생긴 순간, 터널이 눈앞에 나타나자 여유 있게 농담을 던진다.

"난 자네 큰 키가 맘에 들어."

사람들은 가슴을 죄면서도 그 유머에 웃음을 터뜨린다. 음식으로 치면 짠 음식 다음에 단 음식을 맛보는 식이다. 이 '단짠단짠'이 없이 거친 액션 일변도이기만 하다면 영화의 맛은 덜해질 게 틀림없다. 제임스 본드식 유머 역할을 해주는 기능이 바로 충청도 사투리인 것이다. 표준말로도 웃음을 던져줄 수는 있겠지만, 충청도 사투리는 억양 자체에서 벌써 '먹고 들어간다'. 영화 <친구>에서 장동건이 배에 여러 차례 칼을 맞다 신음처럼 내뱉는 대사, "고마해라. 마이 무따 아이가(그만 해라. 많이 찔렸잖아.)"가 충청도 버전이라면 이렇게 될 터이다.

"그만해유우~ 아파유우. 댁도 힘들겠슈~"

친근감

충청도 사람들은 허술함과 친근감으로 곧잘 상대의 경계를 허물어뜨린다. 상대를 능히 안심시킬 만큼 그들은 말재간이 현란하고 풍부하다. 그들이,

"시상이(세상에) 이웃버덤(이웃보다) 좋은 것이 오딨간(어딨어)?"

"옛말이두(옛말에도) 있잖여. 먼 디(먼 데) 사촌버더(사촌보다) 이웃이 더 가차운(가까운) 거여."

라고 읊어대면 이웃은 속절없이 무너지게 마련이다.

한술 더 떠,

"떡 본 짐이(떡 본 김에) 지사(제사) 지낸다구, 이참에 통성명허구 술이나 한 잔 해유."

라고 덤비면 거절할 재간이 없다.

"우린 친구잖여~ 한잔 어뗘? 조챠?"

에도 속수무책일 건 매한가지이다.

2019년 12월 MBN이 주최한 <보이스 퀸>이라는 주부 대상 트로트 오디션에 참가한 대전 출신 58세 주부는 무대에 오르자 구수한 충청도 사투리를 쏟아냈다.

"저 워때유? 이쁘쥬?"

청중은 즉시 그녀에게 환호를 보냈다. 무대와 객석 간의 거리를 일거에 허물어뜨리며 다가오는 청풍명월의 구수한 사투리 덕이었다. "저 어때요? 이쁘죠?"가 흉내 낼 수 없는 친근감과 정겨움이 배어있다. 만만해서 편들어주고 싶어질 정도였다.

이에 앞서 2019년 여름 휴가철을 맞아 한 예약 서비스 업체가 실시한 지역 홍보 서비스 콘테스트에서는 아산 출신 탤런트이자 가수인 음문석을 기용해 펼친 충청도 버전이 무려 3,800만 회의 조회 수를 기록했다. 충청도 방언 "이짝 워뗘?"의 매력 덕이었다. 경상도 버전인 배정남의 "여 어떻노?"나 김수미의 전라도 버전 "여그 어뗘?"보다 더 인기를 끌었다. 만만찮은 캐릭터들인 김수미와 배정남을 앞선 음문석의 충청도 버전이 수요자들에게 그만큼 더 친근하게 전달된 덕분일 것임이 자명하다. 사람들은 "이짝 워뗘?"가 "발랄하고 유쾌했다."라는 평가를 쏟아냈다.

노랫말도 충청도 사투리로 바꾸면 맛이 달라진다. 훨씬 정겨워진다. 슬픔이나 원망마저도 푸근하게 들린다.

누군가가 장윤정의 2004년 히트곡 <어머나>를 충청도 버전으로 번역했다.

어머나 어머나 이러지 마세요
여자의 마음은 갈대랍니다
안 돼요 왜 이래요 묻지 말아요
더이상 내게 원하시면 안 돼요
오늘 처음 만난 당신이지만 내 사랑인 걸요

헤어지면 남이 되어 모른척하겠지만

좋아해요 사랑해요 거짓말처럼 당신을 사랑해요

소설 속에 영화 속의 멋진 주인공은 아니지만

괜찮아요 말해봐요 당신 위해서라면 다 줄께요

아유~ 아유~ 이러지 마셔유~

기집애 맴은 갈대라쟈뉴

안 된다쟈뉴 왜 이랴~ 잡지 말랬쟈뉴

워찌 되았건 간에 나한테 더 물으시면 안 돼유~

오늘 첨 만난 당신이지만 내 사랑이구만유.

갈라지면 남이 되어 모른 척해뻔지겠지만

좋아햐~ 사랑햐~ 꽁갈처럼 당신을 사랑해유

소설 속에 영화 속의 멋진 주인공은 아닐 티지만 괜찬여유

아 얼릉 말해봐유 당신 위해서라면 까징거 다 줄꺼구만유

청풍명월들의 방언으로 부르다 보면 음률을 살리는 노래보다는 설명조나 대화조의 말하기로 바뀌는 걸 경험할 수 있다. 충청도 말은 확실히 아리아^{aria}보다는 레시타티브^{recitative}에 더 어울린다. 창보다는 타령조가 더 맛을 내는 언어 구조인 것이다. 장터 명석 위에 올라 마구 쏟아내는 만능 탤런트 윤문식 씨의 걸쭉한 타령이 절로 연상된다.

영미 희곡 전공인 황훈성 동국대 영문학과 교수는 언어의 기호 현상적 측면에서 볼 때, 충청도의 토속 대화를 더욱 친근하게 느껴지도록 하는 요인으로 '군더더기' 구사를 꼽는다. 충청남도 서천 출신 극작가 오태석(1940~)의 <운상각>에 등장하는 영결과 영일, 이장의 말이 보기

가 된다.

"종일 딸꾹질하는 사람 봤네 나." (영걸)

"그 사람 요새도 종일 딸꾹질하고 있어, 본게." (영일)

"이승도 저승도 아니면 저그서도 모셨는 갑만, 근게." (이장)

세 사람의 말끝 '나', '본게', '근게'는 의미 없는 군더더기지만, 이 세 군더더기가 들어 말에 친근감을 더한다. 황 교수는 이 기능을 "영어 문장의 부가의문문과 비슷한 기능을 하고 있다."라고 풀이한다. 영어의 부가의문문은 "You look tired, don't you?"의 예에서 보듯 "피곤해 보이네요. 그죠?"라며 상대방의 대사를 유도한다. '본게'와 '근게'도 'don't you?'처럼 대사 유도의 기능을 한다는 설명이다. '보니까'의 '본게'나 '그러니까'의 '근게'로 말을 마치는데 듣는 상대가 침묵하고 있기 어렵다 보면 무언가 대꾸나 추임새를 넣게 된다. "그래.", "그러지.", "그러고 말고.", "아무렴.", "내 말이." 등이 될 것이다. 황 교수는 이 군더더기의 기능을 '정보 전달'보다는 '친교'로 규정한다. 러시아 형태주의 언어학자로서 '프라그 학파Prague School'를 창설한 로만 야콥슨(Roman Jacobson. 1896~1982)이 규정한 '친교적 기능(親交的機能, phatic function)'을 지향한 것이라는 분석이다. "통사적統辭的이거나 의미론적인 기능은 없지만, 화용론적(話用論的, pragmatic) 기능은 완벽하게 추구한다."[16]는 것인데, 쉽게 말하면, 문장의 형태나 의미에 비교해 소통 환경을 중시한다는 뜻이다. "말하는 사람과 듣는 사람의 관계, 대화하는 시간과 공간 그리고 말하고 듣는 사람의 태도 등에 따라 말의 효과

---

16   황훈성 외, 〈한국연극과 기호학〉, 연극과 인간, 2007. 2. 26.

가 달라진다." 정도로 풀이하고 싶다. 메시지의 내용뿐만 아니라 전달 수단, 표현 방법, 표현 환경 등은 문화비평가인 마셜 맥루한(Marshall McLuhan, 1911~1980)이 정의하는 미디어의 포괄적 개념이기도 하다.[17] 정겨움을 표현하는 데 인색하지 않은 충청도 대화법은 미디어를 구성하는 요소로서 강점을 갖는다.

---

17   Marshall McLuhan, 〈미디어의 이해〉, 심두보 역, 명인문화사, 2014.

간결

1980년대 초중반 필자가 주말마다 TV에 출연해 얼굴을 내밀면서 알아보는 사람들이 많아졌다. <추적 60분>이라는 사회 고발 프로그램의 인기 덕이었다. 택시를 타면 음성만 듣고도 알아보고, 장거리 전화를 걸면 지방 교환수가 바로 이름을 알아맞히는 정도였다. 어느 날 사전 취재차 천안에 가서 택시를 탔다. 기사가 백미러로 힐끔 보더니 말했다.

"맞쥬?"

'내가 아는 그 사람 맞지?'라는 물음이었다. 순간 그와 나는 하나의 뇌를 나눠 쓰는 이인일체二人一體가 되었다. 타지방 사람들 같았으면 "많이 뵌 분입니다.", "TV 나오시는 분 맞죠?", "유명하신 분이시네요. 여긴 어쩐 일이세요?" 등으로 아는 체를 했겠지만, 충청도는 단 두 마디면 족했던 것이다. 이때 필자가 받은 인상은 강렬해서 한동안을 "맞쥬?"에 꽂혀 지냈다. 충청도를 재발견하던 순간이었다. 흥미로웠고 매력 있었다.

10년쯤 뒤 9월 초 충주에서 충청도 인사들과 골프를 칠 기회가 있었는데, 그때 필자는 두 번째로 오리지널 충청도의 말과 조우했다. 동반

했던 청풍명월들 사이의 대화였다.

"오늘 엄청 션하네. 가을이 얼추 왔나 벼!"

"잘 맞어야 헐 텐디. 핑계 댈 날씨두 없구."

로 시작한 그 날의 골프는 시종일관 필자를 즐겁게 만들었다. 그들의 말 덕이었다.

"능겨?" (넣었어?)

"기여. 나 파여" (그래. 나 파야.)

"아닌디." (아닌데.)

"나 파여. 넣었잔여." (나 파야. 넣었잖아.)

"아 퐁당했잔여!" (해저드 빠졌었잖아.)

"그런겨?" (그런가?)

18라운드 내내 골프보다 그들의 화법에 더 끌렸던 기억이다. 특히 OB는 절묘했다.

"갔슈."

"잉?"

"영 갔슈."

지방의 특색을 가장 잘 드러내는 게 언어임은 분명하다. 충청도 언어 습관은 한마디로 간결하다. 압축성에서 오는 편리함이 크게 작용했을 것이고 그다음은 말의 재미난 운율이 해학을 즐기는 충청도 사람들 성향에 맞아떨어진 게 아닐까 생각된다. 그런 연유로 충청도 언어 습관은 독특한 몇 가지 패턴을 보인다. 국어학자들의 조사를 종합해 정리해 보면, 표현법도 짧지만, 단어의 길이도 짧다. '내버려 둬요'가 "냅둬유"가 되고, '드러누워'는 "둔눠"가 되는 식이다. 또 간결하게 처리하다 보니 어쩔 수 없이 어미語尾가 줄어든다. 외지인이 듣기엔 반말 같지만, 그냥 충청도식 표현일 뿐이다. 어미 ~아, ~야, ~해를 ~어, ~여, ~혀로 처리한다.

"하들 말어.", "몰러.", "저기 말여.", "그래서 말여.", "아녀.", "~워뗘?", "잘 혀?", "술 혀?", "그렇게 된 겨?", "안 갈 겨?", "할 껴?", "팔 껴?", "볼 텨 말 텨?", "살 텨 죽을 텨?"…

등이다.

대체적으로 여성은 "~햐"로 발음한다.

"술 햐?", "그냥 햐!", "장작을 퍄!", "안댜, 모른댜?", "한댜, 안 한댜?", "~안 디야!(안 돼!)"

식이다.

이런 말 습관으로 인해 충청도 말은 우리나라 방언 중에 가장 간소한 표현이 되고 있다. "오셨어요?"는 "왔슈?", "돌아가셨어요."는 "갔슈.", "보신탕 해요?"는 "개 혀?", "큰일 났네."는 "워쪄~ 식이다. 습한 무더위가 푹푹 찌는 여름날이면 "푹혀"라고 간단하게 처리한다. 타는 여름 낮에 우물물을 뒤집어썼을 때, 경상도 사투리로는 "억수로 시원타!", 전라도는 "겁나 시원하네잉!", 그리고 충청도 사투리로는 "엄청 션햐!"가 될 것이다. 충청도 표현이 한 마디라도 더 짧다. '이 콩깍지가 깐 콩깍지인가 안 깐 콩깍지인가?' 이 긴 물음도 불과 다섯 자로 가능하다. "깐 겨 안 깐 겨?"

1980년대 TV 쇼에서 청풍명월 자니 윤(윤종승. 충북 음성 출신,

1936~2020)은 충청도의 말 축약을 자주 우스개 소재로 삼았다.

"오늘 복날이었잖아요. 점심 먹으러 여럿이 보신탕집엘 갔는데 못 먹는 사람들은 삼계탕을 시키면 된대요. 주문을 받으면서 주인이 그러더군요. '개' 아닌 분 손들어 보세요?"

한 미군이 충청도 이발소에 왔는데 주인의 인사말 "왔시유?"를 "What see you?"로 잘못 알아듣고선 "Mirror(거울)."라고 대답하자 충청도 이발사가 "밀어."라고 하는 줄 알고 미군 머리를 빡빡 밀어버렸다는 우스개도 있다.

어미 축약이 많은 충청도 사투리는 말을 농축해 사용하는 SNS 시대에 최적으로 부를 만하다. 표현의 경제성 덕이다.

> "할규?" (할 거예요?)
>
> "싫유." (싫어요)
>
> "바쁴?" (바빠요?)
>
> "기쥬." (그래요.)
>
> "그류?" (그러세요?)
>
> "먄휴" (미안해요)
>
> "섭휴." (서운하네요)

충청도 말이 간결함을 특성으로 하다 보니 외지 사람들은 "~여"와 "~겨"만 배우고선 "충청도 사투리 다 배웠슈!"라고 말하기도 한다. 그러나 충청도 사람이 되려면,

"기여."

에 대한 이해가 있어야 비로소 기능하다. "그렇다.", "네 말이 맞는다."

라는 말을 단 두 자로 처리하는 기술이다. 물음이 될 때는,

"기여?"

라며 어미를 말아 올린다. "그러냐?", "저 말이 맞냐?"의 뜻이 된다. 어쩐지 "그러냐?"보다는 "기여?"가 더 부드럽고 따스하게 느껴진다. 말꼬리를 길게 빼면서 선한 어감이 전달된다. 그러나 "기여."에서는 흐트러짐 없는 단호함이 강하게 느껴진다. 외유내강의 전형이다.

같은 충청도라도 충남의 발음이 충북보다 더 늘어지는 현상을 보인다. 수도권인 경기도에서 멀어질수록 더 여유로운 심정이 되는 까닭일까?

다음은 간결의 극치를 보이는 충청도 부자父子의 전화 내용이다. 충남 예산 사는 수필가 남덕현 씨 부자.

> 아들: 아버지.
> 아버지: 오냐.
> 아들: 아버지.
> 아버지: 내가 니 아버지 맞다.
> 아들: 아버지.
> 아버지: 알았다.
> 아들: 감사합니다.

2018년 8월, 작가는 페이스북에 올린 이 글을 혹여 사람들이 못 알아먹을까 봐 짧게 덧붙였다.

"통화는 짧게, 송금은 신속히!"

필자는 이 에피소드를 접하고 한참을 웃었다. 도시에서 하숙하며 용돈 보내 달라는 대학생 아들의 청을 아버지가 들어준 것이다. 너덜너덜한, 모양새 빠지는 청탁을, 아들은 '아버지' 이 한 마디에 담고 있다. 아버지는 아들의 세 번째 '아버지' 소리에 비로소 전화한 이유를 파악한다. 아버지 역시 긴 말을 하지 않는다. 그냥 '알았다' 한마디뿐이다. 은유와 축약과 생략과 재치가 모두 감지된다. 청풍명월들의 대화다.

정겨움

충청도 말은 어미가 길다. 짧게 끊어 버리는 서울말과는 차이를 보인다. 필자의 느낌으로는 말을 느릿느릿 길게 가져가는 특징이 정감을 준다. 편안하고 안정감을 준다는 느낌을 받는다. '여보세요', '안녕하세요', '식사하셨어요' 등을 한 번은 짧게 끊어 말하고, 한 번은 길게 늘여 보면 단번에 그 어감의 차이를 감지할 수 있을 터이다.

학자들의 연구를 보면, 충청도 방언은 표준말의 'ㄱ'을 'ㅈ'으로 바꾸는데 이 '구개음화口蓋音化' 현상이 들어 말은 더욱더 토속적이고 해학적인 정감을 머금게 된다. '김치'가 '짐치', '기름'이 '지름', '기다리다'는 '지둘리다'로 발음한다. 자음은 유독 'ㅅ', 'ㅈ', 'ㅊ'의 사용 빈도가 높고, 모음은 'ㅓ', 'ㅜ', 'ㅡ', 'ㅣ'가 다른 모음에 비해 많이 사용된다.

"그걸로는 모질러(모자라). 꼬슬(꽃을) 가새(가위)로 자르고 가생이(가장자리)를 깨끄치(깨끗이) 씨처서(씻어서) 쓰두(써도) 그것으루다가 원제(언제) 워쩌케(어떻게) 지름(기름)을 짜간디(짜겠어)? 기냥(그냥) 내비 두고(내버려 두고) 빨 와유(빨리 와요). 지대루(제대로) 짜려믄 공부를 더 해야디야. 아는 것이 심(힘)이여."

식이다.

충청도만의 고유한 방언은 정겨움을 더한다. 대표적인 것으로 "기다."가 있다. "맞다.", "그렇다."라는 말이다. 의문형으로는 "기여?", "기쟈?", "기지?", "기냐?", "긴 겨?" 등으로 쓰인다. 공주, 금산 등 대전권에서 두드러지는 어휘이다. '기여'는 끝을 올리는 의문문 형태는 '정말이냐?', '그러냐?'의 뜻이고, 끝을 내리면 '맞아', '그렇다'가 된다. 마찬가지로 '뭐여?'도 끝을 올리느냐 내리느냐 짧게 끊느냐 길게 빼느냐 강약을 어떻게 구사하느냐에 따라 다양한 의미로 둔갑한다. 그냥 궁금해서 물어보거나 놀라거나 화나거나 짜증이 나거나 황당하거나 슬프거나 기쁘거나 감동받거나 할 때 모두 이 한 마디로 표현이 가능하다. 정말이지 '마법의 단어'로 부를 만하다. 우스갯소리로 경상도 사람들이 "걔가 성이 가 씨인 걔냐?"를 "가가 가가가가?"로 표현하는데 이 말을 충청도 버전으로는 이렇게 될 터이다.

"갸가 가가갸여?"

동사를 의문형으로 사용할 때, 동사에 '는 겨?' '댜?'를 붙이는 경우가 많다. "벌써 가는 겨?", "시방 우는 겨?", "왔다 갔댜?", "얼마나 번댜?" 등이다.

필자가 들은 충청도 방언 가운데 가장 정감이 갔던 단어는 '퇴끼'였다. 1980년대 충청남도 금산에 있는 처외가를 처음 찾았을 때였다. 손위 처남들은 돌담을 넘던 '뱜'을 잡은 이바구에다 '퇴끼' 키우던 경험담 그리고 모악산 '호랭이' 전설을 늘어놓았다. 처남들의 입에서 흘러나오던 '뱜'과 '퇴끼'와 '호랭이'는 뱀과 토끼와 호랑이보다 훨씬 정겨운 어감으로 다가왔던 기억이다. 토끼를 '퇴끼'로 부를 수 있는 마음은 대상에 대한 애정 없이는 불가능하다. 미운 대상을 그렇게 정감 있게 부를 수는 없는 노릇이다. 그것은 또한 사물에 관한 깊고 그윽한 응시로 이루어지는 '관조觀照'가 없이도 불가능하다.

　필자가 못 알아들었던 동물 이름들은 "고망쥐"와 "땅두드레기", "갱개미" 그리고 "땅개비" 등이었다. "강생이"와 "개구락지"는 눈치로 강아지와 개구리라는 걸 알아챘지만, 나머지 단어들은 추측 불가였다. 알고 보니 생쥐와 두더지, 가오리(간재미) 그리고 방아깨비였다. 공무원 하는 조카로부터 통역을 듣는 순간 웃음이 터져 나왔던 기억이다. 재미있었다. 왜 그 이름들을 그렇게 부르게 됐을까 하는 의문도 함께 들었지만, 그건 알 길이 없었다. 처남들의 충청도 말은 확실히 구수했다.

　"대근햐? 대근허믄 좀 누워~"

는 '피곤하면 누워서 쉬라'는 배려의 말이었는데 '피곤'이라는 한자어보다 '대근'이 더 몸에 착 감기는 맛이 있었다.

　충청도는 '~(누구)에게'는 '~한티', '~(누구)와'는 '~허구', '~보다'는 '~보덤'으로 말한다. 어수룩한 느낌마저 들 정도다. 그보다는 "결코 각박하지 않다."라고 말하는 게 옳을 듯싶다. '~하더라도'도 '~허더라두'라고 말한다. '도'보다는 '두'가 푸근한 인정이 쏠쏠 풍기는 것 같다. 마찬가지로 종결어미도 '~해요'는 '~해유', '~하시오'는 '~하슈'를 쓴다. '참말이어요?'는 '참말이어유?'가 된다. 이런 질문을 들으면 대답보다 웃음이 앞설 것 같다.

　반찬 투정을 하는 남편과 이를 맞받아치는 아내의 티격태격 공방에도 다른 지방의 언사와 달리 정겨움이 앞선다.

　"요즘 반찬이 이게 뭐여어~?"
　"배가 부른가 봐유우~?"
　"이게 개 먹는 거여, 돼지 먹는 거여?"

"튀정(투정)이 많티야아~"

"입맛 없으니께 그러지. 아 나 안 먹어."

"잡술라면 잡숫고 말라면 말어유. 개나 갖다줄 거니께."

충청도 출신 코미디언 이영자 씨가 소개한 우스개이다. 다른 지방 부부들이면 그 자리서 대판 싸우거나 며칠을 삐쳐서 서로 말도 안 할 상황으로 보이지만, 충청도에서는 별일 아니다. 다음 밥때 되면 다시 밥상을 사이에 놓고 티격태격할 공산이 크긴 하지만, 여전히 대수롭잖은 일이다.

이 충청도식 정겨움을 서울 사람들도 원용한다. 말을 놓기가 애매한 사이인 친구나 연인들 사이에서 발견된다. 예를 들면, "벌써 다녀왔남?" 식이다. "다녀오셨어요?"라고 말하기에는 너무 격식 차리는 것 같고, 그렇다고 "다녀왔어?"라고 말을 놓을 만큼 친숙하지는 않은 사이에서 장난기 섞인 이 충청도식 화법이 애매함을 앞세워 서로의 서먹함과 어색함을 누그러뜨려 준다. 이런 질문엔 "그럴걸." 정도가 잘 어울린다. 마찬가지로 "나 안 갈 거예요."나 "안 갈 테야." 대신 "나 안 갈쳐."도 애매한 사이의 대체 언어가 될 수 있다. 당연히 말하는 사람이나 듣는 사람이나 입가에 미소가 번지게 마련이다.

충청도 말투는 정겹고 재미있다. 외지인들은 들으면 절로 입가에 미소를 머금게 된다. 충청도 말투 가운데 재미나는 부분은 어미에 붙이는 어조사 "이이~"에 있다. 이 "이이~"는 비음을 섞어 발음해야 한다. 한글로 표기하기는 어렵지만, 굳이 쓰자면 "잉이~"에 가깝다. 상대의 동의를 구하는 의미이기도 하고 상대도 다 알고 있는 내용을 확인 혹은 강조하는 뜻으로 쓰이기도 한다. 예를 들면,

"우덜이 한다고 니들도 그르믄 안 디야. 이이~"

이 말은 표준어로는 "우리가 한다고 너희들도 그러면 안 된다. 알지(알겠지)?"이다. 마치 말을 건네고는 상대의 동의를 구하듯 툭 치는 행위와 닮았다.

"거, 머시냐? 우리 사둔 이이~ 그 아들이 장가 간디야~"

"거, 우리 사돈 있잖아. 알지? 그 아들이 장가간대."라는 말을 충청도는 이렇게 한 박자 쉬어가며 여유 있고 정감 있게 표현한다.

유추

충남 논산 출신으로 부장판사를 거친 최은수 변호사는 청풍명월답게 비유를 즐긴다. 2020년 2월 말 회의에 앞서 여럿이 앉아 차담을 나누다 4월 총선을 코앞에 두고 비로소 선거구를 획정하느라 부산을 떠는 얘기가 화제에 오르자 이렇게 개탄한다.

"왜 꼭 섣달그믐에 나무하러 가느냐고~"

뭘 하는지 굼뜨게 굴더니 마감 임박해서야 북새통을 떤다는 뜻이다. 하필이면 달도 안 떠 칠흑같이 어두워지는 섣달그믐에 나무하러 가서는 집 찾아오는 데 애를 먹는 행위에 비유하며 일 처리의 게으름을 나무란 것인데, 비유의 적절함에 다들 고개를 끄덕였다. 비단 선거구 획정뿐만 아니라 예산안 국회 통과도 12월 31일 자정이 돼야 가까스로 이뤄지는 작태를 익히 보아온 까닭이다. 그냥 직접적으로 표현할 수도 있겠지만, 청풍명월들은 그러면 말의 맛이 없어진다고 여긴다. 그래서 그들의 말속에는 비유가 많다.

논산이 고향인 친구의 어머니와 이모들이 입에 붙이고 사는 말이 있다. 친구가 어릴 적부터 "수천 번은 더 들었다."라는 말이다.

"소금 쉬는 소리 허구 있네."

다. 사리에 맞지 않거나 욕심이 잔뜩 묻은 말을 할 때마다 듣는 소리이다. 주지하다시피 소금은 절대 쉬지 않는다. 그래서 생선이나 채소가 쉬지 않게 소금을 뿌린다. 그런 소금이 쉬는 소리면 그것은 '얼토당토 않은 소리'라는 뜻이다. 남을 나무랄 때도, 자신의 처지를 한탄할 때도 이 '비유'가 빠지지 않는다. 비유가 빠지면 충청도 말이 아니다.

"돈이 싹이라도 난다더냐?"

돈 씀씀이가 헤프거나, 물건을 아껴 쓰지 않는 사람에게 던지는 나무람이다. '돈이 상춧잎처럼 따면 또 나더냐?'라며 돈 귀한 줄 모르고 마구 써 재끼는 태도를 꾸짖을 때 쓰는 말이다.

"장마철에 물걸레 같구먼."

'마음에 안 든다'라는 표현이다. 습한 장마철에는 마른걸레가 마땅한 법인데 물걸레밖에 없을 때의 불만을 기억하며 표현하고 있다.

"그 둘은 올빼미 부엉이 사이여."

두 사람이 결코 싸울 사이가 아니라는 이야기이다. 야행성인 두 동물이 결코 먹이를 놓고 다투지 않는다는 사실을 눈여겨보고서 하는 비유다.

"먹다 남긴 사이다병으로 아는 겨?"

'먹다 남긴 사이다처럼 김빠져 맛없는, 멋대가리라고는 없는 사람'으로 여기느냐는 항의성 힐난이다.

"오늘 죽었는데 어제 장사 지냈다는 소리구먼."

'이치에도 맞지 않는 이야기를 늘어놓는다'라는 뜻인데, 듣는 사람 처지에서는 그리 기분 나쁠 것 같지 않게 들릴 정도로 해학이 돋보인다. 기타 지방 사람들의 직접적이면서 여과 없이 뱉어내는 감정 섞인 언사에 비해, 빛이 돋보기를 통과하며 직진성이 꺾이듯이 해학이라는 프레임을 거치며 자신의 감정을 누그러뜨리고 있다. 물론 제 할 말은 다 전달되고 있다. 듣는 상대의 입장도 고려하고 있다.

"살다 보면 뒷간 갈 종잇조각이 더 급헌 경우도 있는 겨."

평소에는 쳐다보지도 않던 것들이 사정에 따라서는 절실해질 수가 있음을 '뒷간 종이'에 비유하고 있다. 먹고사는 것 같은 중차대한 문제보다 휴지 한 장이 더 절박해지는 순간을 경험해 본 사람만이 구사할 수 있는 표현이다. 언젠가 중국의 한 공항에서 휴지를 구하지 못해 쩔쩔맸던 기억이 있다. 공항 매점에서도 도대체 휴지를 구할 수가 없었다. 낭패감이 엄습하며 누가 휴지를 판다면 만 원을 주고서라도 구입하고 싶을 정도로 진땀을 냈었다. 형편에 따라 선택의 우선순위가 바뀔 수 있음을 이보다 더 실감 나게 묘사할 수 있을까 싶다. 흔히 쓰는 "개똥도 약에 쓰려면 없다."보다 훨씬 더 생활밀착형 비유이면서 유머러스하다. 평소엔 과묵하다시피 말수가 적은 사람들이지만, 주제를 주면 자기주장이 강해지는 편이다. 준비된 것처럼 말들이 쏟아진다. 평소 깊게 바라보고 많이 생각했다는 방증이다. 충청도의 말은 그런 숙성을 거쳐 제조된다. 어떤 사안과 생활의 발견을 매치시키는 탁월한 비유 재능을 보이는 것도 그런 숙성 과정의 힘이다.

비유는 우선 관찰을 필요로 한다. 그 관찰에서 어떤 원리를 발견한다. 그런 연후에 그 원리를 인간의 행태에 대입해 유사성을 알아낸다. 그리고 적절한 경우에 그 비유를 표현해낸다. 이 과정이 가능하기 위해서는 관찰력과 창의력과 표현력이 삼위일체를 이뤄야 한다. 관찰만 있고 발견이 없거나, 발견이 있었는데도 대상들 간의 기능적 유사성이나 내적 관련성을 알아낼 창의력이 부족하면 표현력으로 이어지지 못하는 법이다.

충청남도 아산의 선비였던 송암 심용진(松菴 沈龍鎭) 선생의 생전 글들을 손자인 심중근이 엮은 <만소록晩笑錄>을 우연히 접했는데, 그 가운데 '야음夜吟' 편에 '白酒如娥看看情'이라는 글귀가 나온다. '맑은 술이 달 같아서 볼수록 정이 드네'라는 뜻이다. '항아姮娥'라는 여인이 하늘에 올라 달이 되었다는 중국의 신화를 반영하면 '아娥'는 '미인'으로 풀이해도 좋을 것이다. 술과 달과 시를 사랑한 선비의 눈에 맑은 술은 여인처럼 정겨운 상대이다. 시인의 감수성이 정情을 매개로 포착해낸 고아한 유사성이다.

상기한 '소금'과 '장마철 물걸레' 그리고 '뒷간 휴지' 역시 이러한 연상 과정을 거친 끝에 각각 '말도 안 되는 소리', '마음에 들지 않는다', '사소한 게 사람 잡을 수도 있다'를 대신하는 비유의 표현으로 탄생한 것들이다. 편의상 '비유'라고 쓰지만, 사실은 '유추'라고 쓰는 것이 더 적절할 것이다. '비유'가 1차적 가공이라면, '유추'는 2차, 3차적 가공에 해당하는 까닭이다. '기능적 유사성'과 '내적 관련성'은 로버트 루트-번스타인(Robert Root-Bernstein. 1953~)이 '유추'의 개념을 정의하기 위해 저서인 <생각의 탄생>에서 사용한 표현이다. 루트-번스타인은 '유추analogy'는 기능적 유사성만 보는 '닮음simularity'과 달라서 내적 관련성까지 파악한 경우에만 한정된다고 보고 있다. 즉, "그녀의 입술은 딸기처럼 붉다."라는 비유는 단순히 관찰에 근거한 유사성의 발견에 그치지만, "삶은 딸기처럼 달콤하다."라고 딸기를 삶의 달콤함에 비유한다면, 이것은 '유추'가 될 수 있다는 것이다. 삶의 맛을 혀로 볼 수는 없다 하더라도, 우리가 그것이 달콤해지기를 욕망하고 또 그렇게 되는 것에서 만족을 느낀다는 점에서 은유적으로 '달콤'하기 때문이라는 것이다.[18] 루트-번스타인의 관점에서 보면, 청풍명월의 '소금 쉬는 소리'와 '장마철 물걸레', '뒷간 휴지'는 단순 '비유'의 수준을 벗어나 비교 대상 간의 내적 관련성을 이어줌으로써 '유추'의 경지에 이른다. 이 대목에서 "모든 사물은 은유"라고 말한 로버트 프로스트의 표현에 고개를 끄덕이게 된다. 호주 작가 제랄딘 브룩스(Geraldine Brooks, 1925~1977)가 어머니의 영향으로 다섯 살 무렵부터 정원의 나무며 도마뱀이며 돌 등 모든 것들을 다른 무엇인가의 대역으로 삼는 놀이를 하면서 유추의 힘을 키웠던 사례도 프로스트의 주장과 일맥상통한다. 브룩스는 "우리 집의 작은 마당은 또 다른 우주였으며, 어머니가 세계를 보는 방식에는 시가 자리하고 있었다."[19] 라고 회상했다. 그녀가 쓴 <People Of The Book>이 나비 날개, 고양이 털, 붉은 얼룩 같은 사소한 것들을 매개로 시공을 뛰어넘는 상상의 나래를 펴며 이야기를 흥미진진하게 전개해 나가는 배경에는 어릴 적부터의 유추 놀이가 자리 잡고 있다.

비유와 유추의 표현들이 충청도에서 유난히 활발한 현상을 보면, 그 구성원들이 다른 지방 사람들과 비교해 확실히 관찰력, 이해력, 창의력, 표현력 등 제반 감각과 능력들을 두루 갖춘 것으로 풀이된다. 왜 유독 청풍명월들에게만 그런 능력이 주어졌는지를 묻는다면, 역시 그들에게만 있는 고유한 캐릭터에 기대 답할 수밖에 없어 보인다. 즉, 지리적 영향 탓에 오랜 세월 관찰의 습성을 지니게 되었고, 소심하고 신중한 성향이 몸에 배어 은유적 표현을 선호하면서 유추의 능력이 향상된 데다 문화의 중심에 가까워 인문학적 소양을 겸비한 양반으로 처신하

18   Robert & Michele Root-Bernstein, <생각의 탄생>, 197p, 에코의서재, 2018.

19   Robert & Michele Root-Bernstein, <생각의 탄생>, 209p, 에코의서재, 2018.

려는 자부심이 함께 작용한 까닭으로 보인다. 그렇게 형성된 충청도의 DNA가 마치 근육이 모든 움직임을 기억해 재생하듯, 경우마다 뇌세포에 저장된 기억을 가동해 유추를 동반한 사고와 표현을 만들어낸다. 이처럼 청풍명월에게 비유를 활용하는 해학은 앎의 과정에 속한다. 관찰과 발견에 바탕을 둔 이해가 대상과의 일체감을 형성하면서 절묘한 비유가 탄생하는데, 통찰력은 이 과정에서 형성된다. 이 부분은 1930년을 전후해 반 스탈린 체제의 글들을 쓰다 유형에 처했던 러시아 사상가 미하일 바흐친(Mikhail Mikhailovich Bakhtin, 1895~1975)이 "웃음은 우스꽝스러운 일에 대한 반응이기도 하지만, 독특한 앎의 한 형태이기도 하다."라고 서술한 것과 맥락을 같이 한다. 바흐친이 보기에, "세계의 본질적인 특정 측면들은 오직 웃음만이 접근할 수 있다."[20] 현상이 수반하는 보편적인 문제들을 웃음이 간접적인 방식으로 제기함으로써 문학 안에 녹인다는 설명이다. 상기한 "부엉이 올빼미 사이", "소금 쉬는 소리" 등은 대상에 관한 통찰을 바탕으로 탄생한 해학적 표현들로써, 웃음이 전제되지 않으면 쓰이기 어려운 것들이다. 청풍명월처럼 웃음으로 사회 문제를 제기하고, 웃음으로 현실을 파악하고, 웃음으로 스스로를 치유하며, 마침내 웃음으로 난관을 극복해내는 캐릭터는 흥미롭다 못해 경이롭기까지 하다.

---

20   테리 이글턴, 〈유머란 무엇인가〉, 58~59p 참조, 문학사상, 손성화 옮김, 2019.

과장

"애덜 대학 갈칠라니까(애들 대학 공부시키려니까) 기둥뿌리가 남아나질 않어."

애들 학비 대는 일은 예나 지금이나 지난한 일이었다. 충청도에서 시작된 이 표현은 지금은 전국적으로 사용된다. 반드시 과장만은 아닐 것이다.

"허연 멀국에 헤엄치겠더구먼"

"장화 신고 들어가 잡아야겠더구먼."

잔칫집에 차린 음식이 많지 않을 때 흉보는 말이다. 국 속에 고깃덩어리가 들어있지 않은 데 대한 실망을 과장되게 표출하지만 "잔치 음식이 그게 뭐야?", "원, 잔치라고 먹을 게 하나도 없더군."이라고 불만을 터뜨리는 대신, 한 쿠션 먹여서 해학적으로 표현함으로써 감정을 완화하고 있다. 듣는 이는 '헤엄친다', '장화'라는 단어에서 미소를 지을 게 분명하다.

"빌어먹다 턱이 빠질 놈!"

빌어먹는 놈에 대한 경멸의 시선이 강하게 감지된다. 그냥 "빌어먹을 놈"이라는 다른 지방의 표현에서 한 발짝 더 나가 "턱이 빠질 놈"이라는 은유를 덧붙이고 있다. 경멸이 느껴지는 순간 웃음도 동시에 터진다. 충청도스럽다.

"뒷간에 쪼그리고 앉아 힘주다 보니 아 지갑이 다 빠져나갔네."

변비 있는 사람이 인고의 시간 끝에 마침내 시원하게 쌌다는 이야기를 이렇게 능청을 떨며 과장한다. 좌중엔 폭소가 터지게 마련이다. 창자 비우면서 무슨 로켓 발사 2단 분리하듯 지갑이 떨어져 나갈까. 소기의 목적을 달성하기 위해 얼굴이 시뻘게지도록 용을 쓰며 몸부림치는 모습과 그 순간에 느꼈을 배설의 희열은 능히 상상된다.

언젠가 태안반도를 따라 유람선을 타고 둘러보다 어떤 섬에 이르러 갯바위 낚시꾼들을 부리기 위해 배를 갖다 대는데 선장이 안내 방송을 했다.

"위험하니 조심들 허구 난간을 꽉 잡아유. 수심이 짚어(깊어) 떨어지면 큰일나유. 작년에 드간 사람 여태 안 나왔슈."

관람객들이 모두 까르르 웃었다.

충청도의 과장은 중국인의 허풍을 연상시킨다. '백발삼천장白髮三千丈', '구척장신九尺長身', '조조의 백만대군百萬大軍', '우공이산愚公移山' 등이 그러하다. 수염이 '삼천장(3km)'이나 되고, 키가 '9척(3m)'이나 되며, 위군魏軍 병력을 다 합쳐도 50만밖에 되지 않는데 '백만대군'이라는 과장을 예사로 구사한다. 우공愚公이 치수治水에 능해 둑을 쌓아 댐을 만들자 "산을 옮겼다移山."고 뻥튀기를 하고 있다.

"불타는 화염산을 부채로 껐다."(서유기西遊記), "장판교에서 조자룡이 혼자 5천 명의 포위진을 격파하고 유비劉備의 아들 아두를 구했다."(삼국지), 관우와 장비가 길이 4m에 무게가 40kg이나 되는 "청룡언월도青龍偃月刀나 장팔사모丈八蛇矛를 한 팔로 휘둘렀다." 등 소설 속에도 과장이 난무한다. 과장이 없는 소설은 중국인의 사랑을 받지 못한다. "간이 맞지 않는다."라고 여기는 까닭이다. 제갈량이 모든 병력을 작전에 투입하고 빈 성을 지키고 있다가 사마의^{司馬懿}가 이끄는 위^魏 군의 기습을 받자 성문을 활짝 열어젖힌 채 몇 안 되는 노병들을 성민^{城民}으로 위장해 태연히 마당을 쓸게 하고, 자신은 성 마루에 홀로 앉아 거문고를 뜯음으로써 의심 많은 사마의를 물리쳤다는 '공성계^{空城計}'(삼국지^{三國志})는 과장의 극치를 이룬다. 그 밖에도 노자^{老子}는 그의 어머니가 "81년간 임신해서 겨드랑이로 낳았"으며, "태어나면서부터 백발이어서 '노자^{老子}'라 불렀"고, "200세까지 살았다."라든지, 서시^{西施}, 왕소군^{王昭君}, 초선^{貂蟬}, 양귀비^{楊貴妃} 등 4대 미인의 아름다움을 표현하면서 그들의 미모에 놀란 나머지 "고기가 물속으로 숨고(침어^{浸魚}), 기러기가 땅으로 떨어졌으며(낙안^{落雁}), 달이 구름 뒤로 숨어버리고(폐월^{閉月}), 꽃이 부끄러워했다(수화^{羞花})."고 과장한다. 행동 묘사에도 허풍이 많이 가미된다. "무릎을 꿇고 빌었다(궤구^{跪求}).", "오줌을 지릴 정도로 놀랐다(하뇨^{嚇尿}).", "울다가 졸도했다(곡운^{哭暈})." 등 과장은 중국인과 일체^{一體}를 이룰 정도로 체질화돼 있다. 오랜 전란과 기근, 전염병 등 고난의 와중에서 삶의 재미를 찾으려는 욕구가 낳은 산물로 보인다. 중국의 언어학자이자 문필가인 린위탕^{林語堂}의 표현처럼 "유머는 인생을 바라보는 태도이자 견해"[21]인 까닭이다. 웃음을 매개로 접근하고 싶은 부분들이 삶에는 있게 마련임을 본다.

"법주사 무쇠 가마솥에 물을 가득 채워놓고 한 바퀴 돌려면 세 사람이 배를 타고 사흘 밤낮을 쉬지 않고 노를 저어야 한다."

라든지,

"황산벌 관촉사 은진미륵 갓 위에 대추를 심었는데 가을이 되어 미

---

21   임어당, 〈중국, 중국인〉, 75p 참조, 도서출판 장락, 1991.

륵부처가 감기에 걸려 재채기를 한 번 하니 대추가 3백 석이나 떨어졌다."

등의 허풍도 충청도의 과장에서 비롯된 것들이다. 청풍명월들은 이런 과장스러운 재담으로 고단한 삶을 견디며 살아왔다. 이 정도 허풍이 선을 보이려면 부풀리기를 거듭하는 과정이 필요했을 것이다.

필자의 오랜 충청도 출신 친구 둘도 '뻥'을 즐긴다. 말마다 이 '뻥'이 안 들어갈 때가 없다. 정말이지 방귀 뀌면 "똥 쌌다."라고 말하는 식이다. 한 친구는 누군가가 자기를 찾아와서 의논하고 가면 "엉엉 울면서 하소연하고 갔다."라고 말하는 등 남의 이야기를 희화화戱話化해서 말하기를 즐긴다. 사실대로만 이야기하면 맛이 나지 않는다고 여기는지 꼭 'MSG(조미료)'를 친다. 사실관계를 제대로 알려줘도 못 들은 체하며 변주곡처럼 이야기를 다르게 꾸민다. 자기 기억 속에 선명하게 남아있는 스토리도 재미날 때까지 각색을 거듭한다. 또 다른 충청도 친구도 허구에서 비롯하는 창의력이 타의 추종을 불허한다. 자신의 앞날을 과장되게 전망하고, 상황을 자신에게 유리하게 채색하며, 내용물보다 공기가 더 많은 과자봉지 마냥 자기를 실제보다 마구 부풀린다. 이야기가 오가는 초기 단계일 뿐인데도 마치 다 된 일인 양 호언장담한다. 그는 그렇게 먼저 말을 던져놓고선 그것이 성사되도록 자기 주문을 가하곤 하는데 번번이 용두사미로 끝난다. 일단 벌여놓고 뒷감당은 나중에 생각하는 '사후이론무장형'인 것이다. 과장도 혀를 내두르게 할 정도이다. 어느 날 "책을 2만 권 읽었다."라고 아무렇지도 않게 '후라이'를 치는 그에게 필자가 딴지를 걸었다.

"2, 3백 페이지짜리 책을 하루에 한 권씩 읽는다고 해도 1년에 360권가량이고 그걸 60년을 하루도 빠지지 않고 읽어내야 2만 권이 되는

데, 정말 그렇게 많이 읽었다고?"

우리나라에서 가장 독서량이 많을 인사인 이어령 선생이 '책을 몇 권 읽었다.'라는 식의 떠벌림이 없었던 점에 비교해 보면, 그의 자랑은 '과장에 바탕을 둔 자기과시'에 지나지 않는다. 그는 이렇게 응수했다.

"아, 내 맘이여!"

관여치 말라는 것이다. 그러더니 좀 지나서는,

"우리 어릴 때는 '뻥'의 문화가 들어 대화를 재미나게 만들곤 했는데, 요즘은 '뻥'의 문화가 사라져 재미가 읎써."

라고 투덜댄다. 그는 확실히 충청도 청풍명월임이 분명하다. '뻥'을 달지 않고는 '이바구'가 성립될 수 없다고 여기는 것이다. 과장은 청풍명월들에게 말의 맛을 더하는 조미료가 된다. 청풍명월 친구 둘을 지켜보며 필자는 충청도의 창의성이 어떻게 진화해 왔는지 감지하곤 한다.

분수 分數

조선시대 화담 서경덕(花潭 徐敬德, 1489~1546)이 길에서 울고 있는 청년을 보고선 "왜 우느냐?"라고 물었더니, "20년 만에 갑자기 눈을 떴는데 도무지 갈피를 잡을 수 없어 집을 찾지 못하겠다."라고 하소연했다. 화담이 말했다.

"눈을 도로 감아라. 그러면 집을 찾을 수 있을 것이다."

연암 박지원(燕巖 朴趾源, 1737~1805)은 <영대정잉묵映帶亭滕墨>이라는 척독(尺牘; 짧은 길이의 서간문)에서 이 사례를 소개하며,

"소경이 길을 잃은 것은 처음 접하는 빛깔과 모양이 혼란을 초래하고 기쁨과 슬픔이 작동해 망상을 일으켰기 때문이므로 지팡이를 더듬어 본래 판단에 의지하는 게 제집으로 돌아가는 신표信標가 될 것."

이라며 화담의 지혜를 칭찬했다.[22]

이른바 격물치지格物致知, 즉 만물의 이치를 강구하는 태도의 소산이다. 이 에피소드에서 화담과 연암이 깨우쳐주는 것은 다름 아닌 '분수分數'이다. 제 분수를 벗어나면 정신이 아득해져서 의심이 앞을 가로막으므로 판단을 놓친다는 교훈이다. 청풍명월은 특히 이 '분수'를 지키

---

22   안대희, 〈조선의 명문장가들〉, 164p 참조, humanist, 2016

는 데 충실한 면모를 보인다. 조심성 많은 성향 때문에 정상 궤도를 잃지 않으려는 태도를 견지하는 까닭이다. 청풍명월들이 이 화담의 고사를 익히 알았다면 '분수를 잃지 말아야 목표를 이룬다'라는 충고를 할 때 가히 이렇게 읊어댔을 것이 틀림없다.

"그러는 거 아뉴. 그건 소경이 눈 떠서 집 찾는 격이유."

필자가 우리 속담 가운데서 백미로 꼽는,

"호박에 줄 긋는다고 수박 되나?"

도 정확한 출처를 알 수는 없지만, 충청도에서 비롯되지 않았을까 여겨진다. 동서양을 불문하고 "고난의 역사를 겪어낸 소국^{小國}들은 제 분수를 망각한 존재들을 특히 재미있어하는 경향이 있는" 까닭이다. 그런 사례들은 재미도 있고 또 교훈적이어서 입에 올리기 좋다. 대표적으로 영국의 이웃인 아일랜드^{Ireland}에서 쓰는 '스키베린 이글^{Skibbereen Eagle}'이라는 표현이 있다. 이 말의 어원 역시 재미와 교훈을 함께 갖고 있다. 코크 카운티^{Cork County}에 속한 조그만 지방 도시 스키베린에서 발행되는 지역 신문인 <이글^{Eagle}>이 제1차 세계대전 말에 "베르사이유 조약을 엄중히 지켜보고 있다."라고 엄숙히 선언한 사설을 게재했는데[23] 이 사실이 사람들을 웃게 만든 것이다. 그것은 마치 사마귀 한 마리가 몸을 세운 채 수레를 가로막고서는 으름장을 놓은 거나 진배없는 셈이기 때문이었다. 고난의 역사를 겪고 다소 의기소침한 채로 살아온 충청도 사람들이 보기에, 호박에 잔꾀를 부려 수박인 연하는 모습도 제 분수를 잊은 처사라 우스꽝스럽기는 매한가지였을 터이다. 시작은 신세 한탄에서 비롯되지 않았을까 여겨진다. "내 주제가 뭐 애쓴다고 달라지

---

23   테리 이글턴, <유머란 무엇인가>, 48~49p 참조, 문학사상, 손성화 옮김, 2019.

겠나?"라는 자조의 유머였을 것이다. "호박에 줄 그어봐야 별수겠어?". 그러다 만만한 상대들에게 농담조로 옮겨 사용됐을 것이다. 말하는 사람도 듣는 사람도 모두 웃게 되는 유머임에 틀림없다. "주제 파악을 하라!"는 직접적인 표현은 당사자에게 상처를 주는 공격적 말이다. 이 말을 수박과 호박에 빗대어 유머러스하게 표현하면 본뜻이 전해지기 전에 수박처럼 보이게 하려고 호박에 열심히 먹물을 그리는 우스꽝스러운 모습이 먼저 가닿게 마련이다. 웃음이라는 쿠션을 먹은 후에 가닿은 비판은 충격이 완화된 타격이 될 수밖에 없다. 수박에 대한 관찰, "호박에 줄 그어서 수박처럼 만들어볼까?" 하는 창의력과 해학 그리고 그런다고 호박이 수박되지 않는다는 사실 인식을, 분수를 망각한 행위에 대한 은유적 부정으로 삼은 것이 다분히 충청도스러운 까닭이다.

이 유머는 또한 정신적 이완이 주는 편안함의 본보기로 삼을 만도 하다. 자기의 약점을 감추기 위해 쳐놓았던 보호막들을 모두 걷어내 버렸을 때의 편안함이다. "나는 호박임을 인정한다. 나한테 줄 긋는다고 수박이 되지 않는다는 사실을 나는 안다." 이렇게 선언해버리면 만사가 편해진다. 호박임을 숨기려고 가슴 죄고 있는 동안 받는 스트레스에서 해방되기 때문이다. 아일랜드의 극작가 오스카 와일드(Oscar Wilde, 1854~1900)의 명언 "나는 유혹 말고는 다 이겨낼 자신이 있다."처럼 당당하다. 자신이 유혹에 취약하다는 사실을 고백하고 있는 것이다. 오스카의 고백은 오히려 호기豪氣가 배인 유머러스한 과시로 여겨지기도 한다.[24] "그래, 나 유혹에 약하다. 어쩔래?"의 배짱이 감지된다. 마찬가지로 "나는 수박 되려고 애쓰며 마음고생 하지 않고, 분수 지키며 그냥

---

24   테리 이글턴, 〈유머란 무엇인가〉, 96~97p 참조, 문학사상, 손성화 옮김, 2019.

호박으로 살겠다."라는 선언 역시 호기로운 과시로 볼 수 있다. 약점을 다 드러내 놓고 나면 심리적 부담에서 홀가분해지는 법이다. 더는 잃을 게 없으므로.

'호박 수박'은 자학에서 시작해 유머로 정착된 대표적 표현이다. '세계의 유머' 경연대회가 있다면 출품해도 되지 않을까 싶을 정도로 멋진 유머이다. 충청도 버전으로 옮겨보면 더욱 그럴듯하게 들린다.

"아 호박에 줄 그먼 수박 되남유~?"

말 반죽

1960년대 라디오 전성시대에는 만담이라는 형식이 선풍적인 인기를 끌었다. 남녀가 주고받는 말들을 청취자들은 웃음을 머금은 채 듣곤 했다. 요즘 개념으로 보면 일종의 '배틀Battle'이었다. 대표적인 콤비가 장소팔(본명 張世建, 1923~2002) 씨와 고춘자(본명 高任得, 1922~1995) 씨였다. 이들은 '장소팔고춘자'라는 브랜드로 만담의 인기를 이끌었던 전설적 인물들이다. 이 콤비는 '따발총' 쏘듯 말을 주고받고 했는데 주로 남자가 대화를 이끌고 여자는 이음새나 추임새를 넣어 주는 역할이었다.

（상략）
내가 대구에 도착한 그때가 어느 땐고 허니
어느 때에요?
꽃이 만발하는 양춘가절도 아니고
그러면요?
새가 우는 녹음방초 성하시도 아니고
어느 땐데요?
함박눈이 펑펑 쏟아지는 엄동설한도 아니고

그러먼요?

그때가 바로 어느 땐고 허니

어느 땐데요?

배가 고픈 점심 때라

(하략)

—장소팔고춘자민요만담

지금의 잣대로 들으면 그렇게 대단한 웃음거리는 아니었지만, 당시의 대중들에게는 잘 먹혔던 기억이다. 특히 시골 농부들은 하루라도 그만담을 듣지 못하면 몸에 좀이 쑤실 정도였다. 1967년부터는 전국의 명승고적을 순회하며 그 지역 명물을 소재 삼아 시리즈로 만담을 이어가는 저력을 보였다. 그들의 라디오 만담은 레코드판으로도 출시되었을 정도로 대중의 환영을 받았다. 비슷한 시기에 코미디언 '홀쭉이' 서영춘(徐永春, 1928~1986) 씨와 '뚱뚱이' 백금옥 씨도 상반되는 외모를 무기로 짝을 이뤄 만담의 황금기를 구가했다. 서영춘 씨는 특히 대중적 인기도가 높았다. 60세 이상의 연령층들은 그의 원맨쇼Oneman-Show를 아직도 기억한다.

차이코프스키 동생 도라지위스키(당시 유일했던 국산 양주)

인천 앞바다에 사이다가 떴어도 고뿌(컵) 없이는 못 마십니다

산에 가야 범을 잡고 물에 가야 고기 잡고

산에 산에 산에 사는 산토끼야 깡충깡충 뛰면서 어디 가느냐

학교 종이 땡땡 친다 어서 가보자 선생님이 문 앞에서 기다리신다

새 나라의 어린이들은 일찍 일어납니다 잠꾸러기 없는 나라 이 나라가

좋은 나라

너도나도 불조심 꺼진 불도 다시 보자 쿵자가 장장 쿵장장

―서영춘, 요절복통 제1집

　이들의 만담 장르가 말 잇기의 맛을 처음 보여주긴 했지만, 이런 말 주고받기 배틀은 충청도에선 일상다반사日常茶飯事처럼 이루어지던 대화 형태였다. 충청도식 말 주고받기를 충남 서천 출신 극작가 오태석은 '논두렁식 대화'라고 명명한 바 있다. 그야말로 논두렁에 걸터앉아 상대를 쳐다보지 않고, 서로 딴 데 눈길을 둔 채로 장시간 이런 말 저런 말을 주고받는다. 이런 '논두렁식' 말 반죽에 있어 충청도를 따라갈 지역은 없다. 말 반죽은 충청도 해학의 완결편에 속한다. 그들의 말 반죽은 찰지다. 착착 감긴다. 무엇이 청풍명월들을 그렇게 만들었을지에 대해서는 분석이 필요하다. 원래 면대면面對面(Face to Face) 대화는 언어 외에도 표정이나 몸짓, 음성의 고저장단 그리고 떨림 같은 미세한 음성의 변화까지 소통의 수단을 이루지만, 청풍명월들은 그런 비언어적非言語的 메시지에는 개의치 않은 채, 오직 언어로만 메시지를 전하는 데 능하다.

　그들은 말의 재미를 안다. 그 재미를 최대화할 줄도 안다. 그들은 언어로 대화를 하는 게 아니라 이중창(二重唱, Duet Song)을 부른다. 그 노래는 정겹고 흥겹다. 말의 한계를 아는 까닭이다. "언어가 모든 것을 다 담아낼 수는 없다."라고 여긴다. 소리일 경우엔 그냥 서로 듣고 즐기는 일만 남는다. 각자 제 할 소리만 하는 경우도 있고, 상대의 말에 응수하거나 장단을 맞춰 흥을 돋우기도 한다. 변화무쌍하다. 한마을에서 태어나 수십 년을 함께 살아온 인연일 경우에는 더 이상 논리정연한 주장

이나 합리적 설명은 불필요한 것이 된다. 그냥 들어서 재미나고 함께 대화를 끌어갈 수 있으면 그걸로 족하다. 마치 이인극二人劇처럼 자기 역할에 충실히 임한다.

충청도 토박이 남덕현 작가가 SNS에 소개한 2019년 5월 어머니와의 통화내용이 말 섞임의 묘미를 전해준다. 지극히 충청도스러운 대구對句다. 웃음이 마구 터져 나온다. 쉰을 넘긴 아들은 어린이날 어머니가 전화를 안 해준 데 대해 불만을 터뜨린다.

아들: 억울해서 잠이 안 오네.

노모: 워째?

아들: 어제 왜 전화 안 하셨어요?

노모: 어제가 뭔 날이었남?

아들: 모르셨어요?

노모: 니 생일은 가을인디?

아들: 가을이지.

노모: 근디 왜? 나 몰래 봄에 한 번 더 태어났던 겨?

아들: 아니요.

노모: 그러믄 내가 봄, 가을루다 너를 두 번 낳았는디 한 번밖이는 기억을 못 허구 있는 겨?

아들: 아니요.

노모: 근디 뭐가 억울헌디?

아들: 어제 같은 날은 전화를 하셨어야죠.

노모: 그러니까 어제가 뭔 날인디?

아들: 어린이날이요.

노모: 잉?

아들: 어린이날엔 선물은 없더라도 축하 전화는 하셨어야죠.

노모: 연설허네! 니가 어직두 어린이면 나는 벌써 단군할미다. 그르케 억울허믄 니두 니알모레 내 생일날 즌화 허지 마라. 복수햐!

나름 효심 깊은 아들은 아버지 돌아가시고 세 번째 맞는 어버이날 괜히 쓸쓸한 마음에 홀로 계신 어머니께 "헛소리를 하며 까불었으나 그래도 소용없이 심란하다."라고 덧붙인다. 가슴 아린 순간의 심정도 말섞음으로 풀고 보듬으려는 청풍명월의 속 깊은 헤아림을 엿보게 한다. 어머니의 유머 감각이 타고난 수준이라고 느낀다. 아들도 그런 어머니의 피를 받은지라 모자의 대구對句는 잘 어우러진다. 재능도 재능이지만 이들 모자에게서 확인하게 되는 것은,

"나 몰래 한 번 더 태어났던 겨?"

"연설허네!"

"단군할미."

"복수햐!"

등에서 보듯 탄복을 자아낼 정도로 언어를 갖고 놀 줄 아는 청풍명월의 본능이다. "이런 게 다름 아닌 해학이다."라는 느낌이 절로 든다.

남 씨 모자의 말 반죽은 심심찮게 이어진다. 2019년 11월 30일 페이스북에 오른 두 모자의 말 반죽은 마치 래퍼Rapper들 간의 배틀battle을 연상시킬 정도로 공방攻防의 재미와 해학감 그리고 리듬감을 보인다.

노모: 김치 있냐?

아들: 네.

노모: 워디서 났댜?

아들: 누가 김장했다고 줬어요.

노모: 누가?

아들: 아는 사람이요.

노모: 고마운 이네! 안다구 다 김치 주는 건 아닌디.

아들: 네.

노모: 그르믄 된장은 있냐?

아들: 아니요.

노모: 된장은 왜 읎댜?

아들: 아는 사람 중에 된장 담근 사람이 없네요.

노모: 그려?

아들: 네.

노모: 뭐 대단히 잘 아는 사이는 아니지만서두 나두 그럭저럭 니가 아는 사램 축에는 든다고 보는디?

아들: 주세요 그럼.

노모: 뭐 대단히 잘 아는 사이는 아니지만서두 니가 아는 척은 해주니께 기념으루다가 된장에다 오이지허구 콩장까장 얹어서 같이 보내야 쓰겄구먼?

아들: 다 주세요.

노모: 그려.

아들: 저도 잘 아는 사이는 아니지만 그래도 그럭저럭 아는 사이에 받기만 해서 영 염치가 없네요.

노모: 그럭저럭 아는 사이에 뭔 염치를 찾는댜?

아들: 그래도 도리가 어디 그런가요.

노모: 정 염치가 읎으믄 즌화나 자주 주시든가.

아들: 네.

노모: 잘 아는 사이두 아닌디 즌화 주시기 영 어색허믄 냉큼 받기래두 허시든가?

아들: 네.

노모: 그려두 내가 명색이 애미구 니가 자석인디 우덜이 그럭저럭 그런 사이는 되는 거 아녀?

아들: 네.

랩 배틀^{Rap Battle}로 보면 어머니의 완승이다. 아들의 해학감은 어머니에 못 미친다. 어머니가 재능을 물려주신 원조이시니 당연하다 하겠다. 평소 무심한 아들에 대한 어머니의 서운함은,

"뭐 대단히 잘 아는 사이는 아니지만서두 나두 그럭저럭 니가 아는 사램 축에는 든다고 보는디?"

에 담겨 있다. 당신에게 달라고 해도 좋은 반찬들을 굳이 '아는' 사람들에게서 구하는 아들에 대한 섭섭한 감정을 지나가는 말처럼, 시쳇말로 쿨^{cool}하게 날린다. 말 반죽답게 아들은 어머니의 레토릭을 커버^{cover}해서 대응한다.

"저도 잘 아는 사이는 아니지만 영 염치가 없네요."

읽는 이들은 재미있겠지만, 어머니는 불편하셨을 게 틀림없다. 마침내 속마음을 드러내신다.

"그르믄 즌화나 자주 주시든가, 영 어색하믄 냉큼 받기래두 허시든가?"

아들이 어머니의 서운한 마음을 모를 리 없다. 말 반죽 펀치에 속마

음을 실어 응어리를 푸시려 드는 노모의 마음을 알아 한동안 반성 모드에 들어갔을 것이라 여겨진다.

'논두렁 대화'라는 표현을 처음 사용한 충청도 출신 극작가 오태석 (1940~)의 작품에는 당연히 논두렁식 대화가 넘쳐난다. 대표작 <춘풍의 처>를 보자.

(춘풍이 등장한다. 염을 하는 것을 보고 슬피 운다.)

춘풍: 어이, 어이!

덕중: 두 푼 받고 헌 옷을 깁고……

춘풍: 어이, 어이!

이지: 겨울이면 무명 나이, 여름이면 삼베 길쌈, 가을이면 염색을 하기, 이럼서 사시장철 주야로 쉴새 없이 거둔 돈을 장리에 월수 일수 놓아 수천 금을 모았구나.

춘풍: 잠깐, 이보게. 그것이 무슨 소린가?

덕중: 염라국 십전대왕께 제문을 올리시는 중이오. 참견을 하려거든 글로 하시오.

춘풍: 추월의 얼굴 모습 들어 보게.

(곡을 붙여서)

사쟁을 반개하고 녹의홍상 두르고 천연히 앉았으니 영광은 십오 세라. 해당화 저리 가고, 서시는 이리 가고, 양귀비는 이저리 가고, 세월 가고, 소리도 다 가고 나서 남은 것이 추월이다. 내 이것을 천자문 보듯 두고 보려고 그러한다. 그 돈 수천 금은 꼭 나를 다고.

덕중: 원, 사람이 누웠거든, 문상은 놔두고 문안이나 한마디 해 보시오.

춘풍: 내가 지금은 상거지가 돼서 그 집 물 져 나르는 사환 노릇을 하고

있어. 먹느니 이 빠진 헌 사발에 눌은 밥에 토장덩이 한 가지로 연명을
하는 지경이여. 그 돈 수천 금은 나를 꼭 다고.

처: 애고, 이것이 무슨 소린가. 어디 마모색이나 봅시다.

(형색을 살피고 내처 운다.)

애벌레 망건 쥐꼬리 당줄 통영갓은 어디 두고 파립 파관이 웬일이오?

춘풍: (귀찮아서 뿌리치며) 그래, 내가 집 나올 적에 돈 한 푼 팔 푼이며,
자식 삼 형제를 살기 좋게 마련을 해주고 훨훨 단신 나온 나를 웬 송장
시늉까지 해가며 이리 추잡하게 찾아다닌단 말인가.

처: 그래, 그 돈 한 푼 팔 푼은 당신이 집 떠날 적에 하도 섭섭해서 청어
한 못 사 가지고 당신 한 마 리 나 아홉 마리 안 먹었소.

춘풍: 그래, 자식 셋은 다 어쨌나?

처: 큰놈은 나무하러 가서 정자나무 밑에 낮잠 자다가 솔방울 맞아 죽고.

(춘풍 섧게 운다.)

처: 둘째 놈은 앞 도랑에서 미꾸라지 잡다가 물에 빠져 죽고.

(춘풍 섧게 운다.)

처: 셋째 놈은 하도 귀여워 어루다가 경끼로 풍에 걸려 죽었소.[25]

언어를 작作하고 농弄하며, 비유를 입에 달고 사는 거로도 모자라, 문
자까지 입에 올린다. "충청도 양반"이라는 말이 달리 나온 게 아님을
여실히 보여준다. 청풍명월은 줄곧 영호남보다 한양에 가까이 있다는
사실에 커다란 긍지를 가졌다. 자주 '공자왈맹자왈' 읊어댔던 것도 그
런 맥락에서였다.

상기한 두 에피소드에서 확인하다시피 입담은 참여자들이 같은 배

---

25   〈춘풍의 처〉 대본, 서울남산국악당, 2016.7

경을 공유하고 있을 때 활성화된다. 참여자들이 입담의 화제 속에 들어와 있어야 비로소 말 반죽이 시작될 수 있는 까닭이다. 서로가 친교가 있는 사이여야 함은 물론이다. 그래야만 남들이 알 수 없는 내밀한 주제를 다룰 수 있기 때문이다. 반찬을 주제로 삼은 모자와 이해를 놓고 아웅다웅하는 춘풍 내외의 경우가 모두 그 조건을 충족시킨 덕에 그들의 말 반죽은 리듬을 타며 흥겹게 춤을 춘다.

영국의 대문호 윌리엄 셰익스피어(William Shakespeare, 1564~1616)도 주고받기를 계속하는 '논두렁식' 대화에 일가견을 보였다. <안토니와 클레오파트라Anthony and Cleopatra>를 보자.

> 클레오파트라: 그게 사랑이라면 그 크기를 알고 싶어요.
> 안토니: 어느 정도인지 말할 수 있는 사랑은 천한 거요.
> 클레오파트라: 하지만 당신의 사랑의 세계가 어느 정도인지 확인해 보고 싶어요.
> 안토니: 그걸 확인한다면 신천지를 보게 될 거요.

<베니스의 상인>에서는 좀 더 센 말 반죽을 선보인다. 3막 1장의 살라니오와 살라리노 그리고 유대인 상인 샤일록 세 사람 사이의 대화이다.

> 살라니오: 그래, 거래소에서 무슨 소식이라도 들었나?
> 살라리노: 글쎄, 화물을 잔뜩 실은 안토니오의 배가 좁은 해협에서 난파당했다더군. (중략) 수다쟁이 아줌마의 말이 거짓이 아니라면 말일세.
> 살라니오: 이번만큼은 그 수다쟁이 여편네 말이 틀렸으면 좋겠네. 그러

나 이건 현실이야. 단도직입적으로 말하겠네. 여보게, 그 선량한 안토니오가…… 아, 그의 이름에 어울리는 존칭을 찾을 길이 없군.

살라리노: 자, 결론을 말해보게.

살라니오: 글쎄, 결론을 말하자면 그가 배 한 척을 잃었다는 거야.

살라리노: 배 한 척 잃은 거로 그의 손실이 끝났으면 좋으련만.

살라니오: 악마가 내 기도를 방해하기 전에 서둘러서 '아멘'이라고 말해야겠어. 벌써 유대인으로 둔갑한 악마가 오고 있으니까.

살라리노: 오! 당신 샤일록 아니오? 상인들 사이에 무슨 소식이라도 있소?

샤일록: 당신들이 잘 알잖소. 내 딸년의 도피에 대해서 말이오.

살라리노: 물론 잘 알고 있소. 당신 딸이 잘 날아가도록 날개를 달아준 재봉사를 잘 알고 있으니까.

살라니오: 그리고 당신으로 말할 것 같으면 그 새끼 새의 깃털이 자랐다는 것을 알고 있었고요. 새끼 새란 날개가 돋으면 언제든 어미 품을 떠나는 게 순리 아니오?

샤일록: 어쨌든 천벌을 받을 거요.

살라리노: 그럴 수도 있겠소. 악마가 재판관이라면.

샤일록: 내 혈육이 반란을 일으키다니!

살라니오: 무슨 당치도 않은 말씀을! 그 나이에도 탐욕이 들끓소?

샤일록: 내 딸은, 내 딸년은, 그년은 내 살과 피란 말이오.

살라리노: 영감의 살과 따님의 살은 검은 돌멩이와 흰 상아만큼이나 차이가 날 텐데. 피로 말할 것 같으면 두 사람의 피는 붉은 포도주와 백포도주만큼이나 차이가 날 거요.

(하략)

셰익스피어의 희곡에도 분명 운율과 비유가 말의 재미를 구성하고 있지만, 대사들은 짧은 시간이나마 듣고 이해하고 음미하는 과정을 거쳐야만 비로소 재미와 웃음으로 이어진다. 이에 반해 충청도의 해학은 듣는 즉시 웃음을 유발한다. 이해가 웃음으로 이어지는 과정을 필요로 하지 않거나, 거친다 해도 그 시간이 매우 짧다. 18세기 영국 철학자 프랜시스 허치슨^{Francis Hutcheson}이 <웃음에 관한 고찰>에서 유머의 모범적 결합이라고 본 '품위와 비속'이나 '위엄과 불경'[26]에 기대지 않는다. 즉, 우아 떨다가 갑자기 비속어를 남발하는 '점강법^{漸降法}'식 수사도 보이지 않고, 위엄 있는 존재를 우스꽝스럽게 만들어 웃음을 유도하는 불경도 저지르지 않는다. 머리로 지어내는 웃음이 아닌, 생활 속에서 발아한 자연스러운 비유로 웃게 만든다. 간접경험과 직접경험의 차이가 작용했을 것이지만, 말을 밋밋하게 그냥 두지 않는 청풍명월의 말맛내기가 추동 역할을 한다. 살아오면서 몸에 밴 오랜 습성의 산물이다.

---

26   테리 이글턴, 〈유머란 무엇인가〉, 47p 참조, 문학사상, 손성화 옮김, 2019.

제3장

충청도 해학의 원천

중국 역대 24개 왕조들의 역사를 기술한 24사史는 정사正史로 분류된다. 이 24사史에 따르면, 고대국가인 상(商, BC 1600~BC 1046 추정)은 동이족이 통치했다.[27] 지금의 베이징과 산동성 일대였다. 상商은 황하의 중하류 유역인 중원의 은殷을 도읍으로 삼아 번성했다. 태항太行산맥을 경계로 서쪽에 거주하던 화하華夏족의 세력이 커지면서 상商을 멸망시키고 동이족을 몰아낸다. 이로써 주(周, BC 1046 ~ BC 256 추정)의 시대가 펼쳐진다. 동이족은 당시 산동성과 하북河北성 그리고 만주와 한반도 일대에 분포했던 만주족과 조선족들의 통칭이었다. 지금의 지린吉林성 푸위夫餘에 살던 부여족이 한반도로 남하해 지금의 충청남도에 정착한다.

고구려(高句麗, BC 1세기~AD 668)의 시조인 동명성왕 고주몽의 아들들 가운데 장남인 유리가 주몽을 계승해 유리왕에 오르자 비류와 온조가 남하해 BC 18년 인천 미추홀과 하남 위례에 각각 도읍을 정한다. 이른바 '비류 백제'와 '한성 백제'이다. 비류 사후 온조가 부족을 통합해 백제를 건국하고 시조에 오른다. 한강 유역과 충청도 일대가 영토였다. 538년 성왕成王은 수도를 웅진에서 사비(지금의 부여)로 옮기고 국호를 '남부여'로 바꾸었다. 초기에는 당연히 부여족이 지배 세력이었지만 점차 토착민과 왜구, 화하華夏족이 섞여 구성원이 늘어났다. 그러나 사회의 주류는 여전히 북방 부여족이었던 까닭으로 지금의 영남과 호남에 거주하던 한반도 토착민들과는 문화의 차이를 보였다.

만주 북부여 시절 부여는 "한 번도 망하지 않은 부강한 나라"였다고 위서(魏書, 북제北齊 때 위수魏收가 쓴 북위北魏의 사서史書)는 기록하고 있다. 부여는 문화적으로나 경제적으로도 다른 나라들보다 앞서 있었다. 서진(西晉, 265~317)의 진수(陳壽, 233~297)가 쓴 <삼국지三國志>에도 한漢이 부여의 왕이 죽으면 옥으로 된 관棺과 갑甲, 제기祭器 등을 바칠 정도로 부여를 존중했다는 기록이 전한다. 그만큼 부여는 역사가 오래되고, 문명이 높았으며, 사람들이 품위 있고 고상했음을 반증한다.[28]

백제는 660년 신라와 당의 연합군에게 패해 멸망할 때까지 고구려, 신라와 잦은 전쟁을 치렀다. 이 과정에서 한반도의 중간지대에 위치한 충청도 지역은 삼국이 번갈아 영토를 차지했을 정도로 변화가 극심했던 지역이었다. 고구려의 장수왕(長壽王, 394~491)은

---

27   이기훈, <중국이 쓴 한국사>, 25p, 주류성, 2019.에서 재인용
28   이기훈, <중국이 쓴 한국사>, 77p, 주류성, 2019.에서 재인용

승려 도림道琳을 첩자로 보내 백제를 교란한 후, 475년 위례성을 함락하고 개로왕을 사로잡아 살해했다. 551년에는 신라의 진흥왕(眞興王, 재위 540~576)이 정복 활동을 펴면서 충청북도와 한강 유역을 점령했다. 648년부터 660년까지는 나당 연합군의 공격에 시달림을 받았다. 이런 굵직한 전쟁 외에도 국경 지대였던 남한강 유역과 충청북도는 삼국 간 충돌이 끊일 새가 없었다. 충주의 고구려비와, 단양의 신라적성비新羅赤城碑, 그리고 신라 김유신 장군의 영정을 모신 사당인 진천의 길상사吉祥祠가 당시 이곳이 삼국의 치열한 각축장이었음을 입증한다.

더 서쪽에 위치한 청주와 천안 지역 역시 397년에 장수왕의 남하정책으로 고구려에 편입되었다가 신라 진흥왕 때인 550년경에는 신라에 귀속되기도 했다. 금강 유역의 옥천(沃川, 管山城)과 대전 석장산 일대, 황산벌[論山] 등은 백제 성왕에서부터 의자왕에 이르는 기간 동안 신라와 치열한 격전을 벌였던 곳이다.

충청남도는 475년 문주왕文周王이 수도를 웅진(雄鎭, 공주)으로 옮기면서부터 660년 멸망할 때까지 백제문화의 중심지였다. 서해 바닷길을 통해 중국 남조南朝 문화를 적극적으로 수용해 백제문화를 개화시켰고, 일본 고대문화 형성에 큰 영향을 끼쳤다. 충남은 신라와 국경을 맞대고 있던 까닭에 문화 교류의 기회도 많았지만, 충돌도 잦을 수밖에 없었다. 백제 부흥운동 시기에는 충남 예산(禮山, 任存城)과 금강 하구 서천(瑞川, 周留城)이 부여의 사비성을 놓고 신라와 쟁탈전을 벌였다.

고려와 조선조 시기 금강이 물산을 운송하는 조운漕運으로 활용되면서 충청도는 집산지 기능을 맡아 했다. 특히 공주, 아산, 예산 등지는 여러 지역의 물산이 모여 큰 장을 이루었다. 호남의 목면과 마포, 중국 견직물, 전주의 종이와 세공품, 예산의 양직물 등이 이곳에 모였다.[29]

이처럼 백제의 탄생서부터 국민의 이질적 구성 그리고 외침의 과정에 이르기까지 충청도의 외적 환경은 지역 주민들의 성향을 신중하고 소심해지지 않을 수 없도록 만들었다. 그런 가운데서 충청도 지역 사람들이 상황 파악을 위해 뜸 들여 처신하느라 대응이 느리고, 상대의 감정을 사지 않도록 직접적인 표현이나 직설적인 화법을 피하기 위해

---

29   이재열, <충청지역의 사회 의식과 지역정체성>, 54p 참조, 백산서당, 2004

은유와 비유를 선호하며, 매사에 신중을 기하느라 내향적이고 소심한 성향이 자연스레 몸에 배었을 것임은 유추하기 어렵지 않다.

그런 환경 요소들이 충청도의 유머를 배태하는 자궁 역할을 했다. 에둘러 말하고, 먼 산 보며 딴소리하고, 옛이야기 속으로 도망가고, 자학의 말을 내뱉는 등 언어의 유희들이 충청도의 해학으로 진화한 것이다. 그 해학은 청풍명월이 고단한 삶을 영위하는 데 꼭 필요한 요소였다. 질곡의 역사에 비추어 볼 때, 해학이 없었다면 충청도는 존재하지 못했을지도 모를 일이다.

이런 연고로 청풍명월의 말 습성은 사람들이 일반적이라고 받아들이는 수준에 만족하지 않는다. 충청도의 유머는 일반적인 것을 깨부수려는 의도적 창의성에서 비롯된 것인 까닭이다. 사람들은 비록 은유와 비유 뒤에 숨더라도 세상의 질서를 뒤엎거나, 세상이 설정해놓은 기준을 부수거나, 사회규범의 궤도를 이탈하거나 하는 언어유희에서 쾌감을 느끼는 법이다. 그 잠깐의 유예에 기반한 유머가 논리정연의 세계를 초라하게 만들면서 모두에게 웃음을 제공한다는 사실을 우리는 경험으로 안다. 청풍명월에게 유머는 삶의 방편이자 '불굴의 정신'과 동의어인 셈이다.

소심^{小心}

충청도식 화법의 묘미는 간접 전달 방식에 있다. 대표적인 용례가,

'아니래유.'

다. '아닙니다'라는 주관적 표현 대신 남들의 의사를 대신 전달하는 것처럼 '아니래유'라고 말한다. '사람들이 아니라고 하는데요'의 의미인 것이다. 절대 자기 의견이 없는 까닭은 아니고 아마도 오래전부터 형성돼 내려오는 간접화법 습관 때문일 것이다. 이런 대답은 거절의 뜻도 담지만, 상황 전개에 따라서는 언제든지 승낙으로 돌아설 수 있는 여지를 남긴다.

"사람들은 아니래지만 나는 생각이 다르구믄유."

라며 반응을 바꿀 수 있는 것이다. 유연한 대처에 다름 아니다.

물건값 흥정에도 값을 놓고 흥정을 하는 게 아니라 상대방이 부르는 값을 듣고 간접 반응을 보인다.

"아! 냅둬유. 집에 가서 소나 주게유."

식이다. 남대문 상인들처럼 "남는 게 없다.", "얼마는 받아야 한다.", "밑지고 판다.", "원가에 주는 거다.", "다 다녀봐라. 그 값엔 못 산다." 등등 직접 값을 들먹이며 흥정을 하거나 흥정에 따른 즉각적인 호불호

를 표현하지 않는다. 손님의 부르는 값이 터무니없으면 딴청 피우며 그냥 구렁이 담 넘어가는 소리로 변죽을 울린다. 불만스러워한다는 게 전해져 오지만, 듣는 이도 하등 불쾌할 이유가 없는 완곡한 거절인 것이다. 예상하지 못한 코믹 거절법에 외지 손님은 웃음을 지을 뿐이다. 이런 특성은 다른 지방 사람들에게서는 찾아보기 어렵다.

"오랜만에 본께 몬 알아보겠구먼."

"오랜만에 보니까 못 알아보겠구나."의 충청도 식 표현이다. 상대 들으라고 하는 얘기지만, 상대에게 말한다기보다는 자기 자신에게 건네는 말에 가깝다. "와! 내가 못 알아볼 정도로 많이 컸구나(변했구나)!"라는 뉘앙스가 전해진다. 혼잣말처럼 중얼거리는 이런 소심한 어감으로 인해서 충청도 말은 친근하게 들린다. 전라도 버전인 "오랜만에 본께 못 알아보겠다잉."도 푸근하게 느껴지지만, 상대에게 동의를 구하는 듯 들리기도 해서 외지인은 일순 "답을 해야 하나?"라는 부담을 가질 수도 있을 것 같다.

충청도 말은 정겹다. 리듬감이 있고 소박한 데다 상대에게 부담을 주지 않는 혼잣말 같아서 더욱 그렇게 느껴지지 않나 생각된다. 이처럼 충청도의 말에선 '외유내강'이나 '은인자중' 같은 배려의 무게감이 감지된다. '강하지만 겉으로는 온화함을 보인다' 혹은 '함부로 가볍게 행동하지 않는다'라는 글자 그대로의 인상을 풍긴다. 서두름이 없이 여유가 있고 단아하며 정갈하다. 말꼬리를 길게 빼는 여운에는 착한 심성들이 묻어난다. 품격과 절제를 함유한 점잖음이 있다. 그런 까닭에 혹자는 충청도의 심성을 '외강내유外剛內柔'라고 달리 표현하기도 한다.

충청도 사람들이 자기감정을 직접적으로 표현하기를 삼가며 에둘러 말하는 것은 남과의 마찰을 피하려는 생각에서이다. 그런 소심한 습관의 결과로 은유적 표현에 익숙하다. 상기한 수박 흥정도 그런 사례이다. 서울 사람이 와서 배춧값을 흥정하다 자꾸 깎으려 들자 마침내 충청도 주인이 쏘아붙인,

"그냥 냅둬유. 우리 집 염소 새끼나 멕일랑께."

혹은,

"냅둬유. 내 이걸 땅에다 묻고 말지."

는 그 값에 팔 거면 차라리 파묻거나 염소에게 먹이고 말겠다는 분노의 표현이지만, 상대에게 대놓고 화를 낸 것은 아니다. 굳이 따지자면 자학에 가깝다. 이 말을 내뱉은 가게 주인은 십중팔구 열이 올라 얼굴이 상기됐겠지만, 서울 사람은 필시 그냥 웃고 말 게 분명하다. 자학하는 것으로 화를 대신했기 때문이다. 소심하지만, 거절의 뜻만은 분명히 했다. 대부분의 경우 이 거절은 상대의 항복을 받아내는 데 유리하게 작용한다. '저 정도로 자학하는 걸 보면 바가지 씌우는 건 아닌 것 같다'라고 여기도록 만드는 역할을 하는 것이다. 서울 사람이 제값을 치르면 말없이 배추에다 달랑무(총각무)를 얹어준다.

충청도의 해학은 자기 내부를 향한 혼잣말 성격이 강하다. 사회나 세태를 탓하고 원망하기보다 자기 자신을 서글퍼하고, 위로하려 드는 소심함이 배어있다. 경상도의 탈춤이나 전라도의 소리 등이 뿜어내는 권력에 대한 익살과 풍자가 충청도에서는 보이지 않는 이유도 될 것이다. 자학할망정 타인에 대해 가학은 하지 않는다. 충청도의 조심성이다. 예기치 않게 날아오는 이 소심한 자학이 상대하던 타지방 사람들을 일순 심리적 긴장에서 벗어나게 해준다. 웃음이 수반됨은 물론이다.

충청도의 소심한 유머는 불만스럽지만, 타인과의 마찰을 피하고 싶

은 미묘한 마음의 발로이다. 유머를 "가장 매력적인 비겁함"이라고 풀이한 Matthew Bevis의 표현이 어울리는 대목이다. 삐딱한 반어법식 유머는 "어떤 형태의 유머라도 그 속에는 공포와 열등감이 내재한다."라는 로버트 프로스트(Robert Frost, 1874~1963, 미국 시인)식의 풀이를 그럴듯하게 만든다. 프로스트의 시각에 따르면 충청도의 유머는 조심성 그 자체이다. 그들은 그저 세상과의 논쟁을 피하려 농담을 하는 것이다.[30]

프로이트는 농담을 "억압 행위와 억제된 본능을 모두 아우르는 '타협 형성Compromise Formations'"으로 해석한다. 그의 관점으로 보면, 충청도의 소심한 유머는 본능적인 자아[id]의 이익을 도모하는 동시에 규범적인 초자아[superego]의 권위에도 복종해야 하는 인식의 산물이다.[31] 즉, '싫다'라는 감정과 '밉다'라는 감정을 반만 드러내고 반은 숨긴다. 그 메커니즘에 동원되는 것이 자학이다. 자기에게 상처를 주는 것으로 상대에 대한 불만을 대체하는 것이다. 타지방에도 비슷한 사례가 있다. 아이들이 잘못을 저지를 때 부모가 "아이구, 내가 죽어야지. 내가 죽어야 해!"라고 자학하는 심리와 닮아 있다. 그런데 타지방과 달리 충청도의 자학성 농담은 상대에게 웃음을 제공한다. 자기가 손해를 떠안을 망정 그 값에는 못 팔겠다는 의지를, 멀쩡한 물건을 "소에게 줘버리겠다."라고 항의 아닌 항의로 돌려 말하는 것이다. 이런 이상한 흥정은 타지방 사람도 예상 못 한 진행이겠지만, 그것이 웃음을 유발할 거라고는 충청도 사람들도 예상 못 하긴 매한가지였을 것이다. '자학의 유머'인 것이다.

---

30   테리 이글턴, 〈유머란 무엇인가〉, 34p 참조, 문학사상, 손성화 옮김, 2019.
31   테리 이글턴, 〈유머란 무엇인가〉, 71p 참조, 문학사상, 손성화 옮김, 2019.

<춘풍의 처>, <태>, <초분>, <자전거>, <심청이는 왜 인당수에 두 번 몸을 던졌는가> 등을 쓴 충남 서천 출신 극작가 오태석(1940~)의 희곡에는 충청도식 소심한 대화 구조가 자주 등장한다.

　"내 안 가져오는 걸 갖다." (<운상각>)

　'갖다'는 '괜히'의 충청도 토속어인데, 동국대 영미 희곡 전공 황훈성 교수는 "'가져왔네'를 생략하고 이 군더더기성 부사를 후미에 위치시킴으로써 '가져왔다'를 대변하고 있다."라고 풀이한다. 즉, "내 안 가져올 걸 괜히 가져왔네."를 "내 안 가져올 걸 괜히…"라고 말하며 말끝을 흐리고 있는데, "이 교량어를 사용한 데는 매우 복잡한 심리적 기제가 작동한다."라고 분석한다. "우선 자신의 의사를 명확하게 밝히지 않음으로써 상대방에 대한 정서적 배려를 하고, 이러한 마음 씀씀이가 혹시 있을지도 모르는 거부 반응을 미리 차단하는 동시에 상대방을 자연스럽게 대화로 유도하는 효과를 가져온다."는 것이다.[32]
　이 소심함은 자주 반어법의 형태로도 표출된다. 자기 뜻과는 반대의 질문을 하며 상대의 의중을 파악하려 든다. 충청도에서 소년 시절을 보낸 내 주위의 한 지인이 자주 이런 모습을 보인다. 그가 "오늘 더워서 시내 나올 생각 없죠?"라고 물어오면 오랜 경험으로 나는 안다. 그의 말은 "오늘 덥기는 하지만, 시내 나와서 한잔하면 어떨까요?"의 다른 표현이라는 것을. 다소 소심해 보이는 이 표현은 상대의 상황이 어떨지 배려한 흔적이 묻어있지만, 사실은 거절당했을 경우 자기 자존심을 보

32　　황훈성 외, <한국연극과 기호학>, 연극과 인간, 2007. 2. 26.

호하려는 의도가 더 강하다. '더워서'라는 핑계를 먼저 설정해놓고 상대가 거절하면 더위 탓으로 여기며 자신의 무색함을 덜어내려는, 그런 메커니즘이 숨어있다.

청풍명월의 소심함을 소재로 삼은 우스개도 있다.

> 옛날 충청도 어느 고을에서 한 신부가 혼수 갈 때 빠트린 다듬잇돌을 가마 안에 싣고 시집으로 향했다. 오뉴월 삼복더위에 가마꾼들이 비지땀을 흘리는 걸 본 신부는 미안한 마음에 그들의 수고를 덜어주고자 다듬잇돌을 머리에 이고 갔다.

충청도 사람을 우둔한 웃음거리로 만든 걸 보면, 타지인들의 눈에도 청풍명월들은 마음이 약하고 타인과의 마찰을 피하려 드는 심성의 소유자로 비친 모양이다. 그 더운 여름에 돌덩이를 머리에 이고 있었을 만큼 충청도 신부는 가마꾼들의 심정을 헤아렸던 것이다. 결과적으로는 '멍청이'로 조롱을 당하고 있지만, 자기가 손해를 볼망정 남에게 폐를 끼치지 않으려는 청풍명월의 소심한 성정이 잘 표현된 우스개이다.

딴청을 피우는 것도 충청도적 소심함의 발로로 보인다. 무안하거나 계면쩍을 경우, 혹은 스스로가 못마땅하게 여겨질 때, 예외 없이 이 딴청이 등장한다. 즐겨 사용하는 수법이 '희생양 만들기'이다. 남편이 속을 썩일 때 애꿎은 아이들에게 화풀이하거나, 마누라가 집 나가고 없을 때 괜히 강아지를 혼을 내는 식이다. 불이 잘 안 붙는다며 담배를 집어 던지거나, 잘 써지지 않는다며 볼펜을 내동댕이치는 등 멀쩡한 물건을 탓하기도 한다. 당하는 처지에서는 억울하기 짝이 없는 노릇이지만, 청풍명월은 저간의 사정을 뻔히 알면서도 짐짓 그들을 핑계 삼아 억하

심정을 다스리려 한다. 정작 화를 내야 할 대상은 젖혀둔 채, 대놓고 말하지 못하는 분한 마음을 딴청을 부리는 방식으로 삭이는 것이다. 평화를 깨뜨리기 싫어하는 청풍명월의 인내심에 기초한 소심함이지만, '경우가 아니다'라고 판단하면, 그때부터는 바로 전쟁에 돌입한다.

의뭉

1992년 대선은 오랜 군사정권의 통치 끝에 문민정부의 주역을 뽑는 의미 있는 선거였다. 충청도의 맹주 김종필은 1990년 1월 3당 합당에 동참함으로써 김영삼을 지지하고 나섰다. 집권당인 민주정의당과 김영삼의 통일민주당에 김종필의 신민주공화당이 힘을 보탠 것이다. 이로써 대선 구도는 평화민주당의 호남 대 신생 민주자유당의 비호남으로 축약됐다. 1960~70년대 호남과 함께 범야권을 형성하며 동질성을 유지했던 충청도가 영남과 짝을 이룬 것이다. 호남과 야권에는 뼈 아픈 배신이었다. 대선을 치른 후 김영삼은 약속했던 내각제를 파기함으로써 김종필은 토사구팽당하고 만다. 1994년 말 당시 민정당 민주계가 '개혁 정권에 어울리지 않는 구시대 인물'이라며 퇴진을 요구하자 분노한 김종필은 1995년 3월 충청을 기반으로 자유민주연합[자민련自民聯]을 창당해 충청의 맹주로 나선다.

자민련 창당 후 첫 선거가 1995년 4월의 지자체 선거였다. 김종필 총재는 절박한 심정으로 예산 유세에 나서 한 표를 호소했다.

"저 사람들이 우리를 '핫바지'로 여겨요. 여러분!"

JP는 민자당 김윤환 의원이 자민련 창당 움직임을 두고 "충청도 사

람들이 신당을 만든다니 무슨 핫바지냐?"라고 힐난하자,

"호남은 푸대접이라도 받지만, 충청은 아예 무대접이었슈. 우리 충청도가 왜 핫바지가 돼야 혀유?"

라며 충청도 홀대를 이른바 '충청 핫바지'론으로 표현해 충청도를 집결시켰다. JP의 전략적 수사였다. 김영삼과 김대중으로 대변되는 영남과 호남의 대립 속에서 짙은 소외감을 맛봐야 했던 충청도의 정서를 건드린 노회한 술수였다.

유세장을 나오면서 김종필은 중년의 남자에게 악수를 청하며 물었다. "이번에 나 찍을거쥬?"

미소 띤 얼굴로 믿어 의심치 않으며 묻는 김종필에게 그 남자는 뜸을 들이더니,

"글쎄 그거야 그날 돼봐야 알쥬."

라고 말해 김을 빼놓았다. 김종필은 일순 맥이 빠지는 듯한 표정이 되었다. 안 그래도 어려운 싸움인데 텃밭인 충청도에서도 망설이는 사람들이 있구나. 그는 다소 의기소침해졌다. 그렇게 시간이 흐른 후 유세장을 나서는 길에 아까 그 남자와 다시 조우했다. 그는 낙담한 김종필에게로 다가오더니 가만히 말했다.

"그 표가 어디 가남유~."

SBS의 신완수 PD가 당시 JP를 밀착 취재하다 직접 목격한 광경이다. 이 일화를 듣는 사람들은 한결같이 웃음을 터뜨린다. 충청도식 의뭉함이 엿보이기 때문이다. 동향의 백전노장 정치가의 심사도 마구 흔들어놓을 정도로 충청도의 화법은 의뭉스럽다. '그 표가 어디 가겠느냐'라는 마지막 귀띔은 JP 같은 거물이 아니었다면 아예 듣지도 못했을 말일 것이다. '의뭉'을 깨고 간접적이나마 자기 의중을 내비쳤기 때문

이다.

'의뭉' 탓에 선거철 충청도 여론조사는 하나 마나다. 예외 없이,

"글씨유. 다들 훌륭하신 분이라고들 하대유."

"누구 찍을지는 그때 돼봐야 알겠쥬."

라는 답변만 듣게 되는 까닭이다. 청풍명월의 '의뭉함'은 자기 본심을 드러내지 않으려고 남 얘기 대신 전하는 듯하며 어리숙한 몸짓과 우스 갯소리 뒤에 숨는 행위의 결과이다. 결국, 판단은 듣는 이의 몫이 된다. 후보가 한 표를 부탁할 때,

"너무 염려 말어유."

라는 말을 들었다면 긍정적이라 여겨도 좋겠지만, 혹여

"글씨유, 바쁘실 텐디 어여 가 봐유."

라고 말했다면 부정적으로 봐야 한다.

충청도 사람들이 즉답을 피하는 것은 상대가 어떤 성향인지 알 수 없는 데다 자기 속내를 까발리는 것을 꺼리는 까닭이다. 일단 두루뭉술 하게 답하며 계속 상대를 관찰한다.

경상도 문경의 수박장수에게 "어느 게 잘 익은 거냐."라고 물어보면 몇 개 두드려 보고서는 하나를 골라준다. 이웃한 충청북도 충주의 수박 장수에게서는 기대하기 어려운 반응이다. 절대 골라주지 않는다.

오래전 충청도 태안반도 어디선가 민박집을 구하는데 주인 노인네 가 방값을 물어도 대답하지 않고서는,

"알아서 주시우."

라고 말해 난감했던 기억이 있다. 속내를 드러내지 않는 의뭉스러움 탓 이라는 걸 그때는 모른 채 곤란하게만 여겼었다. 그때 값을 적게 제시 했으면 틀림없이 이런 말이 날아왔을 것이다.

"냅둬유. 안 받고 말쥬."

충청도의 '의뭉'은 역사적으로 볼 때 백제의 중심지였지만 신라와 고구려의 침략이 잦았던 탓에 피아^{彼我}를 구분해야 생명을 보전할 수 있었던 어두운 기억이 천여 년 시간 속에서 견고하게 굳어져 생존을 위한 DNA로 핏속에 남아 있는 탓일 게다. 말을 길게 끄는 것도 생각할 시간을 벌기 위함이었을 것으로 짐작할 수 있겠다. 자기 생각을 외부에 드러내지 않는 오랜 습관은 지금도 충청도인들의 핏속에 흐르고 있다. 가족 사이에서도 좀처럼 자기감정을 드러내지 않으려 든다. 멀리 사는 딸이 아버지에게 전화를 걸어,

"나 보고 싶쥬?"

라고 애교를 떨어도 아버지는,

"쓰잘데기없는 소리 말구 끊어."

라고 의뭉을 떤다. 그러나 그 말의 뒤편에 "그려."라고 말하는 아버지의 자상한 마음이 숨어있음을 청풍명월 딸은 안다.

딸만 여섯 둔 옆집 아기엄마가 또 출산하자 이웃 할머니가 그 집 시어머니에게 물었다.

"뭐 난 겨?"

그 시어머니가 뜸을 들이더니 말했다.

"낳던 거 또 낳지 뭐…"

충청도 출신 '뽀빠이' 이상용 씨가 노년의 삶을 주제로 하는 TV 프로그램 <늘 푸른 인생>에서 소개한 내용이다. 충청도 사람들의 의뭉함을 잘 드러내는 일화이다. 딸인지 아들인지 끝내 이야기하지 않고 '계속 낳아야 할 상황'임을 알림으로써 또 딸을 낳았음을 간접적으로 전

하고 있다. 손자를 원하는 시어머니의 서운함이 묻어있지만, 듣는 사람의 처지에선 웃음이 나올 만하다.

명강의로 유명한 철학자 김형석 연세대 명예교수는 그의 <100세 일기> 블로그에서 2019년 6월 충청도에서 강연했는데 "청중들이 표정도 없고 웃지도 않아 의아해했으며, 강연이 끝났을 때도 350명 청중이 아무도 박수를 치지 않아 당황했다."라고 밝히고 있다. 김 교수는 자신의 의중을 드러내지 않으려는 청풍명월의 '의뭉'함에 관한 선이해先理解가 없었던 것이다.

2015년 대전 지역에서 실시한 바 있는 자율운전 실패 사례도 충청도의 의뭉함을 보여준다. 자율운전은 사거리의 신호를 없애고 운전자의 자율에 맡김으로써 대기 시간의 낭비를 줄이자는 게 취지였다. 그런데 막상 실시하고 보니 기대와 달리 사고가 많았다. 운전자들이 회전 깜빡이를 하지 않는 탓이었다. "왜 깜박이등을 켜지 않느냐?"는 물음에 운전자들은 이렇게 답했다.

"내가 좌회전을 헐 건지, 우회전을 헐 건지를 왜 꼭 넘에게 알려야 하나유?"

마찬가지로 초면에 누가 나이를 물어오면,

"먹을 만큼 먹었슈."

라고만 하지 자기 나이를 가르쳐주지 않는다. 이유를 물으면 역시 내 나이를 왜 남에게 알려주어야 하느냐고 반문할 터이다. 충청도의 엄마들은 애들에게,

"침 생키구 암말뚜 말으야 넌!"

이라고 가르친다. 함부로 자기 속내를 드러내서 화를 자초하는 우를 범하지 말라는 당부이다. 충청도 사람들의 좌우명 '신어언 민어사愼於言 敏

於事'가 그러한 당부를 반영한다. '말은 신중하게 하되, 동작은 민첩하게 하라'는 것이다. 입을 조심하라는 것은 '뿌꽌시엔쉬(不管閑事)', '남의 일에 개입하지 말라'고 가르치는 중국 엄마들의 심사와 닮아있다. 역사의 질곡이 가르친 교훈을 누대로 답습한다. 청풍명월에게 현재는 늘 불확실하고 미덥지 않은 시간이다. 어떤 게 옳은 판단인지는 나중에 가서야 확인되는 사항이다. 그런 까닭에 진실을 알게 될 때까지는 아무것도 드러내지 않아야 하며, 어떤 판단도 유보해야 마땅하다고 여긴다. 그들의 머릿속에 오랜 세월 켜켜이 쌓인 삶의 방식이 타지방 사람들에겐 웃음을 제공한다.

장광설

장광설^{長廣舌}은 사전적 의미로 '쓸데없이 번잡하고 길게 늘어놓는 말'을 일컫는다. 글자 그대로 '길고 넓은 혀'여서 말을 길게 늘이면서도 말하는 기세가 좋은 솜씨를 이른다. 주제를 가리지 않는다. 관심사가 그만큼 넓다는 이야기일 것이다. 충청도 출신 배우 정준호 씨가 대표적인 예이다. 후배들은 회식 자리에서 그를 피한다. 잡히면 꼬박 네댓 시간을 붙잡혀 고역을 치러야 하는 까닭이다. 혼난 경험이 있는 동료들은 그와 회식을 치러야 하는 때엔 식당에 들어서기 전 핸드폰을 들고 통화하는 척 연기를 한다. 그러다 정준호가 보이면 통화를 핑계로 그 자리를 모면한다. 그에 대한 정보가 없는 신인들만 늘 당하게 마련이다. '라디오 스타' 같은 대담 프로에 출연하면 MC들은 그의 장광설을 견제하려 무진 애를 쓴다. 그 모습이 재미를 자아내기도 한다. 막강 장광설 실력자 '정준호 피하기'의 전설이다.

충청도 장광설의 특징은 한마디면 족할 말을 의도적으로 꾸며서 늘리는 데 있다. 단순히 길기만 한 것이 아니라 문자와 지식과 비유가 가미돼 듣는 이의 귀를 즐겁게 하는 힘이 있다. 상대는 "또 시작이군!" 하며 듣지만, 절대 싫지 않은 표정이 된다. 그만큼 청풍명월의 장광설은

매력적이다. 충청도 출신 작가들의 작품 속에는 청풍명월들의 수다가
자주 등장한다. 이런 식이다.

> "떠들 것 없이 우리 집안은 오백 년 국숭國姓이야. 그런 중 알았으면 워디
> 오너서 무엄하게 주둥이루 갈 짓자 그려가며 행자반杏子盤 옆댕이에 구족
> 상狗足床 채리는 겨?"
> "나 이 사람 말에 짐장허구 저 사람 말에 메주 쑤는 사람 아녀. 누가 뭐라
> 구 씩둑거려두 사시춘풍으루 기분 쓰는 사람여."
>
> ─이문구(충남 보령 태생, 1941~2003), <우리 동네>, 민음사, 2017

"우리 집안은 조선 5백 년 왕족인 전주 이씨다. 어디서 무엄하게, 은
행나무 상 옆에 개다리상 차리듯 은근슬쩍 같은 반열에 들려 하느냐?"
라고 면박을 준다.

'자기가 주관 없이 남의 말에 휘둘리는 사람이 아니다'라는 말을 하
면서 '김장', '메주'를 비유적으로 끌어들이고, '늘 주변 사람들에게 훈
훈하게 대한다'라는 주장에는 '사시춘풍四時春風'이라는 문자를 동원하
고 있다. '늘 심지가 굳고 봄바람처럼 훈훈한 인정의 소유자'라는 이야
기를 이리도 장황하게 늘어놓고 있다.

> "누가 들으믄 증조(정조) 이산이가 사도세자 죽구 나서 지 뜻도 못 펴보
> 구 죽을깨미(죽을까봐) 한탄허는 소린 중 알겠네."
> "어, 츤하(천하)에 무식한 것덜! 군계일학이라는 말은 있는디 워째 군견
> 일호라는 말은 읎는가 노상 궁금혔는디 인자 이유를 알겠네! 닭이 지천
> 이믄 학 한 마리는 난다는 건디, 개허구 닭허구는 영 사정이 달븐(다른)

집구석이구면? 개덜이 모이긴 했는디 멜깡 똥개덜이지 진돗개 한 마리가 읎으니 워디서 범이 날 겨? 소견빼기덜이 고거밖이는 안되는 겨?"

—남덕현, <한 치 앞도 모르면서>, 빨간소금, 2017

'지레 겁들을 집어먹고선 공연히 걱정들이 많아져서' 아는 체하며 세상사에 이러쿵저러쿵 말들이 많다는 핀잔을 쏘아대고 있다. 이어서 '군계일학群鷄一鶴', '군견일호群犬一虎' 등의 문자를 구사하며 구성원들의 범속함을 싸잡아 깔아뭉개는 입심을 과시한다.

충청도 작가가 묘사하는 청풍명월들의 특성은 한결같다. 입을 열기만 하면 말이 늘어지고 비유가 많고 문자를 들먹인다. 말이 길어지다 보면 자연스레 과장과 우스개가 섞이게 마련이다. 충청도의 웃음은 장광설을 위해 말을 만드는 과정에서 형성된다. 청풍명월의 말은 단순히 메시지를 전달하는 데 그치지 않고 말이라는 음식을 조리함에 있어 재료를 다양하게 쓰고, 양념을 아기자기하게 쳐서 혀를 즐겁게 할 만큼 맛을 내는 데 주력하는 까닭이다. 맛을 내는 다양한 방법들을 아는 셰프처럼 언어를 구사함에 있어 자신감이 있지 않고서는 흉내 내기 어려운 테크닉이다. 평소 훈련을 거치지 않고서는 이런 내공이 생겨날 리 없는 까닭이다. 일류 '맛쟁이'를 방불케 하는 프로 '말쟁이'들인 것이다.

"팔난봉 구한량 짓 하고 다닌다."

처럼 리듬감도 중시한다. '팔난봉', '구한량'은 '난봉꾼이 한량질 하고 다닌다'라는 비난의 표현인데 원래 '팔난봉'은 있어도 '구한량'이라는 말은 없다. 그걸 알면서도 '팔'과 '구'를 이어 대구對句를 맞추면서 리듬감 있는 해학감을 솜씨 좋게 조성하고 있다.

우리나라에서 '이야기대회'를 열 만한 유일한 곳이 충청도일 것이다. 주제를 재미나게 구성하고 구술할 줄 아는 까닭이다. 실제 2019년 7월 20일에 논산문화원에서 있은 제1회 '논산 이야기대회'에 나선 참가자들은 논산의 민담, 전설, 지명 등을 소재로 이야기를 재구성하거나 자기의 인생 이야기를 기가 막히게 풀어내는 능력을 보여 청중의 감탄을 자아냈다. "가뭄을 그치게 해준다."라는 '개태사開泰寺 가마솥'은 조선시대에 절이 폐허가 되자 들판에 버려졌다 홍수에 떠내려간 대형 가마솥을 제자리로 옮겨 보존하고, 다시 일제강점기에 일본에 밀반출될 뻔했던 것을 큰 소리를 내는 소동 탓에 원위치한 역사를 안고 있는데, 끝부분을 라디오 다큐 드라마를 흉내내 법원의 판결처럼 마무리함으로써 주제의 현재성을 살렸고, '물고기 이야기'는 효자 설화를 각색한 것으로, 부모님 생일에 미역국을 끓여주는 효孝 실천 사례를 삽입해 이야기를 전설에서 일상생활로 끌어올려 사실감을 더했다. 이 밖에도 중년의 아주머니들이 성냥공장에 다니던 젊은 시절의 애환이나, 치매 어머니를 수십 년 동안 돌본 고충담 등을 늘어놓아 청중의 감동을 이끌어 냈다. 참가자들은 모두 "내가 곧 역사요 문화"라는 인식 아래 현재의 자신에 대한 무한 애정을 쏟아내 갈채를 받았다. 비범하게 말할 줄 알고, 이야기를 꾸밀 줄 알고, 말에 맛을 낼 줄 아는 청풍명월이 아니고서는 해내기 어려운 이벤트였다. 그들에게 말은 삶의 응축이자, 일상의 유희에 다름 아니었다.

무심無心과 '비틀기'

2019년 대전에서 행사를 마치고 관계자들과 회식을 마치자마자 택시를 잡아타고 역으로 달리면서 "9시 찬데 탈 수 있을까요?"라고 물었더니 기사가 말했다.

"타겄쥬."

이 무심한 반응에 맥도 빠지고 슬며시 화도 났지만, 좀 웃기기도 했다. 애타는 승객의 마음을 '나 몰라라' 하는 말투지만 나름대로 희망적 답변을 던져준 셈이다. 그 전에 역에 닿을 테니 걱정 마라는 긴 표현을 "가겄쥬."나 "타겄쥬."로 무심하게 날린다. 더 서두르는 인상을 줬다가는 십중팔구 "그렇게 바쁘믄 어제 오지 그랬슈."라는 핀잔을 받을 게 뻔히 보여서 필자는 더 이상 입을 열지 않았다.

장사치도 무심하긴 매한가지이다. 서울 사람과 수박 장수의 대화다.

"이 수박 파는 거예요?"
"팔겄쥬."
"익은 거예요?"
"그러겄쥬."

"달아요?"

"그러겄쥬."

"안 달면요?"

"수박 맛이겄쥬."

청풍명월의 특징으로 빠질 수 없는 게 '무심함'이다. 세상사에 큰 관심을 보이지 않는 것처럼 보인다. 그만큼 유유자적하다. 이러한 심성은 사소한 것들에는 눈길을 주지 않는 특성을 보이지만 결코 본질을 간과하지는 않는다. 그저 모른 체, 못 본 체할 뿐이다. 길을 걷다 마주 오는 사람들을 빤히 쳐다보는 결례를 청풍명월들은 하지 않는다. 전철이 도착하면 탄 사람이 내리기도 전에 먼저 들어가는 실례를 저지르지도 않는다. '무심'이 주는 여유 덕이다. 무심은 욕심을 부리지 않는다.

몇 해 전 대전에서 택시를 탔더니 젊은 기사가 수다를 떨었다. 그제가 쉬는 날이어서 마트에 가서 장을 보고선 물건을 하나 택시 뒷좌석 바닥에 떨어뜨린 채 모르고 있었는데 이틀이 지난 오늘 청소하다 발견했다는 것. 기사는 '그동안 태운 승객이 15명이 넘었는데도 아무도 주워가지 않고, 자기에게 얘기해주지도 않았다'라며 "이게 바로 충청도!"라고 으스댔다. 청풍명월의 여유와 무심함이 함께 감지되는 일화였다.

청풍명월의 무심 기질을 지켜보면 '쿨하다'는 인상을 절로 받게 된다. 함부로 관여치 않고 마구 개입하지 않으며 쉽게 마음을 주지 않는다. 이른바 '동향 의식'을 잘 보이지 않는 게 대표적이다. 경상도나 전라도처럼 고향이 같다는 이유로 당겨주고 밀어주는 문화가 충청도에는 없다. 사적인 일보다 공무를 우선시하는 공공성향이 강하다. 선공후사와 대의명분을 추구하는 배경이다. 남북을 합쳐 우리나라 다른 지방에서는 발견하기 어려운 기질이다. 이러한 무심은 역지사지의 기질을 조성한다. 처지를 바꿔 생각하는 습성이다. 남 아프게 하지 못하고, 자기 욕심만을 고집하지 않는다. 이러한 역지사지의 기질은 배려와 포용, 공존과 상생, 평화와 사랑을 지향한다. 공동체에 꼭 필요한 시민의 덕목이다.

청풍명월들은 무심한 대응이 의도한 대로 흘러가지 않으면 지켜보다 바로 '비틀기'에 들어간다.

"냅둬유."

"됐슈."

"개나 주죠 뭐."

등이다.

이 '비틀기'가 극적 반전의 효과를 자아내며 충청도의 풍자를 이룬다. 듣는 이들은 예상 못 한 카운터 펀치에 당황하면서도 그 해학성에 웃게 된다. 비틀기는 더러 '몽니'의 형태로도 나타난다. 만만치 않은 존재임을 과시하는 것이다. 양반 연하는 자부심의 작용으로도 보인다.

무심함은 은근하고 에두르지만, 무관심이나 방치와는 결을 달리한다. 늘 한 방을 숨기고 있다. 끈기 있게 지켜보지만,

"이건 경우가 아녀."

"이건 법도가 아녀."

라고 생각할 정도로 자존심을 다치게 되면 참지 않고 그 한 방을 날린다.

"아! 됐슈!"

핍진^{逼眞}한 상념

청풍명월들은 상념이 많다. 좌고우면해야 화를 면할 수 있었던 충청도의 지리적 특수성이 주민들에게 부여한 특성인 까닭이다. 삶의 여건이 좋은 곳에서는 보기 어려운 모습이다. 하나의 사실을 우려하면 수십 개의 경우의 수가 꼬리를 물고 이어지며 모두 걱정거리로 찾아오는 식이다. 이런 습성 속에서 스스로 질문을 던지고 스스로 답을 찾는 과정을 되풀이한다. 이런 패턴에서 선현들의 고사^{古事}를 빌려 지혜를 떠올리고 공방의 논리를 전개한다. 말을 짓고 꾸미는 훈련의 시간도 갖는다. 조선 정조 때 청주 사람 노긍(盧兢, 1738~1790)의 경우에서 그런 면모를 훔쳐볼 수 있다. 그는 작가로서 주목받지 못했지만 '기이하기 짝이 없는 글쟁이'로 평가받는다. 모함을 받아 평안북도 위원^{渭原}에서 귀양살이를 하던 시절 그가 쓴 글에 이런 내용이 있다.

활처럼 몸을 구부려 자는 밤이면 밤마다 온갖 잡념이 이 생각 저 생각으로 번져 얼토당토않은 갖가지 일이 떠올랐다. 잡념은 이런 때까지 번졌다.

'어찌해야 사면을 받아 돌아갈까?'

'돌아간다면 어떻게 고향을 찾아가지?'

'고향에 도착해 문을 들어설 때는 어떻게 할까?'

'부모님과 죽은 마누라 무덤을 찾아가선 어떻게 하지?'

친척과 친구들을 찾아보고 빙 둘러앉아서는 무슨 말, 어떤 표정을 지어야 할까?'

'채소는 어떻게 심으며, 농사는 어떻게 해야 하나?'

'어린 자식놈들 서캐와 이는 내가 손수 빗질해서 잡고, 곰팡이 피고 물에 젖은 서책일랑 뜰에서 볕에 말려야지.'

(중략)

오늘 밤에도 새벽녘이면 찌그러진 초가집 속에서 다시 몇천몇만 명의 사람들이 다시 몇천몇만 가지의 잡념을 일으켜 이 세계를 가득 메우겠지. 속으로는 이익을 챙길 생각을 하고 겉으로는 명예를 거머쥘 생각을 하겠지. 귀한 몸이 되어 한 몸에 장군과 재상을 겸직할 생각을 하고, 부자가 되어 재산이 왕공王公에 버금가리라는 생각을 하겠지. 그뿐만이 아니야. 철들로 뒷방을 가득 채울 생각도 할 테고, 아들 손자가 집안에 넘쳐날 생각도 할 것이며, 또 제 힘을 뽐내고 남을 거꾸러뜨리려는 생각도 하고, 남을 밀쳐내 원한을 보복하려는 생각도 하리라. 원래 사람이란 그 누구나 한 가지 생각도 없는 자가 없는 법이잖은가. 하지만 그 사람도 창이 훤하게 밝아오면 실현된 것이라곤 전혀 없다. 가난한 자는 도로 가난한 자로 돌아오고 천한 자는 천한 자로 돌아오며, 이가李哥는 원래 이가로 돌아오고 장가張哥는 도로 본래의 장가로 돌아간다.

(중략)

그러다가 염라대왕이 보낸 저승 차사差使가 명부를 소지하고 이르면 즉각 길에 올라 한시도 지체할 수 없다. 지금까지의 수천 가지 생각, 수만

가지 상념을 남겨두고, 머리를 수그리고 그 뒤를 따라갈 수밖에 없다. "제게는 하고많은 숙원이 있지만 생각조차 못 했사오니 제발 기한을 늦추어주기 바랍니다."라는 말을 끝내 입 밖에 내지도 못한 채 말이다.

쯧쯧쯧! 이러한 행로가 정녕 인간이 맞닥뜨릴 종착지다. 인생이 그러함을 인정하고 받아들이는 것. 그것이 미리 짐을 꾸려 할 일을 줄이는 방법이다.

—안대희, <조선의 명문장가들>, Humanist, 2016

충청도 사람 노긍의 상념은 귀양살이를 하는 신세로서 해배解配를 꿈꾸는 것으로 시작해 고향에 돌아갈 때 닥칠 경우의 수들을 일일이 열거하며 그때마다 어떻게 대응하고 처신할지를 미리 고민하고 있다. 해배가 요원한 현실인 점을 고려하면, 상념은 망상 수준이 아닐 수 없다. 그러나 언젠가는 바람이 이루어지리라는 희망으로 그 망상을 밤마다 되풀이하며 즐긴다. 그러나 마음 깊은 곳에서는 그러한 상념들이 부질없음을 알고 있다. 마침내 그 개인의 처지는 보편적인 인간의 문제로 확대되고, 노긍은 망상에서 빠져나온다. 부질없는 짓거리임을 알지만, 망상에 기대지 않고서는 헤어날 수 없는 절망감이 녹아 있다. 실제에 가까울 정도로 핍진한 상념들은 그 절절함으로 인해서 더욱더 아련하다. 그것은 마치 구석기시대 원시인들이 동굴 벽화에 사냥감들을 그려놓고 만족한 심정과 닮아있다. 가상을 실제로 여기는 핍진한 상념이 배고픔과 외로움을 잊게 해주었을 것이다. 글쓴이뿐 아니라 읽는 이들도 허구이지만 헛되지 않은 현실로 받아들이며 글쓴이의 심정에 다가가게 만든다. 이때 상념은 절망을 희망으로 바꾸는 주술이 된다. 저승사자가 찾아오면 꼬랑지를 내리고 '연기시켜 달라'고 읍소할 생각을 하는 대목에서는 깊은 연민과 함께 글쓴이의 해학감도 읽힌다. 슬픔과 웃음이 같은 공간에 자리하면서 비롯되는 충청도 해학의 출발점이다.

자부심

충청도의 해학은 지형적 이유로 힘든 시간 살아온 청풍명월들이 수고하는 자기 자신에게 주는 보상의 의미도 있는 것으로 생각된다. 웃음이라는 보상이 없이는 각박한 시간을 견뎌낼 힘에 부치는 까닭이다. 종교가 무소불위의 권력을 행사하던 중세시대나 엄혹한 성리학적 질서의 지배를 받던 조선시대조차도 웃으려는 의지는 막을 수 없었던 사실과 궤를 같이한다. 이처럼 우스개라도 하며 시간을 보내려는 자기 위안의 의지가 '논두렁식' 말의 섞임을 통해 웃음을 자아내는 형태로 진화를 거듭하며 발현했을 것이다. 진지함을 유지하는 것을 "성공적인 억압"으로 풀이한 헝가리 정신의학자 산도르 페렌치(Sandor Ferenczi, 1873~1933)의 견해가 들어맞는 순간이다. 그는 유머를 "일상의 가벼운 억압으로부터 얻는 짧은 휴가이며, 승화昇華의 한 형태여서 정신 근육을 이완시켜준다."라고 보았다. "과도한 긴장 상태에서 벗어나려는 시도"인 것이다.[33]

충청도 사람들은 유머로 억압을 분출하며 스스로에게 정신적 보상을 준다. 상냥하거나 곰살맞지 않지만, 청풍명월들은 착하고 다정한 역

---

33   테리 이글턴, 〈유머란 무엇인가〉, 37p 참조, 문학사상, 손성화 옮김, 2019.

할을 포기하고 퉁명한 가면을 씀으로써 위선偽善을 강요하는 억압에서 벗어나고 싶어 한다. 그러나 스스로를 지키는 유머라는 방어기제는 절대 놓지 않는다는 데 그들의 강점이 있다. 그들이 사회가 지정해준 천편일률적 역할을 포기하는 대목이 웃음과 맞닿는 지점이 되기도 한다.

충청지역의 캐릭터를 이루는 요소 가운데 빠질 수 없는 것이 '양반연兩班然 문화'이다.

2019년 5월 11일, 제물포 미추홀구 한 대학 운동장에서 인천시 거주 충남도민들의 친선 체육대회가 열렸다. 체육대횐데도 운동장에는 사람이 별로 없고 모두들 막사 안에서 이바구에 여념이 없었다. 일찍 나온 덕에 강의 시간까지 시간이 넉넉했던 차라 필자는 충청도 속으로 들어가 관찰에 나서기로 했다. 단상의 사회자는 2인 삼각 달리기와 줄다리기 시합을 진행하기 위해 계속 선수들의 출전을 재촉했다.

"서산 홍성 나오세요. 세 번만 더 부릅니다. 서산 한 번 서산 두 번 서산 세 번. 협조 부탁드립니다."

사회자는 목이 쉬었다.

그늘막에 쉬던 서산 사람들이 이윽고 하던 얘기를 멈추더니 나지막이 말했다.

"우리 나오랴~"

"아, 수박 좀 더 먹고 가~"

"사회자가 얼른 나오래잖여~"

"아, 내 맘이지 지 맘이여?"

단상의 사회자는 계속 외치고 있었다.

"다음은 천안 보령팀 서둘러 출전해주세요. 천안 하나 천안 둘 천안 셋."

딴청 피우며 수다 삼매경에 빠져 있던 천안팀 아저씨가 말했다.

"나가볼거나?"

역시 꾸물대던 중년의 천안 아저씨가 받았다.

"쫌만 더 있다 가! 막걸리 한 잔 더 허구."

"보령은 나가고 있잔여?"

"아 우리는 시市 아녀? 보령(군郡)하고 같어?"

정말 자부심 넘치는, 독특하게 재미난 캐릭터들이었다. 그들의 얼굴 위로 논산 태생인 노론老論의 거두 우암尤庵 송시열(宋時烈, 1607~1689)이 오버랩된다. 우암은 청풍명월의 자부심이 시작된 근원이다. 1644년 명明이 망하고 만주족이 세운 청淸이 들어서자 우암은 충북 괴산에 은둔하며 후학을 양성했다. 우암은 이곳에 명明 마지막 황제 의종毅宗의 필적을 구해 바위에 새겼다. '예의가 아니면 행하지 마라'는 뜻의 '비례

부동非禮不動' 네 글자였다. 우암은 중국에 '오랑캐' 왕조가 들어서자 이제는 '조선이 성리학을 계승하는 중심'임을 자부하며, 1685년 괴산 은둔지에 화양동서원華陽洞書院을 세운다. 우암이 서울 노론과 결별한 것은 1637년 병자호란에서 패배한 인조가 청 태종에게 머리를 땅에 찧으며 용서를 구한 '삼전도의 치욕' 후 도승지 백헌百軒 이경석(李景奭, 1595~1671)이 '대청황제공덕비大淸皇帝功德碑'의 비문을 쓰면서부터였다. 왕명을 받고 거절할 수 없어 지었음을 알면서도 우암은 지기이자 자신을 천거했던 백헌을 신랄하게 공격한다. 이 '삼전도 비문' 비판 사건 이후 충청도 노론들은 '오랑캐' 청을 인정하려는 서울 노론들을 변절자로 여기며 스스로 '소중화小中華'로 자처했다. 우암의 영향으로 충청도는 줄곧 인의예지仁義禮智를 존중하는 수구적 성리학의 세계를 견지했다. 그런 연고로 청풍명월들은 은인자중하며 문자 쓰기를 즐기고, '양반입네'하는, 점잖은 처신을 과시해왔다. 이 양반 행세하는 언행이 충청도 해학에도 그대로 반영돼 말마다 사자성어 같은 문자를 섞는 고품격의 말맛을 선호한다. '내 비록 충청도 시골에 살고 있지만, 정신적 기량은 한양 사대부에 못지않다'라는 자부심을 채워주는 수단이 '양반연兩班然'하는 자부심이다.

자유 놀이

2019년도 KBS 오락 프로그램 <슈퍼맨이 돌아왔다>에 축구 선수 박주호 씨의 아들 근후가 나타나 인기몰이를 했다. 두 살인 근후는 말을 시작해야 할 나이임에도 여전히 옹알이 수준을 면치 못했지만, 제작진은 근후의 외계인 같은 말들을 짐작으로 자막 처리해 웃음을 주었다. 스위스 사람인 엄마와 한국 아빠 사이에서 언어의 혼란을 겪고 있는 탓이 아닌가 여겨졌다. 근후 누나인 다섯 살 나은이가 진즉부터 한국말을 한 것에 비교하면 말문 터지는 데 시간이 걸리고 있는 건 분명했다. 그러나 근후는 사람들이 알아듣든 말든 '나 몰라라' 하는 식으로 자기만의 언어 놀이를 즐겼고, 이것이 시청자들을 사로잡았다. 근후의 입에서 나오는 말은 언어라기보다 소리에 가까웠지만, 그 소리는 '옥쟁반 위에 굴러가는 구슬'들마냥 통통 튀는 쾌활한 것이었다. 가수 윤복희 씨는 그야말로 '왕팬'이 되어 근후의 모습들을 매주 SNS에 올리며 주체하지 못할 애정을 표시했을 정도였다. 오스트리아 심리학자 지그문트 프로이트(Siegmund Freud, 1856~1939)는 이런 근후의 언어 놀이를 '자유 놀이 Free Play' 범주에 넣었다. 느낌을 무언가 언어로 표현하고 싶어 마구 지껄여대지만, 말은 아니다. 그러나 그렇게 함으로써 유아는 만족감을 맛

본다. 나름대로 자기 느낌을 피력하려 시도하는 것이다. 옹알이의 기능이다. 이런 연유로 세이머스 히니Seamus Heaney는 옹알이를 '입음악Mouth Music'으로 불렀고, 테리 이글턴Terry Eagleton은 '시' 또는 '초현실적 유머'가 될 수 있다고 보았다. 프로이트에 따르면, 이 유아의 옹알이가 맡은 역할을 유머가 성인들에게 한다. 유머가 들어 성인으로 하여금 숨 막히게 강제되는 '현실 원칙Reality Principle'의 압제에 맞서 기쁨을 쟁취하도록 돕는 것이다. 이 순간 성인은 논리나 조화, 일정한 방향성을 과감히 날려버릴 수 있는 상태로 퇴행한다. 마치 유머의 화자話者가 타임머신Time Machine을 탄 듯이 상징적 질서의 빈틈없는 강제와 정밀하고 엄격한 기준들이 형성되기 전인 유아기의 상태로 스스로의 시간을 되돌려 놓는 것[34]이다. 충청도 사람들의 해학 속에 프로이트의 이론이 정착하는 지점이 있다. 다름 아닌 그들의 '자유 놀이'이다. 들여다보자. 충청도 작가 남덕현 씨의 2017년 작 <한 치 앞도 모르면서>에 나오는 채록이다. 청풍명월들의 대화 속에서 <장화홍련>과 <콩쥐팥쥐>는 해괴하게 해석되고 이상하게 조합된다. 평소에 그렇게 여기고 있었다기보다는 말 반죽을 치대다 보니 즉흥적으로 떠오른 아이디어들에 가깝다. 즉흥성이 마구 발휘되는 것은 말 반죽을 즐기고 있다는 증거이다. 즐기는 순간 뇌 속에서 생성되는 도파민Dopamine이 즉흥성을 강화해주는 까닭이다. '술이 술을 마시듯' 말이 말을 쏟아내는 것이다.

　장화와 콩쥐는 둘 다,

　"딱한 처지루다 동무구." (딱한 처지에 있다 보니 친했을 테고.)

홍련과 팥쥐는 둘 다 심보가 사나운 이유 하나로,

　"쥑일 년들. 못돼쳐먹은 처지루다 동무구."

34　테리 이글턴, 〈유머란 무엇인가〉, 41p 참조, 문학사상, 손성화 옮김, 2019.

가 된다.

또한, 콩쥐와 팥쥐의 엄마와 장화와 홍련의 엄마는 둘 다,

"계모 처지루다 동무구." (계모다 보니 그 인연으로 친구고.)

식으로 상상의 관계를 즐겨 설정한다.

시공을 뛰어넘는 기발한 가상도 섞는다.

"아 걔들이 그 뭐냐, 한 동니(네)서 이웃 사춘(촌)으루다 가차이(가까이) 살았대쥬?"

물론 이런 이바구에는 핀잔도 따른다.

"연설허네! 이 노릇을 워치케 허믄 좋댜? 못 먹어서 무식이믄 뭐래두 멕이믄 그만인디 통 몰러서 무식이믄 참말루 개갈 안 나는 겨(방법이 없어). 아 누가 집이 가찹댜? 집구석 사정이 가찹다는 얘기지."

그러거나 말거나 장화와 콩쥐, 홍련과 팥쥐 그리고 두 엄마가 모두,

"비슷한 처지루다 동무구, 이웃 사춘이었다."

이런 식이라면 로미오와 이몽룡, 줄리엣과 성춘향도 같은 처지여서 친구 사이고, 한 동네서 가까이 살았다 해도 이상할 게 없다. 청풍명월은 시時의 고금古今과 양洋의 동서東西를 마구 뛰어넘으며 형식을 부숴버리는 일탈을 스스럼없이 감행하는 즐거움을 누린다. 막 튀어나오고 마구 살아 펄떡이는 말들의 향연이 아닐 수 없다. 믿거나 말거나, 맞거나 틀리거나 아랑곳하지 않는다. 그 요설들이 말을 만드는 데 꼭 필요한 까닭이다. 그 외에 다른 이유는 찾을 수가 없다. 가속도가 붙은 말들은 브레이크 안 듣는 자동차처럼 내리막길을 마구 달려 내려간다. 그 누구도 제지할 수 없다. 논리와 이성은 잠시 실종된다. 우리는 때로 '제자리'라는 걸 무시하고, 궤도를 벗어나고, 정상正常을 거부할 때 에스프리Esprit, 즉 재치와 기지機智를 맛본다. 한없는 자유로움도 느끼게 된다. 일탈이

주는 기쁨이다. 프로이트의 이론을 차용하면 '탈승화脫昇華desublimation' 현상에 속한다. "이상을 유지하기 위해 필요한 일정한 수준의 심리적 중압감을 벗어 던져버리면 통쾌한 충만감을 만끽하게 된다."라는 이론이다. 세상이 설정해놓은 규격에서 탈피해 "까놓고 노골적인 상태가 되고, 냉소적이고 이기적이고 둔감하고 도덕적으로 나태하고 정서적으로 마비된, 극악할 정도로 방종한 상태가 되는 데서 나오는 아주 탐스러운 열매를 따 먹을 수 있다."[35]는 것이다. 청풍명월들에게 그 열매는 다름 아닌 말 반죽에서 비롯되는 해방감이다. 청풍명월의 시공간을 무시하는 파격적 요설은 "'논리의 강제the compulsion of logic'라는 의미 형성sense making의 과정을 생략해버림으로써 기분 좋은 해방감을 맛보는"[36] 것이다. 이때 이들의 말은 언어가 아니라 소리에 가깝다. 막걸리 빚고 남은 지게미가 더는 술의 영역에 머무르지 않듯이 의미 체계를 걷어내고 난 후의 언어 역시 메시지의 범주를 벗어난 소리일 뿐이다. 언어에서 소리만을 건져 즐기는 그들은 가히 지음知音의 경지에 이른 사람들이라 부를 만하다. 상상력을 발휘해 세상이 쳐놓은 기존의 틀을 마구 휘저어놓는 순간, 그들은 자기들이 처한 현실의 세계를 떠나 그들이 살고 싶은 이상의 세계로 날아가는 지음의 희열을 맛본다. 이런 메커니즘으로 옛날 이바구는 충청도에 와서 더욱 진화를 거듭한다. 이때 청풍명월들이 지향하는 진화의 방향은 냉소적인 어둠이 지배하는 사회가 아니라, 휴머니즘이 꽃을 피우는 환한 빛의 세상 쪽이 된다.

---

35   테리 이글턴, 〈유머란 무엇인가〉, 35p 참조, 문학사상, 손성화 옮김, 2019.
36   테리 이글턴, 〈유머란 무엇인가〉, 35p 참조, 문학사상, 손성화 옮김, 2019.

삶의 희곡화

청풍명월의 언어는 일상의 표현이고 삶의 유희이다. 청풍명월은 자기 언어에 끝없이 바리에이션Variation을 가해 재미를 더한다. 개개가 모두 말의 연금술사이고 뛰어난 배우들이다. 그들의 말솜씨는 영국이 "인도를 다 준다 해도 바꾸지 않겠다."라고 자랑하는 대문호 윌리엄 셰익스피어(William Shakespeare, 1564~1616)와도 견줄 만하다. 셰익스피어는 잘 알려진 대로 현란한 말솜씨를 자랑한다. 4대 비극과 5대 희극에 묘사된 그의 표현들은 지금껏 인구에 회자할 정도이다. 저 유명한 "사느냐 죽느냐 그것이 문제로다."(<햄릿>)를 비롯해 "반짝이는 것이 모두 금은 아니다."(<베니스의 상인>), "세상은 무대요, 인간은 잠시 등장했다 퇴장하는 배우일 뿐"(<좋으실 대로>), "왕도 하나의 인간일 뿐이다. 바이올렛은 그에게도 나에게도 똑같이 향기를 뿜어대지 않는가?"(<리어왕>) 등 명대사들은 부지기수이다.

영국 BBC 방송이 역사상의 작가들을 대상으로 인기도 설문조사를 한 결과, 수많은 작가를 제치고 사망한 지 400년이 지난 셰익스피어가 1위로 뽑힌 바 있을 정도이다. 그가 남긴 37편의 희곡과 2편의 장시, 154편의 소넷Sonnet은 드라마, 영화, 뮤지컬, 애니메이션 등에서 여전히 막강한 문화 콘텐츠로 역할하고 있다.[37] 셰익스피어의 등장인물들이 구사하는 대화에도 비유와 해학이 넘친다.

> "인간이 노년과 탐욕을 못 떼어 놓는 건 젊은 육신과 호색을 못 갈라놓는 것과 같아. 하지만 한 쪽은 중풍으로 고초를 겪고 다른 쪽은 성병으로 고생하지."

사랑과 결혼, 질투와 복수를 그린 <윈저의 아낙네들The Merry Wives of windsor>에서 폴스테프가 시동에게 건네는 말이다. 늙은이와 젊은이 가릴 것 없이 탐욕에서 벗어나기 어려우며 그 결과는 비참하다는 이야기를 입담 좋고 유머러스하며 리듬감 있게 비교하고 있다. 셰익스피어의 대사들 가운데는 감탄사가 절로 나오는 명문장들이 많아 즐겨 인용된다. 셰익스피어의 방대한 지식과 천의무봉 한 글솜씨 덕이다. 아일랜드 출신의 풍자와 기지로 가득 찬 극작가이자 신랄한 비평가로서 독설로 유명했던 버나드 쇼(George Bernard Shaw, 1856~1950)가 셰익스피어를 사정 없이 비판하면서도 "셰익스피어를 즐길 수 없는 사람은 불행하다. 그는 수천 명의 유능한 사상가들을 제치고 살아남았으며, 앞으로도 수천 명을 제칠 것이기에."라고 그의 재능을 인정했을 정도로 셰익스피어는 지식과 문장 면에서 타의 추종을 불허한 천재 작가였다.

> "청춘은 미친 토끼와 같아서 절름발이가 쳐놓은 그물에 쉽게 걸려드는 법이지. 하지만 나의 중무장한 이론도 남편감 고르는 데는 전혀 도움이 되지 않아."

---

37   〈셰익스피어의 5대 희극〉, 뉴트랜스레이션 편역, 다상출판사, 2006 인용

"그분은 정말이지 수망아지 같았어. 입만 열면 말 얘기뿐이었으니까. 그 사람 모친이 대장장이와 놀아났던 건 아닌지 의심스러워."

"그는 참으로 부산스러운 위인이야. 지빠귀가 울어도 춤을 추기 시작하고, 자신의 그림자와 칼싸움을 할 위인이야. 그런 사람과 결혼한다면 스무 명의 남자와 결혼하는 셈이야."

"아, 그 말 한 마디도 하지 않는 뚱쟁이. 겉모습은 잘 그려진 초상화 같더라만, 그 누가 무언극과 말을 하겠니? 게다가 옷차림은 그게 뭐니? 상의는 이탈리아에서, 통바지는 프랑스에서, 모자는 독일에서 산 게 분명하고, 행동거지는 전 세계에서 주워 모은 것 같았어."

"그는 말짱한 아침에도 싫었지만, 술에 취해있는 저녁에는 더욱 고약했어. 가장 상태가 좋을 때조차 혐오스러웠지. 최악의 경우에는 짐승보다 살짝 나았어."

<베니스의 상인>에서 포셔가 신랑감들에 관한 평가를 하녀 네리사에게 이야기하는 대목이다. 단순히 이래서 '좋다 싫다', 저래서 '가(可)타 부(否)타'가 아니라, 다양한 비유를 들어가며 익살스럽게 평을 늘어놓고 있다. 묘사력이 혀를 내두르게 한다. 말들마다 셰익스피어의 지식과 경험, 상상력과 유머감, 통찰력과 표현력이 배어있다. 셰익스피어가 머리를 짜내어 창작한 픽션Fiction이 충청도에서는 생활 가운데서 매일 매 순간 논픽션Nonfiction으로 이뤄지고 있다. 셰익스피어가 삶을 머리로 이해한다면, 충청도 사람들은 몸으로 이해하고 있는 것이다. 환상fantasy을 빌려올 것도 없이 생활 자체가 사실감 넘치는 드라마여서 환상과 실재 사이에 연결고리가 필요치 않다. 그것은 마치 토머스 에디슨(Thomas Edison, 1847~1931)이 정규 교육을 받지 못했지만, 어머니

의 가르침과 취미 활동만으로 발명왕에 오르고, 버지니아 울프(Virginia woolf, 1882~1941)가 아버지가 읽어주는 고전 듣기와 박물관 탐방 그리고 잠들기 전 형제들과 함께한 이야기 만들기 등 몸으로 익힌 학습경험만으로 자신만의 독특한 문학세계를 이룬[38] 사례들과 닮아있다. 에디슨과 울프처럼, 충청도 농민들도 실재라고 해서 반드시 환상이 부재한 것은 아니라는 사실을 몸으로 입증한다. 생활 속에서 체화된 충청도 농민들의 언어와 몸짓은 스스로를 모두 뛰어난 상상력의 극작가이고 노련한 배우이도록 만든다. 그들에게는 생활 자체가 온통 재미난 연극이 된다. 이런 연유로 청풍명월의 해학성은 다른 사람이 묘사한 세계에 머무르지 않고, 자신만의 세계를 창조해낸다.

충남 예산의 한 농촌마을.

가을볕 쬐러 나온 80대 노인들 사이에서 옛이야기가 한창이다. 한 할머니가 그 옛날 장작을 이고서 장터로 향하던 할아버지에게 건넸던 농을 이바구한다. 남덕현 작가의 기록이다.

"장적을 이구 가머는 산감덜 보면 뺏길께미 그날 지사밥 먹구서니 이구 나서유."

"장작 이고 가면 산도둑들이 보고 뺏을 것이고 목숨도 보장 못 하니 아예 제삿밥 먹고 출발하지 그래요?"라는 투의 우스개이다. "지금 이대로 산을 넘다가는 도둑 만나 물건 빼앗기고 몸 다칠지 모르니 그러지 마시라."라는 걱정을 "죽을 각오하고 길 나서라."라는 다소 무시무시한 핀잔성 해학으로 감싼다. 할머니는 틀림없이 딴 곳 쳐다보며 지나

---

38   Robert & Michele Root-Bernstein, 〈생각의 탄생〉, 36~43p 참조, 에코의서재, 2018

가는 말처럼 읊어댔을 것이다. 남편은 히죽 웃고 집을 나섰겠지만, 길 걷는 내내 아내의 말을 떠올리며 조심하고 또 조심했을 것이다.

생활 속에서 태어나고 다져지는 연유로 충청도 사람들의 말솜씨는 영국의 대문호도 발아래에 둔다.

비교해 보자.

폭염이 기승을 부리던 2018년 여름. 충청도 한 정자에 노인들이 드러누워 두런두런 치대는 말 반죽도 충청도스럽다. 남덕현 씨의 채록이다. 정겹다.

왜냥(왜 이렇게) 덥댜!

정자 시원타는 말두 금년이는 아나 개코여.

은근헌 산바람은 아나 말코구면.

매미 우니까 더 덥네.

매미 소리에 애까장(애기까지) 깨서 울믄(울면) 환장허지 참말루.

그러믄 그때는 애를 달래야 쓰는 겨(하는 거야), 매미를 달래야 쓰는 겨?

둘 다 달래지간(달래져)? 내 맴이나(맘이나) 달래야지.

맴은 달래지구?

안 되믄 서방이나 얼르야지 뭐.

그래두 오늘은 서늘기가 도네.

니얄모레(내일모레)가 입추랴.

벌써 입추여?

금년에는 옥시기(옥수수) 한 자루 삶기도 대간혀서(힘들어서) 입맛 추스릴 틈두 없었는디 뭔 눔의 입추랴? 억울허네.

억울허믄 지비(당신) 혼자 여름허든가.

한여름 더위가 할머니들의 심통을 건드린다. 정자에 오면 산바람이 불어와 시원했는데 올해는 그것도 아니다. 아닌 걸 '개코'와 '말코'로 표현한다. 무더위에 정신없이 지내느라 옥수수 맛도 제대로 못 봤는데 벌써 가을이 오고 있다. 억울해하는 노인에게 다른 노인이 한 방을 날린다. "그럼 당신 혼자 계속 여름 해." 두 노인의 말 섞임은 그대로 무대에 올려도 관객들의 폭소를 자아낼 것 같다. 대본 없는 이인극二人劇에 다름 아니다. 이런 식의 대화라면 온종일 해도 괜찮을 것 같다. 다변多辯에 따르게 마련인 피로감이 전혀 느껴지지 않는다. 온갖 스트레스가 수다에 실려 다 날아가는 듯하다. 두 할머니의 대구對句가 기가 막힌다. '대화는 이렇게 하는 거로구나'를 가르치는 교범 같다. 옆에서 귀동냥만 해도 시간이 절로 갈 것 같다.

많은 연극 전문가들은 "한국 연극이 아리스토텔레스의 극 논리에 기초한 언어 중심이나 플롯 중심에서 벗어나 중국의 경극(京劇, Peiking Opera)처럼 광경Spectacles이나 놀이가 주는 기호학적 요소에 치중해야 한다."라는 프라하학파Prague School들의 논리에 동조한다. 그래서 "경극이 기호학적 분석에 따라 연극적 보편성을 획득했듯이 한국의 공연 텍스트도 동일한 접근으로 보편성의 미학적 토대를 정립하는 데서 의미 있는 발판을 만들기를 희망"한다.[39]

연극을 이루는 요소 가운데 볼거리가 높은 비중을 차지한다는 점에서 설득력 있는 주장임이 틀림없어 보인다. 그러나 위에서 소개한 두 할머니의 말 반죽에서 필자는 일체의 비언어적 요소들이 없더라도, 언어만으로 관객의 몰입을 유인할 수 있겠다는 가능성을 감지한다. 물론

---

39   신현숙 외, 〈한국연극과 기호학〉, 연극과 인간, 2007. 2. 26.

청풍명월에 한정되는 이야기이다.

뭐라 터무니없는 말을 뱉어내고 허풍을 떨어도 "옳네", "그르네", "맞네", "틀렸네" 하지 않고 그냥 노랫말 같은 '소리'로 여기며 즐긴다. 그들의 대화를 놓고 조리나 합리를 따지는 것은 열등한 의식의 발로이다. 그들의 말이 격식이나 형식을 갖추지 않아 오히려 치유적 요소가 내포되어 있음을 모르는 까닭이다.

청풍명월들은 스스로 배우가 되어 대사를 읊듯 언어를 구사하며 삶 자체를 서사적 연극 구조로 만들고 있다. 더러 엘레지^{Elegy}도 있겠지만 대부분의 극은 코미디^{Comedy}에 가깝다. 대사 속에 웃음의 장치를 잊지 않고 배치하는 까닭이다. 그 웃음이 자기도 달래고 듣는 이도 위로한다.

제4장

충청 스타일

이른바 '충청 스타일'이란 게 있다. 충청도 특유의 이 기질은 '일이 생기면 의견을 잘 표현하지 않고 혼자 고민하다 끝난다. 쉽사리 남의 의견에 따르지 않는다'로 요약할 수 있다. 적극적으로 자기 의사를 표현하고 찬성이든 반대든 그 의사를 관철하기 위해 세력을 모으는 영호남 스타일과는 상당한 차이가 있다.

이 '충청 스타일'은 여러 군데서 확인된다. 대표적인 게 2004년 10월 21일 헌법재판소가 신행정수도특별법에 대해 내린 위헌결정이다. 이 법은 청와대와 국회 등 헌법기관 대부분을 충남 연기군 일대(세종시)로 옮기는 내용을 담았다. 노무현 대통령의 수도 이전 프로젝트였다. 위헌결정은 충청도에 날벼락이었다. 수도 이전은 본래 취지인 국가 균형 발전과는 별개로 지역을 위해 놓칠 수 없는 메가톤급 사업이었기 때문이다. 충청의 반응은 뜻밖이었다. 대규모 상경 시위 등 거센 저항이 예상됐지만 이렇다 할 소란은 없었다. 간헐적인 집회와 규탄 성명 정도였다. 영호남이라면 난리가 났을 일이었다.

'충청 스타일'은 최근에도 진면목을 보였다. 2018년 11월 9일 마감한 '국회 분원을 세종시에 설치해 주세요!'라는 국민청원에서다. 동의자 수는 1만 명을 넘었지만, 지역의 반응은 미지근했다. "충청권이 공동 캠페인이라도 해야 하는 게 아니냐?"는 말이 나오기도 했으나, 그뿐이었다. 세종시가 충청권 인구를 빨아들이는 '블랙홀' 역할을 하는 것에 대한 서운함이 작용했겠지만, '충청 스타일'이 작용한 것은 분명해 보인다.

이런 점을 두고 매사에 소극적인 태도는 지역은 물론, 세종시 건설 같은 균형 발전 사업에도 걸림돌이 될 수 있는 만큼 '국민 참여, 국민 주권 시대'에 맞춰 능동적인 참여로 분권과 균형 발전을 앞당겨야 한다는 의견들이 있다. 실천하지 않으면 결과도 없다는 사실에 주목하며 충청 스타일에 변화가 필요함을 역설하는 것이다. 그런데도 글로컬Glocal 시대에 지역색이 없는 '충청 마인드'가 필요할 때도 있다. 조급해하며 지역 이기주의에 집착하는 성향을 보이지 않고 만사에 느긋하게 대응하는 기질이 특히 그렇다.

전문가들은 '충청 스타일'이 조선 중기 이후 고착된 것으로 본다(김태명, 「대전학총론」). 송시열1607~1689 등 충청 인물이 당시 국정을 장악한 노론老論의 핵심이 되면서 충청도에 양반 문화가 정착했다는 것이다. 양반 문화의 요체는 "부화뇌동하지 않고, 정황을 주시하면서 기다리다 참을 수 없을 때는 분연히 일어난다."라고 풀이할 수 있다. 참다가도 의분이 쌓이면 폭발하는데, 대단한 파괴력을 갖는다. 이를 잘 보여준 사례가 JP(김종필 전 총리)가 유행시킨 '몽니'이다. 충청인은,

"우리 모두의 가슴 속에 JP가 있다."

라고 말한다.

몽니

'몽니'는 '공연히 심술궂게 군다'라는 의미로 쓰이기도 한다. '노림수가 있는 트집 잡기'라는 것이다. 몽니를 자주 부리는 것을 이르는 '몽짜치다'는 '겉으로는 모자란 체하면서 속으로는 제 할 일 다 한다'라는 뜻이다. 몽니에 대한 이러한 해석이 충청도 사람들에게 부합하는지는 이견이 있으나 '의분 축적 폭발' 성향은 있다.

충청은 영호남 양강 구도 속에서 늘 결정권을 행사해 왔다. 14대 김영삼과 15대 김 지원에 힘입어 김대중을 물리칠 수 있었고 15대 김대중은 이회창에 41만 표 차로 신승했는데 충청도에서 밀어준 표가 40만 표였다. 충청도가 당선시킨 거나 마찬가지였다. 호남의 김대중과 충청 김종필의 결집 이른바 'DJP 연합'의 결과였다. 16대 노무현과 17대 이명박, 18대 박근혜 역시 충청도의 지지로 대통령에 당선됐다. 노무현은 행정수도 이전 공약으로, 박근혜는 행정수도 이전 시행 약속으로 충청도의 마음을 얻었다. 노무현은 이회창에게 57만 표 차이로 승리했다. 충청도의 233만 표 가운데 51.9%를 가져간 덕이었다. 집권당 후보였던 이회창은 충청도 출신임을 강조하면서도 충청도의 마음을 읽지 못해 대권을 움켜쥐는 데 실패했다. 영남 출신 민주당 노무현 후보보다 충청권에서 표를 덜 얻는 굴욕을 겪었다. 충청도 출신이고 여당 후보여서 객관적으로 유리한 여건이었음에도 대권 획득을 놓친 것이다. 만약 이회창이 수도 이전에 찬성했더라면 충청도는 자도 출신인 이회창을 찍었을 공산이 컸다. 57만 표는 가볍게 뒤집을 수 있었을 것이다. 이회창으로서는 천려일실千慮一失이었다. 2012년 18대 대선에서 민주당 후보 문재인은 박근혜에게 서울에서 20만 표를 앞서고도 충청도에서 28만 표를 뒤져 승리를 놓쳤다. 2008년 이명박 정부가 정운찬 전 서울대 총장을 국무총리로 임명하는 과정에서 민주당이 보인 '협조 불가' 어깃장이 부정적으로 역할 했다.

충청도의 힘과 저주는 이처럼 대선 때마다 확인됐다. 충청도의 지원을 받아 대통령이 된 사람들 가운데 지원의 대가 약속을 지킨 사람은 노무현과 박근혜 둘뿐이었다. YS와 DJ는 '화장실 다녀와서는 마음이 변한' 케이스였다.

1992년 14대 대선에서 김영삼을 지지한 김종필은 토사구팽당한다. 김영삼이 지원의 대가로 약속했던 '내각제실시'를 파기해버린 것이다. 김종필의 '책임 총리' 등극이 물거품이 돼버렸다. 김영삼에 배신당한 JP는 1997년에는 다시 DJ와 손을 잡는다. 이른바 'DJP연합'이다. 이 연합으로 이번에는 호남이 정권을 쟁취하는 데 성공한다. 캐스팅 보트로서의 충청도의 힘이 재인식된 역사적 사건이었다. 그러나 DJ 역시 집권 후 약속했던 내각제실시를 지키지 않았다. 결국, JP와 충청도는 영호남 정권으로부터 두 번씩 '핫바지'가 되는 아픔을 맛봐야 했다.

충청도는 늘 충청도가 좀 더 강한 영향력을 갖게 되기를 기대해 왔다. 대선 후보들은 이를 십분 이용했다. 반면 이회창의 경우에서 보듯이 충청도를 서운하게 하면 승리는 물 건너가곤 했다. 1998년 김대중 대통령이 김종필을 국무총리로 지명했지만, 야당인 한나라당이 동의해주지 않았다. 충청도의 앙갚음은 2002년 대선에서 현실화했다. 한나라당 후보 이회창은 충청도 출신임에도 충청 인심을 얻지 못해 대권을 놓치는 뼈아픈 대가를 치러야 했던 것이다. 2008년 이명박 대통령이 총리 후보로 지명한 충남 공주 출신 정운찬 전 서울대 총장을 민주당이 반대했을 때도 충청도에는 이런 플래카드가 나붙었다.

"충청 총리 낙마 되면 다음 선거 두고 보자!"

충청도의 복수는 재현되어 민주당은 2012년 대선에서 충청도의 표를 얻지 못해 정권 교체에 실패했다. 충청도의 반격 사례는 또 있다. 2015년 2월 11일 이완구 국무총리 후보자에 관한 검증 과정에서 문재인 당시 새정치민주연합 대표가 타격을 가하자 중원의 민심이 이반 현상을 보였다. 여론조사기관 리얼미터 조사 결과로는 11일까지 이완구 후보자에 대한 지지도가 찬성 33.2% 반대 57.4%였던 것이 12일 조사에서는 찬성 66.1%, 반대 31.2%로 하루 만에 뒤집혔다. 이 급변한 여론의 배경에는 충청향우회 강희철 명예회장의 볼멘소리가 자리 잡고 있다. 강 회장은 11일 국회에 이완구 후보자 검증 증인으로 출석한 자리에서 "충청도에서 총리가 났는데 호남 분들이 가로 막네요."라며 제1야당에 대한 충청도의 서운한 민심을 대변했던 것이다.

충청도는 되게 할 순 없을지 몰라도 안 되게 할 수 있는 힘은 갖고 있다. 이른바 '몽니'이다. '몽니'는 '받고자 하는 대우를 받지 못할 때 내는 심술'이라는 뜻으로 소극적 저항이지만 당하는 처지에선 아플 수밖에 없는 '심통 부리기' 같은 것이다. 강자의 전략이라기보다는 약자의 항거에 가깝다. 지극히 '충청도적'인 특징이라 아니 할 수 없다. 이 말은 일찍이 1998년 김종필 당시 총리가 입에 올리면서 인구에 회자했다. 김 총리는 "우리도 성질이 있다. 때를 맞춰 우리가 하고 싶은 말을 하되, 그리고도 안 되면 몽니를 부리면 된다."라고 말하며 당선 이후 '내각제 이행' 약속을 지키지 않는 김대중 대통령을 향해 '몽니' 포를 발사했다. 김종필은 '핫바지'와 더불어 '몽니'를 연이어 유행시킴으로써 언어의 연금술사가 됐다.

2019년 10월 9일 광화문은 "조국 법무부 장관 사퇴"를 촉구하는 인파들로 뒤덮였다. 특기할만한 사실은 충청도 사람들이 고교 단위로 시위에 동참했다는 점이었다. 이를 두고 한 정치 평론가는 SNS에서 "의미 있는 조짐"이라고 평가했다. 충청도 사람들이 느리긴 해도 한번 마음먹으면 반드시 결행하는 기질에 바탕을 둔 분석이었다. 일단 결심하면 그 후론 그 누구도 말릴 수 없는 캐릭터라는 것이다. 조국 장관은 이틀 뒤 사퇴했다. 의외였다. "충청도의 작용"이라는 분석이 뒤따랐.

그들은 "짐작이 천리千里이고 생각이 두 바퀴 반"인 사람들이다. 절대 호락호락한 사람들이 아니다. 가만히 있는 것처럼 보이지만 세상물정을 훤히 꿰뚫어 보고 있다. 쉽사리 표현하지 않지만 확고한 자기 생각을 갖고 있다. 한 번은 참고 속아주지만 두 번은 속지 않는다. 그런 그들을 무시했다가는 된서리를 맞게 된다.

모사

모사謀事는 글자 그대로 '일을 꾸민다'라는 뜻이다. 책사 기질을 갖춘 사람에게서 찾아볼 수 있는 남다른 재능이다. 기획력과 추진력을 두루 갖추어야 가능한 능력이다. 생각이 짧은 채 행동만 앞세우는 유형과는 판이한 차이를 보인다. 주도면밀하고 과감하다. 대표적인 사례가 1961년 5.16 군사 쿠데타를 주도한 김종필이다. 기획하고 추진해서 목적을 달성한 후 오랜 기간 그 체제를 유지한 것도 모두 김종필의 머리에서 나왔다. 박정희는 김종필의 도움으로 '혁명의 주역'으로 포장됐다고 볼 수 있다.

고려의 개국에도 충청도 출신 인사들이 큰 역할을 했다. 후삼국 시대 충주의 유긍달劉兢達, 당진의 복지겸卜智謙 등 호족들이 태조 왕건을 지지한 것이 결정적이었다. 조선조 초기 세조(李瑈, 1417~1468, 재위 1455~1468)의 출현에도 청주 한씨 한명회(韓明澮, 1415~1487)의 역할이 지배적이었고, 역시 청주 출신 대학자 우암 송시열(宋時烈, 1607~1689)이 당파를 만들어 유림의 분열을 야기한다.

특히 한명회는 수양대군의 '장자방(張良, 字 子房, 한고조 유방의 책사, ?~BC 186)'으로 불렸을 정도로 권모술수가 뛰어났다. 그의 활약으로 사육신의 '단종복위운동'이 미수에 그치고, 금성군(金城君, 李瑜, 1409~1468) 등 위협 세력들이 제거되면서 세조의 치세가 안정적인 기반을 갖춘다.

삶의 환경이 편안한 곳에서는 뇌를 부지런히 움직일 필요를 못 느끼는 법이다. 반면 삶이 고단한 지역 사람들은 부지런히 뇌를 움직여야 한다. 그래야 목숨을 부지하고 연명해나갈 수 있는 까닭이다. 같은 사물을 보더라도 다른 의미 부여를 한다. 예컨대 담장을 보며 재료가 무엇이고 무늬가 어떤지를 보는 사람은 삶이 한가한 부류이다. 반면 삶이 절박한 사람들은 "어떻게 해야 저 담장 안의 부유한 주인과 사귈 수 있을까?"를 생각한다. 전자가 낭만적 미감에 관심을 둘 때 후자는 꾀를 연구한다. 충청도 사람들은 영남과 호남 그리고 관서 지방이 판을 치던 세월을 살면서 그들에게 피해를 당하지 않고 살아남을 지모를 갖추어온 게 DNA로 자리 잡았다. 그래서 충청도 사람들은 '모사'의 재능을 품게 됐다. 쉬지 않고 뇌를 가동한 결과이다.

이런 사례는 중국인들에게서도 발견된다. 수천 년 역사 속에서 수많은 전쟁을 치러야 했던 까닭에 중국인은 혈연, 지연을 중심으로 성을 쌓았다. 그 속에서 안온감을 느끼며 구성원들 간의 유대감을 더했다. 외부인이 그 성안으로 진입하기 위해서는 자기 가치를 홍보해야만 가능했다. '유세遊說'는 그렇게 시작된다. 자기의 지식과 경륜을 자랑하며 쓰임을 구하는 방도였다. 삼국지에 등장하는 봉추鳳雛 방통이 그 전형이다. 못생긴 용모 탓에 우여곡절을 겪지만, 마침내 유비에게서 인정을 받는다. 중국인들의 피에 '책략의 DNA'가 자리 잡은 배경에는 성으로 들어가기 위해 지모를 짜야 했던 세월이 존재한다. 유연한 사고와 창의적 발상 그리고 빠른 판단력이 그 DNA의 요체들이다. 자신의 원모습이나 실력보다 더 돋보이게 만드는 '수상개화樹上開花'를 비롯, 자기희생을 감수함으로써 상대를 속이는 '고육지책', 공격목표를 헷갈리게 함으로써 상대의 오판을 유도하는 '성동격서', 허한 모습을 보여 실리를 취하는 허허실실 전략인 '공성계空城計', 아군에 침투한 적 스파이한테 허위 정보를 흘리는 '반간계反間計', 팜므파탈femme fatale을 이용해 기밀을 빼내고 이간질 시키는 '미인계' 등의 술수는 그렇게 탄생했다.

필자의 경험으로는 충청도 사람들은 리더형보다는 참모형이 많다. 독자적 왕국을 가져보지 못한 탓에 전체를 아우르는 리더십이나 공격적 성향의 작전보다는 조직을 관리하고 전략을 짜내는 두뇌 역할에 최적화되어 있다. 여태껏 충청도 출신 국가지도자가 배출되지 않는 것도 그런 특성 때문일 수 있다. 그러나 조직마다 충청도 출신 세력들을 발견하는 일은 어렵지 않다. 지형적 이유로 생존을 위해 늘 머리를 굴려야 했던 삶의 궤적이 시간 속에 켜켜이 쌓여서 주군을 보좌하는 데 탁월한 재사의 능력을 형성했을 것이다.

모호

2015년 민주당의 한 의원이 뇌물 스캔들 '성완종 리스트'와 관련한 이완구 총리의 잦은 말 바꾸기를 지적하며 "이완구의 말을 믿을 수 없다는 얘기가 있다."라고 하자 충청도 출신인 이 총리는 "충청도 말투가 원래 그렇다."라고 설명했다. 속내를 바로 드러내지 않는 충청도 말투 때문에 즉각적인 답변을 못 했다는 것이다. 충청도 말에 모호함이 있는 건 사실이다. 긍정과 부정이 분명치 않다. 앞서 보았듯이 청풍명월의 언어는 신속 정확하게 의사를 전달하는 데 있지 않다. 급할 것도 애달아 할 것도 없다고 여긴다. 모호하게 말하고 뜸 들이는 걸 즐긴다. 그 즐김의 시간 안에 상대를 관찰하려는 나름의 계산을 숨기기도 한다. 이 모호함은 의뭉함과 직결되면서 상대로 하여금 좀처럼 감을 잡을 수 없도록 만든다. 여론조사 기관들이 충청도 사람들 때문에 애를 먹는 이유이다. 일반적으로 아래위 5% 정도 두는 표준오차를 충청도에서는 12%로 늘려 잡아야 한다. 이런 모호함은 그러나 협상이나 외교 또는 거래에서는 힘을 발휘하는 캐릭터가 된다. 상대를 초조하게 만들어 오판하도록 유도하는 까닭이다.

충청도의 의사 표현은 이 한 마디가 대변한다.

"글쎄유."

부정도 긍정도 아닌 묘한 답변이다. 이 막연한 대답은 상대를 답답하게 만들기 마련이다. 올 건지 말 건지를 물어도, 할 건지 안 할 건지를 물어도, 좋은지 나쁜지를 물어도 대답은 여일하다.

"글쎄유. 두고 봐야쥬."

일상에서도 '밥 먹었느냐?'는 인사에 분명하게 답하지 않고,

"글씨유, 먹긴 먹었는디유."

라고 어물어물 대답한다. 동참할 건지를 묻는 말에도,

"알았시유."

라고만 답한다.

청풍명월은 성급하게 의사 표현을 하지 않고, 두루뭉술하게 처신한 후, 사태의 추이를 관망한다. "먹었는디유."라고 말했지만, 상대가 자꾸 권하면 또 먹을 수도 있고, "알았시유."라고 답했지만 지켜보다 내키지 않으면 안 갈 수도 있다. 이런 태도는 졸속이나 오류 또는 후회막급을 피해 갈 수 있도록 돕는다. 섣부른 말이나 결정 탓에 만시지탄의 우를 범한 경험에 비추어 보면, "글쎄유."에서는 청풍명월의 느긋함과 지혜로움이 두루 감지된다.

충청도의 모호한 언어 표현은 의뭉한 사고 습관에서 비롯돼 다양한 형태로 바뀌어왔다. 자체적으로 진화를 계속해온 것이다. '가타부타'를 명확히 하지 않는 표현의 애매함도 그 가운데 하나이다. 그래서 충청도 말은 단어의 의미보다 '뉘앙스Nuance', 즉 '어감'으로 알아들어야 하는 경우가 많다. 축약하고 길게 빼서 끝 처리를 늘리는 게 친근감을 주면서 동시에 모호함도 던진다.

"아! 몰러~. 안 갈겨~!"

의 뉘앙스에서 느껴지듯이, 간다는 건지 안 가겠다는 건지 모호하다. 상대가 하는 걸 봐서 갈 건지 말 건지를 결정하겠다는 뉘앙스를 풍긴다. 같은 지역 사람들은 어렵지 않게 감을 잡겠지만, 외지인들이 듣기에는 딱히 긍정도, 그렇다고 부정도 아니어서 진의를 파악하기 쉽지 않다.

충청도 출신 후배 하나는 팀 저녁 회식을 마치고 2차로 향할 때면 꼭 익살을 떨었다. 이런 식이다.

"난 2차 안 가."

"뭐야. 혼자. 김빠지게. 아! 무조건 가야 해!"

"나는 안 가. 여자들이 같이 가자고 조르면 모를까."

그가 이렇게 너스레를 떨면 한바탕 웃음이 일면서 동석한 여성들이 그의 좌우 팔짱을 끼는 광경이 연출된다. 그는 흡족한 미소를 지으며 발걸음도 가볍게 2차로 향한다. 선배나 상관보다 더 나은 대접을 받으며 가는 것이다. 너스레는 상대방의 의향을 타진하는 동시에 자기주장을 관철하기 위한 일석이조 수법으로 자주 활용된다. 위 경우처럼 짐짓 빼는 기술도 동원된다. 변죽을 울려 상대가 많은 생각을 하게끔 만드는 게 충청도 화법이다. 자기를 얼마나 정중하게 모실 것인지를 파악하는 것이다. 말의 재미를 위한 장난의 경우도 많다.

충청도 사람들은 느물느물 태도를 불분명하게 끌고 가며 상황 전개에 맞춰 태도를 정하는 이중성 언어 테크닉을 구사한다. 즉답을 피한 채 언어의 모호성을 구사하며 상대들을 초조하게 만들어 놓고선 그 상황을 즐기기도 한다. 청풍명월의 매력적인 언어 습관이다. 의뭉을 떠는 코믹한 반전은 종종 좌중의 웃음을 유발한다.

"됐슈."

는 어미 처리를 어떻게 하느냐에 따라 다양한 해석이 가능해진다. 정말 괜찮을 때는 말꼬리를 늘이지 않고 짧게 처리한다. 불쾌한 감정을 버리지 않고 있으면서 말로만 괜찮다고 할 때는 말끝을 길게 말아 올린다. 그럴 기분이 아닌데 말을 걸어오면 몇 마디 받아주다 자꾸 귀찮게 군다 여겨지면 한마디로 잠재운다. 그럴 때도 역시,

"됐슈!"

한마디면 족하다. 악센트는 당연히 앞에 가해진다. 이 경우에 이 말은 '나 피곤하니 대화 그만하자'라는 의미여서 상대방도 더 말을 걸지 않는다.

"알았시유."

도 마찬가지이다. 자기는 의사 표현을 절제하면서 상대가 자기 마음을 알아서 해주기를 바라는 독특한 소통 방식에 따른 표현이다. "알았시유."라고 던져놓고 상대가 성의를 보이면 응하지만, 시원찮으면 불응한다. 긍정의 "알았시유."와 부정의 "알았시유."를 타지방 사람들이 눈치챌 수 있는 방법은 자기와 시선을 맞추며 말하느냐 여부이다. 눈을 맞추며 말하면 긍정, 시선을 피하면서 말하면 부정의 의미이다. 여러 번 부탁해서 받아낸 "알았시유."는 동의하는 답변일 가능성이 높다.

충청도 출신인 강원대 영문학과 김대중 교수는 자신이 기억하는 충청도 사람들의 의뭉함을 이렇게 회고한다.

"어릴 적 어머니 옷 가게에 지나가던 아줌마가 와서 "이게 얼마유?"라고 묻자 "2만 원이유."라고 답했습니다. 그 아줌마는 시장을 한 바퀴 돌고 다시 와서는 "이쁘긴 한디 얼마유?"라고 묻고 어머니가 여전히 "2만 원." 이라고 말하자 "거참." 하며 다시 나가서 한 바퀴 더 돌고 와서는 "2만 원

맞쥬?"라고 말했습니다. 어머니가 "기냥 18,000원 주세유."라고 하니까 그제야 돈을 휙 던지고선 고맙다는 말도 없이 가져가는 걸 본 적이 있는데, 이게 충청도의 모습이라고 할 수 있습니다."

이 충청도 아줌마는 자신이 생각하는 가격을 주인이 먼저 제시할 때까지 계속 들러서 옷값을 묻고 또 묻는다. 그런 시도를 세 차례 정도 반복하면 서로가 타협점을 찾아 거래가 이루어진다. 타지방 사람들처럼 주인이나 고객이나 처음부터 흥정을 시도하지 않는다. 전형적인 충청도 시장 풍경이다. 의뭉스럽다. 김대중 교수는 이 의뭉스러움이 조심성에서 비롯된다고 설명한다.

"충청도 사람들은 겉으로 표현하는 것보다 속에 품고 있는 함의가 더 많고, 말속에 감정을 최대한 적게 담으려 노력합니다. 음성의 톤이나 억양을 이용해 상대에게 자기감정을 숨기려는 특징도 있습니다. 말이 느리기도 하지만 전반적으로 말을 조심하려 듭니다. 충청도 사람들끼리는 특히 그렇습니다. 말보다 행동으로 많이 표현하고 가급적 상대방과 말싸움을 피하려 하죠. 어떤 생각을 하고 있는지를 알 수 없다 보니 다른 지역 사람들로부터 의뭉스럽다는 이야기를 들을 수 있습니다."

이러한 '의뭉' 성향은 비단 타인과의 사이뿐만 아니라 집안의 친척들 사이에서도 발견된다. 필자의 주위에 충남 부여 출신 부친을 둔 기자 후배가 있는데 명절에 부친을 따라 부여에 가서 아버지의 형제와 종형제 재종형제들이 한 방에 앉으면 서울서 태어나 자란 후배는 그때마다 숨이 막혀 죽을 것 같다고 고백한 바 있다. 모두가 빙빙 겉도는 이야기만 할 뿐, 그 누구도 진솔한 자기 속내를 털어놓는 사람이 없다는 것이었다. 충청도 사람들은 오고 가는 말의 장단이 어우러지기 전에는 마음의 문을 활짝 열지 않는 습성을 보인다. 이것이 곧잘 의뭉함으로 비춰진다.

필자의 친구 가운데도 충청도 출신 부친이 있다. 부친의 장모, 즉 친구의 외조모는 황해도 출신이셨다. 외식할 때 장모가 사위에게 "뭘 먹으면 좋겠냐?"라고 물으면 사위는 늘 묵묵부답이었다. 그러다 장모가 아이디어를 내면 사위는 꼬박꼬박 이런저런 이유를 대며 반박했다. 필자의 친구는 그런 아버지의 모습을 익히 보아온 터라 아버지에게 절대로 자기 의견을 제시하지 않는다. 굳이 묻지 않고 가만히 아버지의 뜻을 따른다. 친구는 충청도 아버지를 둔 까닭에 충청도 스타일을 이해하는 것이다. 충청도 사람은 굳이 말로 표현하지 않지만, 머릿속에 늘 자기 의견을 갖고 있다. 그리고 거의 예외 없이 자기 의견을 관철한다. 우회하되 목표물을 놓치지 않는 게 충청도식 화법이다.

제5장

충청도의 힘

1997년 서울대학교 사회문화연구소에서 전국 성인 남녀 799명을 대상으로 한 <충청도에 대한 고정관념>이라는 지역 정체성 연구에 따르면, 한국인은 충청도의 전형적 기질을 '느긋하다', '소박하다', '온순하다' 순서로 인식하는 것으로 조사됐다. 이런 결과는 충청 이외의 지역 주민이 상대적으로 급하고 탐욕적이며 거칠다는 방증일 수도 있다. 충청도가 '익살의 고장', '충절의 고향', '양반의 고장' 등으로 일컬어지는 이유이다. 이 특성들이 고스란히 '충청도의 힘'으로 작용한다.

우직

"늙은 쥐가 독을 뚫는다."라는 속담은 우직함이 느리나마 세상을 차츰 바꿔나간다는 의미로 사용된다. '우직'은 고지식할 우愚, 곧을 직直으로서 주어진 일을 불평불만 없이 묵묵하게 수행하는 모습을 이른다. 성격이나 행동이 어리석어 보일 만큼 답답하고 한결같다는 뜻도 포함한다. 필자의 생각으로는 원칙에 충실한 행동주의자의 면모를 일컫는다. 다시 말해 말만 번지르르하게 하고 행동은 하지 않는 처신의 반대편에 '우직함'이 있다. 성리학의 명분론은 이 우직함과는 거리를 보였다. 근사한 주장만 있고 행동이 뒤따르지 않거나, 말과 행동이 따로 노는 경우가 많았다. 이와 반대의 성향을 보인 것이 양명학이다. 지행합일에 입각한 양명학은 실천을 중시했다. 자연히 다양한 실천방안들이 쌓이고 쌓여 지식의 축적을 이루어 사회변화의 초석으로 이용됐다. 그 과정에 '우직함'이 역할했을 것임은 자명하다.

2002년 가을 국도를 따라 천안에서 아산으로 가는 도중에 무수한 플래카드들을 만난 적이 있다. 건설 중인 KTX 고속철도 이 지역 역 이름에 관한 지역 주민의 요구를 담은 내용이었다. 역 건설지는 아산인데도 역 이름은 '천안'으로 내정돼 있던 터였다. 플래카드에서는 아산 주민들의 불만이 폴폴 풍겼다. 그 가운데 하나가 눈에 들어왔다.

"내 집에 형님 문패 달면 좋겠남유?"

설득력 있는 문구였다. 금방 고개를 끄덕이게 된다. 독특한 충청도식 호소였다. '형님'이라는 표현과 높임말인 "좋겠남유."가 젊잖고 교양있다고 느끼게 한다. 기타 지방이면 어떻게 표현했을까, 생각에 잠겼다. 역 이름에 관한 이야기니 '문패'는 생각해낸다고 하더라도 높임말 호칭과 어투를 쓸 것 같지는 않았다. 아마도 "내 집에 네 문패 달면 너는 기분 좋겠어?" 식의 시비조 문구였을 가능성이 크다. 이 플래카드의 우직한 진정성 덕이었을까? 2003년 8월 21일 역의 이름은 '천안아산역'으로 결정됐다. 아산 주민이 그냥 있었다면, 역 이름은 지명도가 강한 천안으로 결정됐을 터였지만, 아산 주민의 은근한 태클에 정부가 아산의 요구를 반영해준 셈이다. 결코, 적극적이거나 공격적이지 않지마는 또한 소극적이거나 수비적이기만 한 것도 아닌 충청도 스타일의 우직한 호소가 소기의 목적을 이루게 한 것이다.

우직함은 자연히 올곧음과 궤를 같이한다. 옳지 않음은 우직의 처지에서 볼 때 부정될 수밖에 없는 까닭이다. 그 우직함은 은근하고 모호하지만, 일단 노정露呈되면 그 누구도 꺾을 수 없을 만큼 단호하다.

서울대 약대에 재직했던 김낙두(충북 충주 태생, 1933~) 교수는 충청도 출신답게 유순한 인상이었지만 단호했다. 후배인 심창구 교수의 회고를 들어보면, 청풍명월의 면모가 고스란히 그려진다.

하루는 내가 "충청도 사람은 고집이 세답니다." 했더니, "나도 충청도 사람인데 별로 고집이 안 센데…" 하셨다. 그래서 내가 "선생님, 모르셨어요? 신생님께 한번 말씀을 드리려면 선생님 머리부터 붙잡고 좌우로 흔드시지 못하게 하면서 말씀드려야지, 한번 고개를 좌우로 저으시면 그 후에는 아무리 말씀드려도 안 된다는 사실을 남들은 다 알고 있습니다." 라고 말씀드렸더니, 얼굴이 빨개지시도록 웃으시며 수긍하셨다. 재학시절 학생들이 '학점을 고쳐 달라'고 아무리 애원해도 끝내 고쳐 주시지 않았던 유일한 분이 충청도 출신인 김 교수님이셨다.[40]

김 교수는 전공약사제도와 의약분업 그리도 약대 6년제를 도입하고 정착시키는 데 주도적 역할을 했다. 원칙성 강한 충청도의 우직함이 변혁을 이루는 추진력으로 작용한 것이다.

충청도 출신인 강원대 김대중 교수 역시 이 '우직함'을 충청도인의 정체성으로 꼽는다.

"우직함과 강직함과 모호함이라고 봅니다. 늘 언어에 모호함이 있기 때문에 속을 잘 드러내지는 않지만, 역사상 의사나 열사가 많은 이유 중 하나가 말보다 행동으로 강직함을 표현하기 때문이라고 생각합니다. 그리고 한번 믿는 것은 잘 꺾지 않으려는 고집이 강하고, 서울에 가까워 자신의 출신에 대한 은근한 자긍심 같은 것이 있어 보입니다."

우직함과 올곧음이 충청도의 DNA로 작용하는 까닭인지 역사 속에서 충청도가 배출한 인물들은 차고 넘친다. 생선 국수를 먹으러 옥천군 평산면 지전리를 찾아갔을 때 빈 공간마다 자리를 차지한 충청도 출신 우국지사들의 면면 소개를 보며 청풍명월의 곧고 맑은 정신을 접한 적이 있다. 충청도 사람들은 하나같이 "역사상 우국지사들은 충청도 출

---

40   약업신문, 2010.9.29

신이 가장 많다."라고 자부한다. 면면들을 열거해 보면, 충남 아산이 본
가인 충무공 이순신을 비롯, 홍성 출신의 최영 장군, 사육신 성삼문, 생
육신 김시습, 한음 이덕형, 명재상 맹사성, 노론 영수 송시열, 소론 영
수 윤증, 인조반정 주역 이귀, 임란 의병장 조헌, 청백리 강백년, 임경
업, 추사 김정희, 최익현, 김옥균, 김복한, 이동녕, 신채호, 유관순, 손병
희, 윤봉길, 김좌진, 한용운, 이상재, 이범석, 우덕순, 연병호 등이 있다.
모두가 역사의 변곡점마다 주요한 역할을 한 인물들이다. 충청도의 자
부심이 설득력 있게 들린다.

천주교 순교자 가운데서도 충청도 출신이 가장 많다. 2014년 프란치
스코 교황이 시복施福 결정을 내린 순교자 123위 가운데 윤지충 바오르
를 비롯해 51명이 충청도 출신이었다. 시복자는 성인의 전 단계여서 충
청도 사람들의 올곧은 심성과 만물에 대한 애정을 읽을 수 있다. 특히
여성인 내포 출신 강완숙 골롬바와 홍주 태생 이성례 마리아는 각각
주문모 신부를 돕고 개척 활동을 펴다 순교해 하느님의 사랑을 몸으로
실천했다. 충남 해미의 '해미성지'는 '순교의 고장'으로 불릴 만큼 충청

도 순교자들의 성혈로 얼룩진 곳이다.[41]

옥천 출신의 시인 정지용(鄭芝溶, 1902~1950)도 빼놓을 수 없는 '충청도의 곧고 맑은 정신' 가운데 하나이다. 그의 시 '향수'는 아마도 한국인이 가장 좋아하는 시일 것이다. 소박하고 서정성 가득한 시어 덕이다. 1927년 <조선지광朝鮮之光>에 소개됐다. '월북작가'라는 이유로 알려지지 못하다 1960년대에 최인훈이 쓴 소설 <회색인>에 분단 이후 처음 소개됐다.

넓은 벌 동쪽 끝으로
옛이야기 지즐대는 실개천이 휘돌아 나가고
얼룩백이 황소가
해설피 금빛 게으른 울음을 우는 곳,

그곳이 차마 꿈엔들 잊힐리야.

질화로에 재가 식어지면
비인 밭에 밤바람 소리 말을 달리고
엷은 조름에 겨운 늙으신 아버지가
짚 베개를 돋아 고이시는 곳
그 곳이 참하 꿈엔들 잊힐리야
(하략)

—<향수> 정지용

---

41   동양일보, 2014. 2. 13

지극히 전원적인 풍경들인 들판, 실개천, 황소, 질화로, 짚베개 등이 이 시의 시각적 이미지를 구성한다. 그 이미지들은 조형미마저 갖추면서 고향에 대한 그리움을 형상화한다. 들판과 실개천과 황소, 질화로와 밤바람과 아버지 등의 조합이다. 이 조합들이 시인의 뇌리에서 아련한 그리움의 대상이 되고 있다.

일제의 식민 통치가 암흑기로 접어들자 대다수 문인이 변절과 훼절로 돌아서던 시대 상황 속에서 '고향'을 매개로 삼아 민족의 정체성을 잃지 않으려 애쓴 지용의 고답적 정신세계는 평가받아 마땅할 것이다.

작곡가 김희갑이 1989년 이 시의 노랫말에 곡을 붙여 만든 노래 '향수'는 대중의 폭발적인 호응을 얻었다. 결코, 쉽지 않았을 작곡과 박인수·이동원의 듀엣도 이채로웠지만, 민족 정서에 부합하는 노랫말 덕이 더 컸다고 여긴다. 그 노랫말에는 순수하고 우직한 심성이 담긴 까닭이다.

충남 부여 출신의 시인 신동엽(申東曄, 1930~1969) 시인에게서도 우직한 충청도의 면모가 보인다. 신 시인은 군사정권의 독재가 엄혹하던 시절에도 <누가 하늘을 보았다 하는가> 등 참여 저항시를 여러 편 발표했다. 4.19 세대인 신동엽은 이 시에서 "4.19때만 하늘이 잠깐 맑고 빛났을 뿐, 티 없이 맑은 구원久遠의 하늘은 사라지고 없다."라고 한탄한다. 1967년 1월에 발표한, 저 유명한 <껍데기는 가라>는 분단 현실을 부수고 참다운 화합을 이루고 싶은 신동엽의 염원이 고스란히 투영된, 그의 분신같은 작품이다.

껍데기는 가라.
사월도 알맹이만 남고 껍데기는 가라.

껍데기는 가라.

(하략)

'껍데기'에 지나지 않는 역사 속 허위와 겉치레를 거부하고, 순수한
마음, 즉 '알맹이'만이 남기를 희구하는 내용이다. 연마다 반복되는 '가
라'의 명령형 종결 어미가 강렬하다. 시인의 단호함이 느껴진다. 충청
도의 올곧음에 다름 아니다.

<달려라 아비>, <바깥은 여름> 등의 소설을 쓴 서산 출신 소설가 김
애란(1980~) 씨가 밝힌 부모의 러브스토리에서도 청풍명월의 우직함
이 발견된다. 작가의 어머니가 처녀 시절 아버지를 배우자로 받아들이
는 과정에서이다.

1970, 80년대 산업화 물결이 거세지면서 시골의 많은 젊은이가 돈을 벌
기 위해 서울로 상경했습니다. 특히 저희 동네에는 인천으로 통하는 뱃
길이 있어서 많은 분들이 인천으로 돈을 벌러 가셨습니다. 그즈음에 돈
의 흐름을 따라 순진하고 낙관적인 얼굴로 배에 몸을 실었던 총각 중의
하나가 저희 아버지였습니다. 이는 제가 '달려라 아비'의 배경으로 쓰기
도 했답니다. 특히 타지에서 오는 청년들이 자리를 잡는 동네 중에서도
가장 가난한 동네를 배경으로 했습니다. 어머니는 그 당시에 외할아버지
와 사이가 좋지 않았는데 외할아버지와 크게 다툰 후 가출을 하셨습니
다. 당장 갈 곳이 없었던 어머니는 아버지가 사시는 인천으로 올라갔다
고 합니다. 자신과 연애를 하다가 돈을 벌겠다며 타지로 훌쩍 떠나버린
남자친구에게 토라진 감정을 가진 채 말이죠. 인천에 도착해 구불구불
한 산동네를 오르며 아버지가 머물던 하숙집을 찾아갔습니다. 그 당시에

는 TV도 없고 라디오도 없던 시대라 일 마치고 돌아올 아버지를 기다리는 일이 무척 심심해 일기장을 몰래 훔쳐봤다고 합니다. 사실 이 일기장을 보기 전까지만 해도 여기서 며칠만 신세를 지고 어머니 자신의 인생을 개척하기 위해 떠나려고 생각했답니다. 그런데 그 일기장에는 어머니를 향한 빼곡한 그리움과 사랑이 절절하게 쓰여있는 것을 보고 '아, 내가 뭐라고 한 남자를 힘들게 하냐'라는 생각이 들어서 그 집에 더 오래 머무르게 됐고 엉겁결에 저희 큰언니가 생겼습니다(웃음). 그리고 첫째를 낳고 연년생으로 제가 속한 쌍둥이를 낳으셨어요. 그 조그만 셋방 안에서 세 아이를 키우려고 하니 얼마나 고생하셨겠어요.[42]

청풍명월 작가 김애란 씨는 '이해'에 대해 "타인 안에 들어가 그의 내면과 만나는 것이 아니라, 타인의 바깥에 선 자신의 무지를 겸허하게 받아들이고 그 차이를 통렬하게 실감해 나가는 과정."이라고 정의한다. 세상을 이해하는 충청도의 우직한 자세에 대한 개념으로도 손색이 없을 듯싶다.

모녀의 투덕거림을 담은 박경희(충북 진천 출신, 1957~) 씨의 수필집 <꽃피는 것들은 죄다 년이여>에서 어머니가 쏘아댄다.

"대가리에 충만하게 든 것들은 자랑질만 일삼지, 워째 도리라는 것을 안 하는지 몰러."

촌철살인하는 어머니의 일갈은 경우 없는 짓은 두고 못 보는 충청도의 우직함을 대변한다. 청풍명월은 육두문자에도 해학을 잃지 않는다.

---

42   숭대시보, <소설은 가까운 곳에 있다>에서 인용, 2016. 11. 28

충청도의 우직한 올곧음은 민간 설화에도 반영돼있다. 대전 남쪽의 '식장산' 이름에 대한 유래다.

> 병든 노모를 봉양하던 부부가 아이의 식탐 탓에 방해를 받자, "아이는 또 낳으면 되니 노모를 먼저 모시자."라고 합의해 아이를 버리러 산으로 올라가 땅을 파다가 그릇을 하나 발견했는데, 뭘 조금 담으면 가득 채워주는 요술 그릇이었다. 그 그릇으로 잘 봉양하다 노모가 세상 떠나신 뒤 함께 묻은 연고로 그 산 이름이 '식장산食藏山'이 되었다.

뭘 불려주는 요술 그릇이면 욕심을 내는 게 인지상정일 텐데 이 충청도 부부는 자기 욕심은 일절 부리지 않고 오직 노모만을 위해 그 그릇을 썼다. 노모가 돌아가시고 난 후에는 더 쓰기를 마다하고 노모와 함께 묻고 있다. 청풍명월의 정직함이다. 우직한 올곧음이다.

2020년 1월 TV-CHOSUN의 <미스터 트롯>이라는 오디션 프로그램에 출연한 충남 서산의 11살 소년 임도형 군은 "외할머니의 생신 선물로 드리고파 출전하게 되었다."라고 신청 동기를 밝혔다. 서산 소년은 다른 출전자들의 선전에 함께 기뻐하고 포옹해주는 따스한 인성을 보였다. 1차전에서 합격 판정을 받자 소감을 묻는 사회자의 질문에 울먹이며 "외할머니 생신 축하드려유."라며 큰절을 올렸다. 2차전 팀 매치에서 탈락하자 눈물을 쏟아내면서도 심사위원들이 "내년에도 기회가 있지 않으냐?", "곡을 하나 써 주겠다." 등으로 위로하자 사회자의 마이크를 빼앗더니,

"저는 아무래도 공부가 운명인가 봐유."

라고 울먹이며 말해 청중의 웃음을 자아내는 순수함을 보였다. 소년에

게서 충청도의 향기가 물씬 풍겼다.

2019년 가을 KBS가 방송한 수목 드라마 <동백꽃 필 무렵>에서 순박하고 우직한 충청도 청년 황용식 순경(강하늘 분)이 혼자 힘으로 살아오면서 세상의 도움이라곤 받아본 적이 없는 동백(공효진 분)의 곁에서 용기를 불어넣어 주고 지켜주는 모습은 아름다웠다. 걱정이 많으시니 '어머니 앞에서는 애정 표현을 삼가라'는 동백의 충고에 '촌므파탈' 용식이 말한다.

"제가 머리를 쓰고 작전을 짰더라면, 이 도시에서 제일루 치명적인 여자가 나한테 넘어왔을까유?", "저 은근 비상한 놈이예유.", "동백 씨는유. 착한 사람을 자꾸 삐뚜러지게 맹드러유~"

필자뿐만 아니라 많은 시청자가 황용식에게서 충청도의 올곧고 순박하며 따스한 심성을 공유했을 것이다. 한 충청도 청년이 세상의 한편에서 온몸으로 삶을 감내하는 '싱글맘'에게 어떻게 희망이 되는지를 지켜보면서 우직함의 다른 이름인 '충청도스러움'이 어떻게 세상을 변화시키는지도 목도했을 것으로 생각한다. 어려움에 봉착한 착한 이웃을 돕기 위해 마을 주민들이 힘을 합쳐 '동백이 지키기'를 실행하는 대목도 지극히 청풍명월 다운 우직함의 발로이다.

충청도에서는 전국적인 브랜드보다 지역에서 꾸준히 커 온 상표에 더 애정을 보이는데 이 역시 청풍명월의 우직한 믿음 덕이다. 사회적인 이슈에도 덜 민감해 사회적 갈등이 적다.

'코로나 바이러스'가 맹위를 떨치던 2020년 1월 31일과 2월 1일 이틀에 걸쳐 발원지인 중국 후베이성湖北省 우한武漢 주재 교민 700여 명이 충북 진천과 충남 아산의 시설에 나뉘어 2주 일정으로 격리 수용됐

다. 두 지역의 주민들은 수용소를 정부가 일방적으로 지정하자 그동안 반발해왔으나,

"교민들에게 마음의 상처를 줘서는 안 된다."

"같은 국민이고 누군가의 가족이므로 무조건 반대하는 건 옳지 않다."

라며 종래의 거부 입장을 하루 전 철회했다.

'정부의 철저한 방역 대책'을 선주문했던 주민들은,

"우리가 더 반대하면 교민들은 어떻게 하나. 당장 갈 곳도 없을 텐데."

라며 정부 결정을 전격적으로 받아들였다. 희생마저 감수한 대승적 차원의 결단이었다. '우한 교민 수용 반대' 현수막 30여 장도 즉각 철거했다. 그 자리를,

"우한 교민들 잘 지내다 가시길."

"힘내세요. 우리 모두 함께 이겨냅시다."

등이 대체했다.[43] 우직하고 올곧은 청풍명월의 결정이고 마음이었다. 주장할 건 주장하되, 협력할 건 협력하는 충청인의 덕목이 빛을 발하는 순간이었다. 대한민국에 절실한 '시민'의 자질이었다.

---

43   조선일보, 2020. 1. 31.

낙관

충청도의 전반적인 인상은 탈 엄숙이다. 삶을 그냥 즐기고 싶을 뿐 애달파 할 것까진 없다고 여기는 듯 보인다. 사람들의 익살이 그렇고 춤과 노래가 그렇고 형식을 파괴하는 자유 영혼의 발현이 그렇다.

개심사 심검당

필자가 '충청도스럽다'는 인상을 가장 강하게 받은 것은 이도 저도 아닌 한 건축물에서였다. 충남 서산에 있는 개심사開心寺의 심검당尋劍堂이 그 주인공이다. '마음을 연다'라는 뜻의 절집 이름부터 벌써 자유 영혼을 느끼게 만든다. 해탈문을 지나 만나는 대웅보전의 옆에 자리한 심검당은 보는 즉시 입가에 미소가 감돌게 만든다. 화강암 견치석 기단 위에 자연석 초석을 놓고 그 위에 배불뚝이 모양의 원주圓柱들을 세웠다. 문턱도 구불구불한 목재 탓에 수평을 벗어나 곡선을 그리고 있다. 문간 두 개의 원주 주두柱頭 부분에 가로로 걸쳐진 대들보 역시 'S'자 커브를 그리고 있다. 다소 우스꽝스러운 이탈과 부조화가 엉뚱함을 유발한다. 그러나 이내 보는 이의 마음속에 잔잔한 파문을 일으키며 평화로움과 여유로움 그리고 자유로움의 기분을 전해준다. '익살' 그 자체였다. 원칙에 집착하는 경직된 사고로는 생각하기 어려운 조형이었다. 충청도의 낙천적이고 낙관적인 세계관을 보여준다.

아리랑은 민족의 고유한 정서인 한을 노래한다. 슬픔과 원망에다 그리움, 그리고 보상심리까지 온갖 심상들이 복잡하게 녹아 있어 뭐라 한마디로 꼭 집어 얘기할 수 없는 감정인 한은 한민족에게는 특별하다. 어찌할 수 없는 환경 탓에 마음 아프지만 아프다고 소리칠 수 없고, 밉지만 미워할 수만도 없고, 원상회복이 되지 않고서는 치유 불가능한 이 감정들로 가슴이 타들어 가고 응어리가 진다. 누구에게도 호소할 길 없는 이 슬픔의 감정들을 하소연하듯 토해낸 게 아리랑이다. 진도 밀양 정선 춘천 경기 등 곳곳마다 지역 정서가 반영된 아리랑이 자연 발생했다. 일제 강점 시절엔 만주 지역에서 독립운동을 하던 광복군들과 중앙아시아로 흩어진 한민족 디아스포라Diaspora들도 자기들의 신세를 노랫말에 담은 아리랑을 지어 불렀다. 이른바 '광복군 아리랑', '치르치크 아리랑'이다. 이처럼 아리랑은 한민족과 떼려야 뗄 수 없는 관계 속에 있다. 충청도 지역에도 금강 아리랑, 충주 아리랑 등이 있지만 타지방 버전처럼 한스러운 곡조가 아니다. 한을 담은 노래 아리랑과 여유 있고 해학적이며 능청 떠는 청풍명월들의 이미지와는 잘 맞지 않는 까닭이 아닐까 여겨진다.

'청주 아리랑'을 보자. 충청북도 청주, 옥천, 보은, 충주, 괴산 일대 농가 180여 호가 1938년 청주역에서 이민 열차 편으로 함경북도 온성을 거쳐 도보로 만주로 들어가 개척한 정암촌에 거주하며 불렀던 노래이다. 1993년부터 이곳을 찾은 충북대학교 국문학과 임동철 교수가 발굴해 2003년 10월에 한중학술회의에서 발표한 가사이다.[44]

> 아리랑 아리랑 아라리요 아리랑 고개로 날 넘겨주게
> 울 너머 담 너머 님 숨겨두고 난들난들 호박잎이 날 속였네
> 아리랑 아리랑 아라리요 아리랑 고개로 날 넘겨주게
> 팔라당팔라당 갑사나 댕기 고운 때도 안 묻어서 사주가 왔네
> 아리랑 아리랑 아라리요 아리랑 고개로 날 넘겨주게
> 사주는 받아서 무릎에 놓고 한숨만 쉬어도 동남풍 된다
> 아리랑 아리랑 아라리요 아리랑 고개로 날 넘겨주게
> 시아버지 골난 데는 술 받아 주고 시어머니 골난 데는 이 잡아 주자
> 아리랑 아리랑 아라리요 아리랑 고개로 날 넘겨주게
> 시동생 골난 데는 엿 사다 주고 막내동서 골난 데는 홍두깨 찜질
> 아리랑 아리랑 아라리요 아리랑 고개로 날 넘겨주게
> 시아버지 죽어서 좋댔더니 왕골자리 떨어지니 또 생각난다

---

44   전철웅, 〈중국 옌벤에서도 사랑받는 청주아리랑〉, 디지털청주문화대전

아리랑 아리랑 아라리요 아리랑 고개로 날 넘겨주게

시어머니 죽어서 좋댔더니 보리방아 물저노니 또 생각난다

아리랑 아리랑 아라리요 아리랑 고개로 날 넘겨주게

다른 지방 아리랑이 눈물겹거나 건조한 노랫말인데 비교해 충청도 아리랑은 해학이 넘쳐나는 걸 확인할 수 있다. 가사에는 시아버지와 시어머니 경영하는 노하우도 담고, 고생해서 미웠던 두 어른이 돌아가시고 난 후에 오히려 그리워하는 심정까지 녹이고 있다. 어렵다고 상황을 슬퍼하지만 않으며, 주변과의 관계를 조화롭게 유지할 줄 알고, 결코 사람을 미워하지만 않는 충청도의 지혜롭고도 온유한 마음씨를 접할 수 있다.

토속민요 전문가들의 이야기로는, 충북 중원, 괴산 지역의 '아라성'이나 '자진아라리' 역시 모내기하면서 부르던 농요 성격의 아리랑으로서 한스러운 감정과는 거리를 둔다. 충남 무형문화재인 '홍성결성농요'도 마찬가지로 힘차고 흥겹다.

'중원아라성'과 전라도의 '홍타령'의 노랫말을 비교해보자.

아라리야 아라리요오

아리랑 얼싸 아라성아

아라리야하 아라리요

아리랑 얼싸 아라성아

높은 들에는 밭을 뜨고

깊은 들에 논을 쳐서

오곡 잡곡에 농사를 지니

해마다 연년이 풍년만 들어라

여기 꼽고도 저기도 심어

삼사백 출 짜리로 심어만 주소

일락은 서산에 해는 떨어지고

월출은 동녘에 달이 솟아오네

울따리 꺾으면은 나오마고 하더니

행랑채를 다 뜯어도 왜 아니 나오나

삼신산 까막 까치가 카옥카옥 하는데

우리 님에 병환은 날로만 깊어가네

우정한 세월은 덧없이도 가는데

초로같은 우리 인상 왜 이리나 늙을까

이 논배미다 모를 심어

장잎이 휠휠 나니 영화로다

이 농사를 다 지오내서

나라에 충성을 다한 후에

부몬님 봉양을 한 연후에

처자식 보호를 보세

인상이 산다면 천만년을 사나

살아서 생전에 놀다가 가세[45]

　　이 '중원아라성' 노랫말은 한국콘텐츠진흥원이 1994년 4월 23일 충청북도 중원군 신니면 마수리에서 지남기 씨의 노래를 채록한 버전이다. 농사가 힘들지만 희망을 잃지 않고, 인생 무상을 알지만 삶의 자세

45　　한국콘텐츠진흥원, 〈아리랑이야기 중원아라성〉

를 허투루 하지 않는다. 나라에 충성하고, 부모 봉양하고, 처자식 보호하며 살아생전 즐거움을 누리자는 긍정적이고 밝은 내용을 담고 있다. 충청도 어투가 정겨움을 더한다.

전라도의 '흥타령'은 사뭇 다르다. 모두 24절이 있지만 네 절만 읊어본다.

(전략)
꿈이로다 꿈이로다 모두가 다 꿈이로다
너도나도 꿈속이요 이것저것이 꿈이로다
꿈 깨이니 또 꿈이요 깬인 꿈도 꿈이로다
꿈에 나서 꿈에 살고 꿈에 죽어가는 인생
부질없다 깨려는 꿈 꿈은 꾸어서 무엇을 할거나

아이고 데고 허허~어~어 음~음 성화가 났네 에~

빗소리도 님의 소리 바람 소리도 님의 소리
아침에 까치가 울어대니 행여 님이 오시려나
삼경이면 오시려나 고운 마음으로 고운 님을 기다리건만
고운 님은 오지 않고 베게 머리만 적시네

아이고 데고 허허~어~어 음~음 성화가 났네 에~

(중략)

지척에 님을 두고 보지 못한 이 내 심정

보고파라 우리님아 안 보이네 볼 수 없네

자느냐 누웠느냐 애타게 불러봐도 무정한 그 님은

대답이 없네

아이고 데고 허허~어~어 음~음 성화가 났네 에~

아깝다 내 청춘 언제 다시 올거나

철 따라 봄은 가고 봄 따라 청춘가니

오는 백발을 어찌 헐거나

아이고 데고 허허~어~어 음~음 성화가 났네 에~[46]

전라도를 대표하는 이 남도창에는 인생의 허무와 비애가 진하게 배어있다. 삶을 바라보는 두 지역의 시선이 많이 다름을 알 수 있다. 비관적인 노랫말의 연속이다. 나머지 15절에도 사랑의 유한함과 덧없음이 계속 열거된다. 이에 비해 충청도의 노래에서는 확실히 낙관적인 인생관이 묻어난다.

충청도를 대표하는 민요로는 아리랑보다 '천안삼거리'가 있다. 이 민요가 비롯된 고사 역시 유봉서라는 선비가 한양으로 가던 중 능소라는 어린 딸을 천안삼거리 주막에 맡겼고, 아버지를 기다리며 어렵게 살던 능소는 박현수라는 선비와 인연을 맺게 되는데, 이 선비가 과거에 급제한 후 능소와 부부가 되었으며, 아버지가 꽂아놓은 버드나무 지팡이

---

46   김수연의 소리 2집, 〈흥타령〉 인용, 2003

가 자라 큰 나무로 자리 잡았다는 훈훈한 스토리를 안고 있다. 해피엔
딩이다.

> 천안삼거리 흥~~ 능수야 버들은 흥~~
> 제멋에 겨워~~ 휘늘어졌구나 흥~~
> 발그레한 저녁놀 돋는 저곳에 흥~~
> 넘어가는 낙일이 물에 비치네 흥~~
> 에루화 좋다 흥~~ 성화로구나 흥~~

이 노래는 신명에 겨워 덩실덩실 춤을 추게 되는 굿거리장단으로서
절로 흥이 난다 해서 '흥타령'으로 부른다. '천안삼거리'에서 보듯 충청
도의 정서는 천안삼거리와 그곳에 늘어선 버드나무 그리고 낙일落日들
을 대상으로 삼으며 밝고 유쾌하다. 특히 서쪽 하늘의 '지는 해'는 서글
프게 묘사되는 게 일반적이지만, 충청도는 낙조의 수려한 풍경에 '에루
화 좋다'라고 기뻐한다. 한 맺힌 내용의 가사를 담은 다른 지방 노래들
과는 차이를 보인다.
판소리 가운데는 <흥보가興甫歌>가 청풍명월의 기질에 가장 잘 어울
린다고 느낀다. 재담이 풍부한 까닭이다. 줄거리 해설이 "경상 전라 충
청 삼도 어름 길에 심술 많은 형 놀보와 착한 동생 흥보가 살고 있었
다."로 시작하니 배경이 3도의 중심에 있는 충청도일 개연성이 크다 하
겠다. 대략 삼도三道의 분수령을 이루는 충북 영동의 추풍령 언저리 아
닐까 여겨진다. 흥보의 우직함도 청풍명월의 심성에 부합한다. 사설 한
대목을 보자. <박 타는 대목>이다.

박을 딱! 쪼개 놓고 보니 박 속이 휑 비고 웬 궤 두 짝이 붉어지거날, 홍보 가 기가 막혀,

"아~ 복 없는 놈은 계란에도 유골이라더니 어떤 도적놈이 남의 박 속 긁어 처먹고 조상 궤 훔쳐다 놨구나. 이거 갖다 버리소."

홍보 마누라가

"여보 영감, 여기 무어라고 써 있소."

홍보가 살펴보니 박홍보 궤탁이라.

"아 날 보고 열어보라는 말 아니오."

한 궤짝을 슬그머니 열고 보니 쌀이 하나 수북!

또 한 궤짝을 열고 보니 돈이 하나 가득!

홍보가 좋아라고 궤 두 짝을 한번 털어 비어 보는디…

<홍보가>는 그 사설 덕에 지금도 힙합이나 랩으로 리메이크된다. 남 성 듀엣 육각수가 1995년에 히트시킨 댄스곡 <홍보가 기가 막혀>도 그 가운데 하나이다. 재미난 가사는 신명나는 후렴 멜로디와 어우러지 며 듣는 이들 흥이 솟게 만든다.

아이고 성님 동상을 나가라고 하니 어느 곳으로 가오리오 이 엄동설한에

어느 곳으로 가면 산단 말이오 갈 곳이나 일러주오

지리산으로 가오리까 백이 숙제 주려 죽던 수양산으로 가오리까

아따 이놈아 내가 니 갈 곳까지 일러주냐

잔소리 말고 썩 꺼져라

(중략)

어디서부터 잘못됐나 이제 나는 어디로 가나
갈 곳 없는 나를 떠밀면 이제 난 어디로 가나

안으로 들어가며 아이고 여보 마누라 형님이 나가라고 하니 어느 명이라
안 가겠소
자식들을 챙겨보오 큰 자식아 어디 갔냐 둘째 놈아 이리 오너라
이삿짐을 짊어지고 놀부 앞에다 늘어놓고
형님 나 갈라요

　슬픈 스토리가 전개되지만, 가사의 해학성이 듣는 이를 즐겁게 만든
다. 시쳇말로 '웃프다'. 긍정적이고 밝은 청풍명월의 심성을 반영한다.
　충청도 민요도 5음계의 평조와 계면조가 주를 이루고, 세마치나 굿
거리장단의 노래가 많아 온화하고 경쾌한 느낌을 준다. 남자들로 구성
된 유랑극단 성격의 <남사당놀이>가 경기 남부와 충청 지역에서 유행
했던 연유도 흥겨운 농악대의 풍물과 줄타기, 땅재주 곡예, 사발 돌리
기, 꼭두각시놀음 등이 충청도의 취향을 저격한 덕이었다. 특히 어릿광
대들이 구경꾼들과 나누는 우스갯소리와 재담은 청풍명월들을 격하게
매료시켰다.
　천안 지역에서 한가위에 행하는 '거북놀이'도 맷방석 위에 수수 잎
을 꽂거나 대나무로 거북 형상을 만들어 뒤집어쓰고는 집마다 방문하
면서 춤을 추며 재담 섞인 덕담과 함께 거북의 복을 나누어주는 민속
놀이이다. 집주인은 술과 음식을 대접하며 따라다니는 마을 주민들과

함께 어울린다. 역시 밝고 흥겹다. 마을 공동체의 일체감과 협동심도 높인다.[47] 청풍명월의 놀이는 삶의 활력을 고양하는 긍정적 방향으로 발달해왔음을 알게 한다.

빛이 어둠을 몰아내듯이, 낙관이 비관을 몰아내고, 희망이 절망을 이기는 법임을 충청도는 태생적으로 안다. 그래서 충청도의 사고 속에는 늘 절제와 여유라는 긍정의 에너지가 넘치고, 그것은 고스란히 언어에 녹아든다.

47　　　천안문화원, 〈천안의 향토 축제〉, 1997

정중

"충청도 말은 정중하다."

1900년 10월 9일 황성신문이 게재한 논설 가운데서 발췌한 표현이다. 신문은 이렇게 쓰고 있다. "경기도 말씨는 새초롬하고, 강원도 말씨는 순박하며, 경상도 말씨는 씩씩하다. 그리고 충청도 말씨는 정중하며, 전라도 말씨는 맛깔스럽다." 팔도의 언어를 특성별로 표현했다. 충청도 말이 재미나고 정겹다고 느끼는 필자에게 '정중하다'라는 평가는 얼른 와닿지 않았다. 1900년 황성신문의 표현은 '점잖다'라고 바꿔 풀이하면 얼른 수긍이 간다. 방언 사이에 위계질서는 존재하지 않는 것이고 보면, 품격을 거론할 수는 없지만, 화자의 심성이나 말본새를 보면 직접적 표현을 삼가고 은유적으로 에둘러 말하며 해학이 듬뿍 담긴 표현을 여유 있게 구사하는 청풍명월의 말은 확실히 정겨우면서도 상대에 대한 배려가 넘치는 말임이 분명하다. 어디 말뿐이랴. 사람들의 전인격이 모두 정중함으로 이루어져 있다고 해도 과언이 아니다.

충청도 사람들은 상대를 면전에 대고 무안을 주거나 무 자르듯 거절하는 걸 금기시한다. 상스러운 짓이라 여기는 탓이다. 비록 상대의 제안이 맘에 안 들더라도 "알았슈."라거나 "괜찮아유.", 혹은 "생각해보

겄슈."라고 말하며 즉답을 피한다. 불만스러운 상황을 만나도 대놓고 따지기보다는 먼 산이나 하늘을 보며 혼잣말처럼 중얼거린다. 맘에 들지 않지만, 튀지 않기 위해 혼잣말로 볼멘소리를 할 뿐, 결코 누구 듣게 큰소리를 지르지는 않는 것이다. 모나게 굴다가 '왕따' 당하는 게 싫은 까닭이다. 전형적인 청풍명월의 특성이다. 청풍명월들은 결코 '브레이크 없는 차'들이 아니다. 액셀 밟을 때와 브레이크 밟을 때를 가릴 줄 안다. 뒷감당 못 할 행동을 쉽사리 하지 않는다. 사리를 분별하는 이성의 힘이 강한 까닭이다.

프로 야구 시즌에 대전 구장에 앉으면 경기보다 응원석의 사투리 경연이 더 재미있다. 점잖은 충청도 사투리 속에 자기감정을 다 표현하고 있다. 상대 팀이 뒤진 상황에서 득점 기회를 만들면 바로 이런 말들이 쏟아진다.

"뭐여~"

"왜 그러는 겨?~~"

"해보자는 겨?~~~"

그러다 첫음절부터 길게 빼는,

"뭐~~~~여~~?"

가 튀어나오면 그라운드를 쳐다보지 않아도 소리만으로 상황이 좋지 않다는 걸 안다. 홈런을 기대했던 홈팀의 타자가 삼진을 당하거나 스코어링 포지션Scoring Position에서 병살타 땅볼을 쳐 쓰리 아웃Three Out을 당했을 때의 실망감과 분노를 담고 있다. 투수의 실수로 상대 타자에게 장타를 얻어맞았을 때도 해당한다. "뭐~~여~~"는 같은 상황에서 "저 병신!", "나가 죽어라!", "때려치워!" 등의 험담을 늘어놓기 일쑤인 타지방 사람들이 들을 때는 매우 강도가 약한 불만의 표현이지만, 충청도 관중들은 그 정도로 족하다고 여긴다. 결코 자기감정을 그 이상 드러내지 않는 것이다. 분을 참지 못한 나머지 욕을 하고 삿대질을 해대는 건 천박한 행동이라 생각한다. 양반들이 할 짓이 아니라고 여기는 것이다. 불만스러워도 그냥 "뭐~~~여~~?"라고 말하고는 다음 말들은 입 속에서 삼켜버린다. 따라서 그 '뭐여?'는 타지방 사람들의 '뭐야?'와는 함의가 매우 다를 수밖에 없다. 그 한 마디에 실망과 불만 그리고 분노가 고스란히 반영되는 까닭이다. 이 온도 차 탓에 지켜보는 타지방 사람들에겐 충청도의 그 무덤덤한 반응 자체가 하나의 재미있는 광경이 된다.

옛이야기 속에서도 청풍명월의 정중함이 발견된다.

조선 숙종肅宗 때인 1678년 무오년에 충청도에 사는 한 선비가 이름을 숨긴 채 한강을 건너서 고향으로 내려가고 있었다. 병든 말 한 필에 짐도 싣고 사람도 탄 데다 어린 마부마저 너덜너덜한 옷을 걸치고 있었기 때문에 여관에 투숙할 때마다 업신여김을 당한 적이 한두 번이 아니었다. 어느 여관을 찾아들었는데 한 젊은 사대부가 토청에 드러누워서는 무례를 떨었다. 실랑이 끝에 합석하게 되자 사대부가 물었다.

"존좌尊座는 어디 사시오?"

선비는 꿇어앉아서 대답했다.

"충청도 홍주洪州 금곡金谷 마을 안에 거주합니다."

사대부는 선비가 너무도 자세하게 대답한 것을 비웃으면서 대꾸했다.

"내 언제 호적단자를 외우라 하였소?"

선비는 고개를 숙이고 말했다.

"행차께서 하문하시는데 자세하게 말씀드리지 않을 수 있겠습니까?"

그러고선 선비가 하인을 불러서 일렀다.

"마소[馬牛]를 들여 매고 양식 쌀[粮米]을 내주도록 하라."

그러자 사대부가 말했다.

"어찌 말과 소를 끌고 왔소? 쌀이라 말하지 않으면 하인이 양식이라는 것을 모르오?"

선비가 답했다.

"행차께서는 서울 손님이시군요? 나는 소를 끌고 오지 않았고 하인도 양식이 쌀이라는 것을 모르지 않으나 말을 말할 때는 반드시 소까지 아울러 들고 양식을 말할 때는 반드시 쌀까지 아울러 드는 것은 시골 사람들이 늘 하는 말투입니다. 시골 사람은 듣고 보통으로 생각하는데 행차께서만은 웃으시니 서울 손님이 아니고 무엇이겠습니까?"[48]

—이원명(李源命, 1807~1887) <동야휘집東野彙輯> 중 마상별곡馬上別曲

이 야담野談 속에서 충청도 선비는 시종일관 예를 갖추며 정중하게 말하고, 말이나 쌀 대신 '마우馬牛'나 '양미糧米' 같은 문자 쓰기를 즐긴다. 지금도 변함없는 충청도식 양반연兩班然 화법이다. '시골 문화를 모른다'라며 오히려 서울 사람을 우습게 여기고 있다. 청풍명월의 자부심이 넘쳐난다. 시종일관 정중함에서 벗어나지 않지만, 상대의 비례非禮나 무례는 절대 그냥 넘어가지 않는다. 청풍명월의 현란한 말솜씨로 손을 본다. 자신이 결코 무력하게 당하기만 하는 호락호락한 존재가 아니라는 사실을 과시한다.

지금 정중한 인상을 보이는 청풍명월로는 백종원을 꼽을 수 있겠다. 66년 충남 예산에서 태어난 명실상부한 충청인이다. 여러 브랜드의 프

---

48   사이버 서당 www.cyberseodang.or.kr, <마상별곡>서 발췌, 2012. 3. 23

랜차이즈 사업으로 대한민국 요식업을 평정했을 뿐 아니라 요리에 관한 일가견으로 '요리박사'로 대접받는다. 본인은 그냥 '요리연구가'로 불리고 싶어 한다. 식당 경영자들에게 구체적인 조언을 해주는 방송 프로그램도 운영하고 있다. 가만히 상대를 관찰한 후 레시피부터 인테리어, 마케팅 전략에 이르기까지 문제점을 적시하고 보완책을 제시한다. 마치 자기 일처럼 느끼며 도움을 주고 싶어 하는 마음이 가감 없이 묻어난다. 충청도 지역 업소인 경우엔 선생과 제자 두 청풍명월의 입담이 음식의 맛을 더 한다.

"요러커믄 돼지찌개 맛은 더 이상 말이 필요 없어유."

"시상에 참말루 맛이 다르네유!"

그에게서는 성공한 사람들이 자칫 보이게 마련인 무례함을 찾아볼 수 없다. 청년 시절 중고차 딜러를 할 때 불량차를 팔았다가 고객에게 따귀를 맞은 후 '신뢰'의 중요성을 체득한 바 있고, 쌈밥집을 운영할 때는 하루 4시간씩 자며 2년을 버텼으며, 자신만의 쌈밥 양념장을 개발해 마침내 역전의 계기를 만들었다. 그를 이루어온 삶의 건축이 허술하지 않음을 본다. 그런 삶의 궤적들이 켜켜이 쌓여있는 까닭에 겸허함을 잃지 않고 다른 이의 삶에도 다가갈 수 있는 것으로 보인다. 많은 요리사가 21세기 들어 방송에 등장해 '셰프돌'이 되고 있지만, 백종원이 단연 선두에 있다고 해도 과언이 아닐 정도로 그는 '대세 예능 셰프돌'이다. 그는 매사에 무덤덤하게 대응한다. 많은 비평가와 업계 경쟁자가 험담을 해대도,

"좋네유.", "좋아유."

라며 예사로 반응한다. 또한, 청풍명월답게 부드럽고 푸근하며 웃음을 주는 말들을 구사한다.

"어때유?", "맛만 있쥬?", "내가 맛있을 거라고 했슈, 안 했슈?"

그의 말들은 사람들에게 힐링을 준다. 유머 감각도 갖추었다. 아내인 배우 소유진 씨와는 15살 차이이다. 누가 나이를 묻자 그는,

"소유진 나이에 15살 더하면 돼유."

라며 씩 웃는다. 충청도 식이다. 간접적이고 해학적이다. 그가 인기를 얻은 배경에는 확실히 '충청도'가 한몫을 하고 있다. 사람들의 경계를 허물어뜨리며 파고드는 청풍명월의 온화하며 유머러스한 심성은 지식을 갖춘 사람이 드러내게 마련인 딱딱함과 건조함을 덮는다. 그런 캐릭터이지만 잘못된 점은 분명하게 지적하고 호되게 나무라기도 한다. 그런 백종원을 보며 갖게 되는 생각은 정중함이다. 그 정중함은 충청인 특유의 부드러움 뒤에서 가만히 밀고 나오는 것이어서 무게감을 더한다. 절제하고 인내하다 마침내 모습을 드러내는 엄격함은 습관적인 것보다 힘이 센 법이다. 정중, 점잖고 엄숙함, 바르고 무거움은 예의와 조화를 아는 사람만이 가질 수 있는 인간의 품격이다. 백종원이 요리 세계의 중심에서 조용히 구심력으로 작동할 수 있도록 해주는 배경이다. 그가 어느 땐가는 요리의 기술이나 식당 운영 노하우를 뛰어넘어 음식의 철학이나 예법, 나아가 공동체의 삶을 이야기할 수 있을 것이라 기대하는 것도 충청인이 가진 그 정중함을 알기 때문이다. 실제 그는 양파 농가 살리기, 사과 농가 살리기 등 값이 폭락한 농산물들을 대량으로 활용해 요리하는 내용을 TV로 소개하기도 했다. 어려운 농촌 살리기 프로젝트를 진행하면서 정용진 신세계 그룹 부회장에게 전화로 농산물 매입을 요청하는 모습은 그가 목표를 향해 힘닿는 데까지 전력으로 질주한다는 인상을 심어주기에 충분했다. 그는 혼자 살지 않고 함께 사는 법을 실천에 옮김으로써 시청자들에게 '상생의 아이콘'으로 다가

가고 있다. 청풍명월의 정중함이 반영된 삶의 철학 덕이다.

예산 출신 배우 정준호에게서도 삶에 대한 정중함이 묻어난다. 정준호는 한 달에 한두 번씩은 배낭을 메고 동대문이나 남대문 시장을 찾아 노점에서 양말이나 군밤 같은 것들을 산다. 치열하게 사는 사람들의 모습에서 겸허한 자세를 잊지 않으려 함이다.

> "행복이라는 게 큰 데에서 나오는 게 아니더라구요. 아이들 잘 자라는 거, 가족 모두 건강하고, 친구와 지인들 무탈한 거… 그런 게 전부 저의 행복이에요. 가까운 사람들과 작은 것에서 행복을 공유하며 살아가는 게 가장 큰 행복이라고 느낍니다."[49]

심창구(1948~) 서울대 약대 명예교수의 경험담 속에서도 청풍명월의 정중함이 확인된다.

> 대학원 석사 과정 제자 중에 충청도 출신 학생이 한 명 있었다. 어느 날 실험실에 들어가 그 학생을 불렀더니 바로 내게 오지 않고 반대편 옷걸이가 있는 곳으로 가는 것이었다. 지도 교수가 부르시니 상의부터 단정하게 입고 오려는 의도였다. 그 학생의 예절에 감탄하면서 어떤 실험을 하라고 지시를 하였다. 학생은 물론 "예."라고 대답하였다. 그로부터 일주일 후, 다시 그 학생을 불러 "내가 지시한 실험을 했냐?"고 물었더니, 그 학생 왈, "하지 않았습니다."라고 답을 해 나를 어이없게 만들었다. 내가 "왜 하지 않았느냐?"고 추궁했더니 자기 생각에 "그 실험은 잘 될 것

---

49   쿠키 뉴스, 〈쿠키 인터뷰〉 참조, 2020.1.17

같지 않아 안 했다."라는 것이다. 그래서 "그럼 지시할 당시에 그렇게 대답을 해야지, 하겠다고 해 놓고 안 하는 게 말이 되느냐?"고 야단을 쳤다. 그랬더니 그 학생은 "교수님이 시키시는데 어떻게 못 한다고 해유?"라고 말하는 것이었다.

심 교수는 "아내의 충청도 기질 덕에 공직생활을 대과 없이 잘 마칠 수 있었다."며 줄곧 예의와 도리를 강조해온 충남 공주 출신 부인에게 늘 감사하며 지낸다.[50]

예의는 순리를 따르고 화합을 중시하는 풍토 속에 있어야 갖출 수 있는 것이다. 사람과 그들의 삶을 존중하고 배려하는 청풍명월의 매너는 충청도에 면면히 이어져 내려오는 정중함의 역사가 가르친다.

---

50   약업신문, 2010. 9. 29

관조

'관조觀照'는 거리를 유지하며 사물을 가만히 바라봄이다. 그 시선에는 편견이나 선입견이 없다. 그저 바라볼 뿐이다. 조선조朝鮮朝 전기의 문신이자 서화가였던 강희안(姜希顔, 1417~1464)이 <고사관수도高士觀水圖>에서 묘사했듯이, 허리를 숙여 시냇물의 흐름을 가만히 지켜보거나, 야심한 시각 잠에서 깨어나 연못 위에 교교히 내려앉는 달빛을 응시하는 자세이다. 이런 관조의 행위는 대상에 대한 객관을 유지하며 대상과 일체가 되는 경험을 선물한다. 누군가가 그 모습을 본다면 숙연해질 정도로 고요하고 정갈한 미장센miseenscene들이다. 관조자의 시선 속에서 사물의 특징이나 움직임의 패턴이 관찰된다. 그것들은 관찰자의 감각 속에 기억으로 저장된다. 매 순간의 관찰은 다른 사물들과 비교되며 관찰자들은 저장된 기억을 소환해 자기만의 세계를 연다.

"열흘 붉은 꽃 없다."

"우물가에서 숭늉 찾는다."

"혀 밑에 도끼 들었다."

"사나운 개 콧등 성할 날 없다."

"보지 못한 반쪽은 이미 본 반쪽과 똑같다."

등은 그런 관찰의 습관이 낳은 속담들일 것이다.

2020 한국경제신문 신춘문예에 <새>로 수필 부문 당선자가 된 조혜은 씨는 당선 소감에서 "관찰은 자신을 비우는 과정"이라고 말한다.

"새를 볼 때는 그냥 본다. 무슨 대단한 방법이 있는 건 아니고 잠시 생각을 멈추고 오롯이 새 자체에 집중한다. 새를 보기 전에 애써 걱정이나 고민을 내려놓을 필요는 없다. 뭘 하려거나 억지로 누군가 되지 않아도 괜찮다. 그저 눈앞의 새를 보면 된다. 숨죽인 채 새의 모든 행동을 주시하다 보면 어느새 나는 비워져 있다. 새를 보는 동안 나는 서서히 가벼워진다. 비어 있을 때 나 자신은 아주 가볍고 가벼운 것은 늘 옳다. 나는 끓어 넘치는 것을 혐오한다. 넘치는 것은 모자란 만 못하고 하등 무용하다. 화가 나거나 슬플 때 나는 새를 본다. 긴장했을 때도 새를 본다. 새를 볼 수 없을 땐 새를 상상한다. 상상까지 새를 보는 일의 포함인 것이다."

새는 작가의 투사 과정을 거쳐 이윽고 작가 자신에게 '위로'의 존재가 된다. 대상에게 투영된 자신의 모습에서 받은 위로를, 작가는 다시 세상의 다른 존재들에게 되돌려준다. 관조로 세상을 이해하고 관조로 세상에 온기를 전하는 메커니즘의 전형이다.

옛사람들도 다르지 않아서 글을 씀에 있어 제1의 덕목 역시 관조였다. 조선 정조 때 작가 풍무자風舞子 이덕무李德懋도 관조를 창작 정신으로 견지했다. 기존의 문학에 얽매이지 않고 자기만의 독특한 세계를 개척하기 위해서는 대상을 볼 때 선입관을 배제하고 치밀하게 관찰하여 가상假相에 빠지지 말고 인정물태人情物態, 세태의 진실을 드러내도록 한다는 것이었다.[51] 이덕무의 글이 예민하고 감성적인 필치로 "섬세하고 치밀한 묘사를 이루었다."라는 평을 듣는 배경이다.

> 말라버린 채 뻗은 수풀의 가지에 앉은 암수 까치는 대여섯 마리나 예닐곱 마리쯤 될까. 몹시도 한가로워 보였다. 부리를 가슴에 파묻고는 눈을 반쯤 감은 채 자는 듯 마는 듯한 새도 있고, 가지에 붙어 제 부리를 가는 새도 있고, 목을 에두르고 발톱을 들어 제 눈을 긁는 새도 있고, 다리를 들어 곁에 있는 까치의 날갯죽지 털을 긁는 새도 있다. 어떤 새는 눈이 정수리에 쌓이자 몸을 부르르 떨어 날려 떨어뜨린다. 눈동자를 똑바로 뜨고 한 곳을 주시하다가 날래게 날아가는 모양이 말이 비탈길을 달리듯 빠르다.
>
> ─이덕무 <칠십리설기七十里雪記> 중, 안대희 <조선의 명문장가들>,
> 휴머니스트, 2016에서 재인용

비단 눈에 보이는 대상뿐만이 아니라 자기를 묘사한 글에도 관찰의 습관이 묻어있다.

> 목멱산(남산) 아래 한 바보가 사는데 어눌하여 말을 잘하지 못한다. 성품이 게으르고 서툴러서 시무時務를 모르고, 특히나 바둑이나 잡기를 할 줄 모른다. 남들이 욕을 해도 따지지 않고 칭찬을 해도 우쭐하지 않으며, 오직 책 보는 것을 낙으로 삼아서 추위와 더위, 굶주림과 병에도 전혀 아랑곳하지 않는다. 그는 어린아이 적부터 시작하여 스물한 살이 되도록 하루도 손에서 책을 놓아본 일이 없다. 그의 방은 지극히 협소하다. 하지

---

51   안대희, 〈조선의 명문장가들〉, 165p 참조, humanist, 2016

만 동쪽에도 창이 있고 남쪽에도 창이 있고 서쪽에도 창이 있어, 동쪽에서 서쪽으로 기우는 해를 쫓아가며 햇볕 아래서 책을 읽는다. 그는 보지 못한 책을 읽기라도 하면 좋아서 웃는다. 집안사람들은 그가 웃는 모습을 보고 기이한 책을 얻었다는 것을 알아차린다. 또 두자미(杜子美, 두보杜甫)의 오언율시를 좋아하여 큰 병이 든 것처럼 끙끙대며 읊조리는데, 그러다가 심오한 맛을 터득하여 기쁘기가 한량없으면 일어나서 이리저리 서성댄다. 그가 내뱉는 소리는 갈가마귀가 우는 것과도 같다. 어떤 때에는 조용하게 아무 소리도 없다가 눈을 동그랗게 뜨고 어딘가를 뚫어지게 보기도 하며, 어떤 때에는 꿈 속을 헤매기라도 하듯 혼잣말로 중얼거린다. 사람들은 그를 책만 보는 바보, 간서치看書痴라고 손가락질을 하나, 그 역시 그 별명을 기쁜 마음으로 받아들인다. 그의 전기를 짓는 자가 아무도 없기에 붓을 들어서 그의 행적을 기록하며 <책벌레의 전기看書痴傳>를 짓는다. 그의 이름과 성은 굳이 기록하지 않는다.

—이덕무 <看書痴傳>, 안대희 <조선의 명문장가들>, 휴머니스트, 2016에서 재인용

이덕무가 자기 자신을 '책벌레'라 부르며 쓴 자서전이다. 오랜 시간 자신을 스스로 관찰해온 흔적이 묻어난다. 한 발 떨어져 대상을 지켜본 사람만이 구사할 수 있는 표현으로 그득하다. 어느 누구도 자기를 자신만큼 알지 못할 터이다. 더군다나 객관客觀의 자세로 자신을 바라보았음에랴.

관조하는 자세에는 비시각적非視覺的 관찰 기술도 포함된다. 듣고 냄새 맡고 맛보고 만지는 행위에도 진지함이 더해지는 것이다. 그냥 흘려듣거나, 별생각 없이 냄새를 맡고, 대충 맛보고, 그냥 만지는 것이 아니라, 주의해서 듣고 맡고 맛보고 감촉을 느낀다. 이 두 자세 사이에는 분

명히 차이가 있다. 감각적 관찰들이 있는 곳에서 적극적이고 창의적이며 희망적인 사고가 싹튼다.

오감을 동원한 관조가 남다른 묘사력으로 현장감 넘치는 창작을 낳는 사례 가운데 하나가 소설가 성석제의 경우이다. 그가 쓴 <잘 익어야 맛있다—김치>를 보자. 오랜 관찰이 읽는 이의 오감을 일으켜 세우며 절로 침이 고이게 만든다.

살짝 신맛이 돈다. 침샘을 슬쩍 건드리면서 양쪽 뺨 안쪽을 시리게 하는 그런 맛. 고추의 매운맛을 내는 성분인 캡사이신은 김치에 들어가서 자극적이면서 개운한 맛을 낸다. 여기다 아무렇지도 않게 더해지는 맛이 있는데 그게 배추의 질감이다. 김치가 덜 익었을 때나 너무 익었을 때는 배추의 제일 바깥쪽, 그러니까 푸른 잎사귀 쪽의 맛이 강하다. 그러나 김치가 한창 잘 익었을 때는 배추에서 뿌리에 가까운 쪽, 곧 두툼하고 이가 박히는 느낌이 실한 부분에 꽉 차게 맛이 든다. 이 부분을 어금니로 붙들어 아래위로 으드득, 요절낼 때의 감촉이며 소리며…… 이것이 맛이 아니고 무엇이랴. 시고 떫고 맵고 쓴, 오미五味에는 들지 않지만 맛은 다섯 가지로만 분류될 수 있는 게 아니다.

(중략)

잘 익은 김치는 차게 먹으면 훨씬 맛이 돋궈진다. 북풍한설 모진 바람이 쏴쏴 뒤꼍 대나무 숲을 뒤흔드는 소리를 들으며 김칫독에서 건져온 김치를 썰어서 젓가락을 빌릴 필요도 없이 그대로 입으로 가져갈 때, 손에 이어 입속에 느껴지는 그 차가운 감촉 역시 맛으로 승격해야 마땅하리라. 동치미가 있다면 또한 좋을 것인데 얼음이 둥둥 뜨는 그것을 사발에 담아놓고 그냥 돌아가며 들이마셔도 좋고(내장이 다 찌르르한 차가운 맛!),

재미 삼아 가위바위보로 순서를 정해 진 사람은 아예 못 먹게 하는 것도 괜찮다. 동치미 무를 채 썰어 양푼의 밥에 넉넉히 얹은 뒤 참기름과 고추장을 듬뿍 넣고 썩썩 비벼서 한 숟가락씩 돌아가며 먹으면 또 그 맛은 어떠한고. 역시 재미 삼아 가위바위보를 하고 지는 사람은 한 숟가락이라도 차례가 오지 않도록 해보자. 이게 '못 먹는 사람 약 올라 죽는 맛'이다.

관조하는 자세는 대상을 있는 그대로 보지 못하게끔 방해하는 온갖 장애 요소들을 차단해준다. 편견이나 선입견 따위이다. 연암 박지원은 관조를 '마음을 고요히 가지는 것'이라는 뜻의 '명심冥心'으로 풀이했다. 그릇된 가치관이나 인식의 오류로부터 자신을 지키기 위해 꼭 필요한 인식 상의 무기로 여겼다.[52] 그의 손자로 19세기 말 실학파의 리더였던 박제가의 시 '위인부령화爲人賦嶺花'에도 관조의 중요성이 묘사된다.

毋將一紅字
泛稱滿眼華
花鬚有多少
細心一看過

붉을 홍 한 자만으로
눈 가득한 꽃들을 칭하지 마라
꽃 수술만 해도 많고 적은 게 있으니
세심하게 하나하나 살펴보아라

---

52   안대회, 〈조선의 명문장가들〉, 138~139p 참조, humanist, 2016

실학자답게 저마다의 다양한 모습들을 살펴 다름을 이해하고 인정하라는 주문을 담고 있다. 편향된 사고에서 벗어나 열린 마음이 되기 위해 갖추어야 할 덕목이 '관조'임을 강조하고 있는 것이다.

창은 빛과 공기와 풍경을 제공하는 장치이다. 관조하는 사람들에게 창은 사유의 수단이기도 하다. 관조자는 창을 통해 바깥을 바라보면서 연결성과 균형감을 갖춘다. 마음속에 구축한 인식의 창을 통해서이다. 창밖 세상은 이들에게 보편성과 개별성을 함께 키워준다. 보편성 가운데서 개별적 깨달음을 발견하는 것은 오랜 관조 습관에 주어지는 특별한 선물이다. 그런 연유로 관조할 줄 아는 사람의 삶은 일반인과 다를 수밖에 없다. 그것을 보여주는 사례가 <상실의 시대>, <1Q84> 등으로 노벨 문학상 후보에 오르내리는 일본 작가 무라카미 하루키(村上春樹, 1949~)의 경우이다. 하루키는 게이오慶應 대학 영문학과를 졸업한 후 1974년부터 1981년까지 도쿄에서 재즈바Jazz bar를 운영했다. 음악을 '오타쿠オタク' 수준으로 좋아했던 까닭이 컸다. 당시 그에게는 음악이 유일한 삶의 위안이었다. 틈틈이 영미 소설을 일본어로 번역하는 아르바이트를 하기도 했다. 하루키는 1978년 4월 어느 날 진구神宮 구장 외야석에 홀로 앉아 그가 좋아하던 야쿠르트 스왈로즈의 경기를 지켜보다 허공을 가르며 내리뻗은 배트가 포물선을 그리며 날아온 공과 접점을 찾는 순간이 낸 굉음, 타자의 움직임에 날카로운 소리가 더해진 바로 그 순간, 그 소리와 광경을 놓치지 않고 신성하게 받아들였다. 그 길로 하루키는 신주쿠의 서점으로 가서 원고지 한 뭉치와 천 엔 정도의 만년필 한 자루를 샀다. 쉴 새 없이 무언가를 써 내려간 그는 다섯 달만에 <바람의 노래를 들어라>를 탈고했고, 이 처녀작은 이듬해 초봄

문예지 <군조群像>의 신인상에 오른다.[53] 무라카미 하루키의 전설이 시작된 것이다. 번역만 해봤지 소설이라고는 써본 적이 없던 하루키였지만, 음악을 듣고 야구를 보고 책을 읽고 번역을 하면서 대상에 온 마음을 쏟아온 연유로 자신에게 다가온 하나의 소리, 한 줄기 빛을 바로 자기 것으로 낚아챌 수 있었던 게 아닐까? 그동안 쏘아댄 무수한 화살들이 모두 과녁을 향하고 있었던 것임을 알게 하는 순간이었다. 하루키는 야구장에서 푸른 잔디와 맑은 하늘 그리고 공이 배트와 만나는 경쾌한 소리를 들었을 뿐이지만, 그 순간 껍질을 깨고 새로운 세상으로 뛰쳐나간 것이다. 마치 신의 계시라도 받은 사람처럼.

<연금술사>를 쓴 브라질 작가 파울로 코엘료(Paulo Coelho, 1947~)도 비슷한 궤적을 보였다. 연극배우와 작사가, 잡지 기자 생활을 하던 코엘료는 1986년 스페인 산티아고 길Camino de Santiago을 순례하다 섬광처럼 찾아온 어떤 영감을 받고 작가로 전업했다. 1987년 처녀작 <순례자>를 필두로 <동방박사의 일기>, <베로니카, 죽기로 결심하다>, <피에드라 강가에서 나는 울었네> 등을 선보였다. 하루키와 마찬가지로 코엘료도 줄곧 인간의 내면을 탐구하며 삶의 의미를 찾는 시도를 거듭해온 까닭에 어느 날 어떤 계기를 만나는 순간, 내면의 변화를 맞이하게 된 것이 아닐까.

고대 그리스의 과학자들도 '관조의 창작'을 통해 인류사에 길이 남을 진리를 발견했다. 사람들이 간과하는 것을 그들은 놓치지 않았던 것이다. 아르키메데스는 욕조에 몸을 담그면 수면이 높아져 물이 넘치는 현상에 주목해 물질의 비중이 배수량과 관련이 있음을 간파했다. 대장장이의 망치 소리를 주의 깊게 들은 피타고라스는 물체의 길이가 음의

---

53   무라카미 하루키, 〈직업으로서의 소설가〉, 현대문학, 2016

높낮이와 관련이 있음을 알아냈다.

'관조觀照'—

새벽의 고요한 시간, 잔잔한 연못에 금싸라기처럼 떨어져 앉는 달빛을 '온유한 마음으로 바라봄.' 그 바라봄의 과정에서 스스로가 수면이 되고 달빛이 되는 경험을 하게 된다. 그런 정화의 순간에는 자기 자신을 전혀 의식하지 못하는 까닭이다. 그런 과정을 거쳐 형성된 이미지는 강렬하다. 경주 남산 자락에 아틀리에를 가진 소산小山 박대성(朴大成, 1945~) 화백은 "담 너머의 소나무를 오랫동안 바라보다 어느 순간 일필휘지로 그려버렸다."라고 필자에게 토로한 바 있다. 관조 끝에 얻은 소나무의 이미지를 머릿속에 담았다가 순식간에 화폭에 쏟아버린 것이다. 그 순간 화가는 소나무와 하나가 되었다고 할 수 있다. 옛사람들이 말하는 '흉유성죽胸有成竹'의 경지에 다름 아니다. 이 사자성어를 두고 당대의 시인 동파東坡 소식蘇軾은 이렇게 풀이했다.

"대나무를 그리려면 먼저 대나무가 내 속에서 자라나게 해야 한다. 손에 붓을 쥐고 눈으로 집중을 하면, 그림이 바로 내 앞에 떠오른다. 그러면 그것을 재빨리 잡아채야 한다. 그렇지 않으면 사냥꾼을 본 토끼처럼 잽싸게 사라진다."

청풍명월들 역시 관조를 통해 마음속에 대상의 상相을 간직하고 있다가 어느 순간 그것을 은유적으로 쏟아내는 화법을 구사할 줄 아는 것이다. 참으로 대단하지 않은가? 그들의 유머감각 역시 '관조觀照의 힘'에서 비롯되지 않을까 싶다. 관조가 없이는 불가능해 보이는 비유적 표현을 예사로 구사하는 까닭이다. 관찰을 바탕으로 이미지 형상화를 거쳐 감정이입으로 안내하는 만큼 "관조가 존재하지 않았던 것을 불러내고, 새로운 것을 창조한다."라는 사실을 수긍하게 된다. '홍두깨에 꽃을 피우는' 것이다. 또한, 관찰로 획득된 지식이나 상상, 느낌 등의 감각적 기억은 순차적이 아니라 유기적 네트워크 안에서 통합적으로 발현하기도 한다. 소리가 색채를 유발하고, 풍경이나 맛 또는 촉각이 어느 순간의 기억을 불러내기도 하는[54] 것이다.

관조의 세계에서는 환상과 실재 사이에 경계가 없다. 실재의 힘이 환상보다 세다. 이 환경 속에서 해학이 자라난다. 있는 걸 없다고 말하는 게 아니라, 없는 걸 있다고 말하는 해학적 태도에는 삶에 대한 애정이 배어있다. 희미한 희망을 말하며 고난을 견디는 식이다. 긍정의 자세로 가난과 지루함과 아픔과 불편함을 견디는 것이다. 혹한이나 폭염까지도.

충청도 사람들의 심성은 안다.

> "바위틈에서 비롯된 물이 땅속으로 흐르면서 여러 흔들림의 영향을 받지만, 캄캄한 어둠 속에서도 마침내 앵두나무의 뿌리에 닿아 앵두와 하나가 된다."[55]

는 사실을. 세상 만물은 서로가 인연 속에 있으며 대립이 아닌 융합에 의해 조화를 이루므로 내가 세상을 관조하는 한 세상도 나를 관조한다. 관조할 줄 아는 사람은 생명에 대한 경이와 현재에 충실한 자세에서

---

54   Robert & Michele Root-Bernstein, 〈생각의 탄생〉, 54p 참조, 에코의서재, 2018.
55   트란 안 홍, 〈그린 파파야 향기〉 대사 내용 참조, 1994.

비롯되는 무한한 행복감을 견지한다. 내 삶의 주체인 내가 고요하고 평화로운 심성을 유지하면, 세상 풍경도 그에 걸맞는 모습으로 다가오는 법이라고 여긴다. 충청도 사람들의 관조는 세상의 조화를 추구하는 심성의 발로이다. 그 심성들이 여유와 웃음을 낳는다. 충청도 말에 날이 없는 이유이다.

관조하는 사람은 자세를 높이지 않는다. 시선도 늘 아래를 향한다. 보고 헤아리고 마음을 주다 보면 몸에 배게 마련인 자세이다.

관조하는 사람과 그렇지 않은 사람은 삶을 대하는 태도에 있어 차이를 보인다. '무상無常'을 알고 모르고의 차이이다. 관조하는 사람은 사물이 '한결같을 수 없음'을 터득한다. 그에 반해 관조하지 않는 사람은 자기가 쳐놓은 틀 속에 갇히면서 다름을 부정하고 자기의 '진실'만을 고집하며 주변과 갈등을 빚는다. 기실 그 '진실'이라는 게 굴속에 사는 사람이 보는 내부의 모습에 불과하거나, 기껏해야 굴 안에서 내다보는 한정된 바깥 모습 같은 것일 뿐, 외부 풍경 전체를 아우르지는 못함을 알지 못하고 또 인정하지 않는다. 모든 사물마다 다름이 있을 수 있음을 발견하게 하는 '관조'의 훈련이 없는 탓이다.

영국의 대문호 윌리엄 셰익스피어(William Shakespeare, 1564~1616)의 문장에도 관찰의 과정을 거친 표현들이 부지기수로 등장한다. 평론가들은 윌리엄 셰익스피어의 위대함을 '세상에 대한 관조'에서 찾는다. 한 인간으로서 삶을 영위하는 요소들이 어떤 건지를 깊이 들여다볼 줄 아는 작가라는 이유에서이다. 예를 들면, 희곡 <당신이 좋으실 대로 As You Like It>에서 언급한 "나무에 혀가 있고, 흐르는 시냇물에 책이 있으며, 돌 속에 설교가 있다."든지, "시간은 사람에 따라서 지나가는 속도가 다르다." 혹은 "불행은 견디는 힘이 약하면 더욱더 무겁게 내리누른다." 등이 그러하다. 대상에 대한 오랜 관찰과 교감이 바탕을 이루고 있을 때라야 구사 가능한 표현들이다. 그의 글이 "언어의 향기가 풍겨 나오고 리듬이 느껴진다."라는 평가를 받는 이유이기도 하다.

평론가 미하엘 쾰마이어(Michael Köhlmeier, 1949~ , 독일 신화 작가)의 평가도 그러하다.

> "인간의 선함과 악함은 함께 어울리며, 때로는 격정으로 때로는 진한 감동으로 우리를 몸서리치게 만든다. 셰익스피어는 인간을 새롭게 창조함으로써 그 결과 문학을 새롭게 썼다. 거기에 내가 덧붙일 것은 없다." [56]

선악을 엄격히 구분해 권선징악을 추구하던 시대에 영국이 낳은 불세출의 대문호는 관조의 힘으로 세상을 이루는 바탕을 들여다본 것이다. 그 바탕에서는 선도 악도 사랑도 미움도 종이 한 장 차이였다. 세상과 인간은 정의와 비정의의 흑백논리로 구분하기 어려우며 그보다 훨씬 복잡하고 다의적多義的인 존재라고 여기는 까닭일 것이다. 실제 아들을 죽인 살해범을 양자로 삼고, 조상 대대로 원수지간인 가문과 제사를 함께 지내는 등 권선징악만큼이나 용서와 화해, 관용과 위로가 있는 풍경이 아름답다고 느껴질 때가 많다. 모순이지만 그 모순을 삶의 다양한 의미로 승화해나가려는 시도가 있는 지점에 예술의 본령이 자리 잡아야 사람들을 긴 사색으로 이끌 수 있다고 느낀다. 셰익스피어는 "살아 누리는 모든 순간이 축복이며, 지금 맞고 있는 순간이 모여 영원을 이룬다."(요한 볼프강 괴테, John Wolfgang Geothe. 1749~1832)라는 대자연의

---

56   윌리엄 쾰마이어, 〈한 권으로 읽는 셰익스피어〉, 김희상 옮김, 작가정신, 2005.

법칙을 이해하고 실천한 사람이다. 그런 진리를 체득하면 자연히 자세를 낮추게 마련이다. 타인에 대해 따뜻한 시선을 줄 줄 알며 배려하는 마음을 갖는다. 뉴스를 장식하는 많은 장본인이 이런 자세가 결여돼 망신을 당한다. '관조할 줄 모르는 탓'이다. 그들은 결코 배려와 겸허함이 주는 기쁨을 알지 못한다.

"뭐 해?"라는 문자를 받으면, "뭘 한다." 답하지 않고, "지금 어디야? 그리 갈게."라고 말할 수 있는 사람은 관조를 아는 사람이다. "뭐 해?"라는 문장 속에 담긴 상대의 외로움과 힘듦을 읽어내는 까닭이다. 이런 즉물卽物이 아닌 즉심卽心의 마음이 사람들 사이의 소통을 가능하게 만들고 사회를 온기 있게 만든다. 청풍명월들에게서 발견되는 마음이다.

"뭐 햐?"
"시방 워뎌? 그리 갈 모양이니께."

겸허함

동파東坡에서 늦도록 마시고 돌아오니
하인은 우레처럼 코를 고네
문 두드려도 아무런 기척이 없어
지팡이에 의지해 강물 소리를 듣네

—<임강선臨江仙>, 동파東坡 소식蘇軾

밤늦은 시각이지만, 주인이 돌아와 문을 두드리는데도 하인은 곯아떨어져 일어날 줄을 모른다. 문을 열어줄 때까지 쿵쾅거리며 요란스레 계속 두드리거나, 기어코 깨워서 한바탕 야단을 치는 대신 강가에서 고요한 마음으로 지팡이에 기대 강물을 바라보며 동트기를 기다린다. 쇼팽의 피아노 협주곡 1번 2악장이 자아내는 조요하고 조화로운 분위기를 연상시키는 대목이다. 이 시 속의 주인은 어떤 환경 속에서도 마음의 평화를 유지할 줄 아는 심성의 소유자임에 틀림없다. 이 주인공이 우리나라에서는 어느 지방 출신에 해당할까 상상해보면, 역시 충청도를 낙점하게 된다. 관조를 아는 인격만이 보여줄 수 있는 여유와 겸허함이 감지되는 까닭이다.

오래전 충청도 여행길에 어느 마을 촌로에게서 들은 이야기가 인상적이어서 지금껏 기억한다. '왜 아직 모내기를 안 하고 있느냐'는 질문에 '이 마을 농부들은 모내기를 서두르지 않는다'라는 이야기였다.

　　"우리는 다 때를 알아유."
　　"아니 벌써 5월 하순이잖아요?"
　　"우리는 우리 뱅뱁이 있구믄유."
　　"모내기 때를 정하는 데에도 방법이 있다구요?"
　　"아! 있쥬. 우리는 대추를 콧구멍 속에 넣어보고 딱 맞으믄 그때 해유."

　　전국 농촌이 5월이 끝나기 전에 모내기를 마치려고 품앗이를 하며 서두를 때도 이들은 여유를 보인다. 가을에 딴 대추가 코에 집어넣어서 꼭 맞을 정도로 크기가 줄어들면 비로소 모내기 시기가 되었다고 판단한다는 것이다. 오른팔을 머리 위로 들어 왼쪽 귀가 잡히면 학교 갈 나이가 되었다고 판단하는 아프리카 말라위^{Malawi}의 부족을 연상시켜 좀 황당했지만, 대대로 이어져 오는 마을 전통이라니 무시할 수만은 없었다. 청풍명월의 자부심 넘치는 고집과 관찰의 습관 그리고 해학적 생활양식이 고스란히 감지되던 순간이었다. 선조의 지혜를 의심하지 않고 따르는 겸허한 마음도 강하게 풍겨왔다.
　　충청도의 겸허함이라면 필자의 빙모도 하나의 사례가 된다.
　　서른을 넘긴 나이에 아내를 만났다. 서울 강북구 수유동에 있던 처가를 처음으로 방문하던 날, 훗날의 장모님은 갖가지 나물들로 밥상을 꾸며 내놓으셨다. 나는 자주 그랬듯이 비빔밥을 만들어 '마파람에 게 눈 감추듯' 한 그릇을 후딱 비웠다. 나중에 알고 보니 나물은 장모님이 즐겨 만드시는 음식이었고, 손위 처남은 입이 짧은 편이었다. 장모는 밥 잘 먹는 사위 후보에게 완전히 매료당한 나머지 이렇게 말씀하시는 것이었다.

"아이구 내가 막내딸만 치우면 아무런 걱정이 없는데…"

필자가 청혼하고 허락을 구해야 하는 자리인데 거꾸로 돼버린 것이다. 딸 가진 여느 어머니들처럼 사윗감의 조건들을 꼬치꼬치 묻기는커녕 밥 잘 먹는 것 하나만 보고선 딸을 데려가라고 넌지시 사인을 보내신 것이다. 충청도 출신인 장모님은 그처럼 소박하고 매력적인 분이셨다.

갓 난 외손주를 씻겨주면서 장모님은 말씀하시곤 했다.

"꽃이 이쁘다 한들 여기에 비길까."

1970년대에 패션모델 일을 하던 막내딸을 찾는 디자이너들의 전화가 오자 장모님이 남긴 메모는 포복절도하게 했다.

"00야, 디자이너 오지마라 전화 왔다."

에 이어,

"00야, 디자이너 도로와조 전화 왔다."

라고 쓰여 있어 귀가한 막내딸을 혼란스럽게 만들었다. 공교롭게도 디자이너 오리지널 리 선생과 트로아 조 선생이 연이어 전화를 했던 것이다. 장모님은 귀에 들리는 대로 받아 적었을 뿐이었다. 소박하게.

장모님이 돌아가시고 난 후 어느 해 초봄, 장모님의 고향인 충남 금산군 진산을 찾은 적이 있다. 마을 뒤쪽은 온통 나지막한 야산이었다. 그 야산에 씀바귀, 냉이, 달래, 엉겅퀴, 취나물, 두릅, 돌나물, 질경이, 쑥 등 각종 나물이 지천으로 나 있었다. 봄날, 이 나물들을 관조하며 야산을 좋아라며 뛰어다녔을 장모님의 소녀 시절을 상상하자 입가에 절로 미소가 번졌다. 그 어른이 나물을 좋아하는 이유를 충분히 알 것 같았다. 아내와 처형들도 생전의 어머니가 해주시던 나물 반찬을 그리워하며 흉내 내는 모습을 자주 보게 된다. 확실히 어머니의 음식 솜씨는 딸들을 통해 이어진다. 언젠가 작은 처형 내외와 함께 강원도 홍천의 산속에 사는 젊은 건축가 이정섭 씨의 집을 방문해 서로 인사를 시키는 중에 처형이 어느새 땅바닥에 주저앉아 발아래에 피어난 쑥을 뜯고 있는 걸 보고 그 뒷모습에서 장모님을 읽은 적이 있다.

장모님이 안 계시는 지금엔 두 처형이 나만 보면 당연하다는 듯이 나물과 고추장 그리고 참기름을 들이민다. 지난봄에도 큰처형 댁에서 진도 강황으로 지은 밥과 파, 부추, 버섯, 톳, 가지 등의 무침 나물들로 그득한 밥상을 받았다. 비빔밥에는 쇠고기 장조림이나 김무침, 젓갈 등을 곁들이면 미각적 쾌감이 확대되는데 이날은 깻잎과 아삭이고추를 양념에 버무린 무침이 나와 신선감을 더했다. 이럴 때마다 나는 처형들의 마음 씀에 살풋 감동받곤 한다. 동시에 "막내 사위 밥 잘 먹는다."라며 흡족한 표정으로 밥을 더 떠주시곤 하던 장모님의 모습을 그리게 된다.

음식은 그리움으로 전승된다. 필자는 나물 비빔밥을 대할 때마다 장모님으로 상징되는 충청도의 온화하고 겸허한 마음을 떠올리게 된다. 관조의 습성이 만드는, 대상에 대한 애정과 친절을 보여주신 청풍명월 장모님에 대한 추억은 오래도록 기억 공간에 자리 잡을 것이다.

따뜻함

필자의 경험으로는 국밥과 국수를 좋아하는 사람은 삶에 대한 성찰이 있다. 그런 사람은 좌절의 경험이 있고, 눈물을 알며, 잘난 체하지 않고, 스스로 낮출 줄 안다. 무엇보다 타인에 대한 시선이 따뜻하다. 우리가 아는 사람 중에서 꼽으라면, 필자는 주저 없이 충남 광천이 낳고 키운 소리꾼 장사익(충남 광천 출생, 1949~) 씨를 그런 사람 속에 포함하고 싶다.

2007년 5월 18일 지리산 자락 하동 쌍계사 일대는 차茶 축제가 한창이었다. 대웅전 앞마당에서는 불교음악인 범패梵唄 공연에 이어 스님 사회자의 소개 멘트가 있었다.

"다음은 여러분들이 오랫동안 기다리신 이 시대 최고의 소리꾼 장사익 선생의 순섭니다."

늘 그렇듯이 수줍어하는 표정의 장사익이 무대에 섰다. 일순 경내는 환호와 박수로 덮였다.

"안녕하세유?"

사람 좋아 보이는, 특유의 충청도 사투리로 말문을 연 장사익은, 코발트 빛 초저녁 하늘을 가로질러 흘러가는 구름을 잠시 응시하더니 노래를 하기 시작했다. 경내는 진지해졌고 장사익은 왜 그가 가수가 아닌 '소리꾼'으로 불리는지를 유감없이 보여준다.

'물설고 낯선 땅에 아버지를 모시고 돌아온 날 밤, 얘야 문 열어라, 소리 들려 아버지 오셨나보다고 후다닥 일어나 대문을 열었더니 아버지 보이지 않고 바람만이 불어오더라'는 노래 '아버지'와 '하얀, 순박한 찔레꽃 향기는 너무 슬퍼 울었다'는 '찔레꽃' 그리고 '헤일 수 없이 수많은 밤을 내 가슴 도려내는 아픔에 겨워 얼마나 울었던가 동백 아가씨 그리움에 지쳐서 울다 지쳐서 꽃잎도 빨갛게 멍이 들었소'라는 노랫말의 '동백 아가씨'가 대웅전 앞마당에 울려 퍼지자 도량은 고양된 청중들의 열광적인 박수와 함성으로 뒤덮였다. 장사익은 굳이 많은 말을 하지 않아도, 노래만으로 이미 이심전심 정서를 공유했다.

청중들은 그를 쉽게 보내 주지 않았다. 그의 노래에 대한 청중의 갈증은 한이 없어 보였다. 그는 '봄날은 간다', '나 그대에게 모두 드리리' 등 세 차례나 앙코르를 받고서야 겨우 무대를 내려갈 수 있었다.

숙소로 돌아오는 밤길, 바람 서늘한 쌍계사 계곡에서 나는 계속 '동백 아가씨'를 흥얼거렸다. 이튿날 지리산을 사방으로 돌아 서울로 향하는 길 위에서도 나는 계속 '동백 아가씨'를 입에 올렸다. '장사익표' 노래는 그만큼 맛이 달랐다. 그의 노래는 때로 붉은 울음 같아서 그 울음 들으면 같이 울고 싶어지는 그런 마력을 갖고 있다.

그와 만난 자리에서 '무슨 곡을 가장 좋아하는지?'를 묻자 웃으며 '찔레꽃'이라고 답한다. '왜 찔레꽃이 그렇게 슬픈지?'를 묻자 그의 표정은 굳어졌다.

"제가 굴곡이 좀 많았는데 한 때 사는 게 너무 힘들었을 때가 있었어요.

그때 우연히 한 향내를 맡고 처음엔 장미 줄 알았는데 알고 보니 찔레꽃이었어요. 그 사실을 확인하는 순간 눈물이 막 났어요. 보잘 것 없는 찔레꽃이 이렇게 아름다운 향내를 머금고 있다는 사실에 뭉클했던 거죠. 내 신세와 닮았다고 여기며 힘을 얻었어요."

그래서 장사익은 '찔레꽃'을 작사 작곡했고, 그 곡은 그의 애창곡이 되었다.

장사익의 면모를 읽게 해주는 에피소드는 '아버지'에도 있다. 아버지를 산에 묻고 왔는데 잠결에 "문 열어라!" 소리가 들려 밖으로 뛰쳐나갔다는 노랫말을 담고 있다.

"제 아버지는 가축 장수였어요. 그래서 아버지한테서는 늘 가축 냄새가 났어요. 아버지는 자식들 키우시느라 이곳저곳을 많이도 걸어 다니셨어요. 내가 힘들게 살던 시절, 장항선을 타고 고향을 가거나 아니면 고향을 떠나거나 할 때, 아버지는 늘 역에서 저를 기다리시거나 배웅해 주시곤 했어요. 그런 각별했던 아버지의 마음을 잊을 수가 없었는데, 그 시를 보자 내 심정과 너무 닮아 곡을 붙이게 됐어요."

그는 노래를 매개로 사람들이 서로 마음을 열고 어우러지는 판을 만들고 싶다고 자신의 노래 철학을 밝힌다.

"폼 잡고 사는 사람들 말고 주변에서 그냥 기웃기웃거리면서 서성대는 이런 소시민들이 많지 않습니까? 바로 그런 모습들이 더 아름다운 향기를 뿜어내 주는, 그런 것이 아닌가 해서 그냥 그런 노래, 막 슬프고 사람들과 저 자신이 함께 막 울고, 그렇게 시원하게 노래 부르고 싶습니다."

　요리 연구가 임지호는 그를, "잘 익은 호박 속 같은 사람"이라고 표현한다. 그런 잘 익은 호박은 깊은 맛을 갖게 마련이다. 그의 노래는 자연, 서민, 세상사에 대한 깊은 시선을 담고 있다. '찔레꽃', '국밥집에서', '섬' 등의 노랫말들은 그런 '잘 익은 호박'이 만들어 낸 요리들이다. 삶에 대한 깊은 통찰에서 비롯된 따뜻한 영혼을 품고 있다.

　장터에 가면 괜스레 국밥집을 찾게 된다. 그래야 한다는 공식은 아니지만, 내 몸의 DNA가 그렇게 시킨다. 선짓국밥도 좋고 콩나물국밥도 좋지만 내 입맛은 친숙한 육개장을 원한다. 그 육개장엔 양지고기와 참기름, 대파, 무, 숙주가 들어가면 좋다. 낮술에 불콰해진 노인이 손으로 탁자를 치며 육자배기 한 자락을 펼치는 풍경이면 더 좋다. 어디서 장사익이 부르는 '희망가'가 들려오면 더더욱 맛이 날 것이다. 눈마저 내려주면 국밥집 풍경은 완성된다고 봐야 할 것이다. 그 누구도 슬픔으로 밥을 먹고 싶지 않겠지만, 세월 한편에선 그렇게 먹어야 하는 순간이 있게 마련이다. 그럴 때 우리를 위로하는 건 바로 국밥이다. 그때 국밥은 장사익 그리고 장사익을 낳고 키운 충청도의 마음과 동의어가 된다.

제6장

말 (言)

"품격 있는 말은 평화를 만들고, 재치 있는 말은 목숨을 살린다."

말의 힘

말은 단순히 입에서 나오는 것 이상이다. 그 속에 자신의 내면이 담기는 까닭이다. 성품과 인격, 가치관 그리고 본성들이 집약되며 말의 내용을 이룬다. 그래서 내면이 부실하면 말도 품격을 잃는다. 오늘날 뉴스를 장식하는 말[言] 범죄의 장본인들이 이런 경우에 해당한다. 막말, 갑질, 욕설, 성희롱 등이다. 겉모습을 잘 꾸며 그럴듯하게 보여도 말의 밑천은 숨길 수가 없다. 겉과 속이 조화롭도록 내면을 다지는 훈련을 하지 않는 사람은 말에 취약하게 마련이다. 공자가 말했다.

> "개인도 출세하려면 말에 허물이 작아야 하고, 나라도 한마디 말로 인해 흥하기도 하고 망하기도 한다."

말의 힘은 그만큼 막강하다. 한漢의 대장군 한신韓信의 일화가 대표적이다.

한고조 유방이 한신에게 물었다.
"나는 군사를 얼마나 부릴 수 있겠소?"

"10만 정도 되겠지요."

"그렇다면 경은?"

"신은 많으면 많을수록 좋죠. 다다익선多多益善이지요."

"그런데 왜 사로잡혀 내 밑에 있소?"

"폐하께서는 군사를 거느리는 장수를 다스리는 데 능한 까닭입니다. 그 능력은 하늘이 주시는 거지요."

한신의 말에 일순 화가 났던 유방은 이어서 나온 한신의 극찬에 기뻐했다. 반전의 효과를 극대화하는 담대한 말솜씨가 아닐 수 없다. 젊은 시절 부랑배의 가랑이 밑을 기어가는 모욕을 참은 일화, '과하지욕跨下之辱'의 주인공다웠다. 비록 '토사구팽兎死狗烹'의 당사자가 되는 비참한 종말을 맞았지만, 중국 역사상 가장 뛰어난 장수 중의 하나로 꼽히기에 부족함이 없는 지모의 소유자였다.

관계가 어색해질 수 있는 상황에서도 기지 섞인 말 한 마디로 분위기를 반전시킬 수 있다. 순전히 말의 힘이다. 물론 상황에 침착을 유지하고 여유 있게 대응하는 자세를 잃지 않을 때 가능한 것이어서 절대 쉽지 않은 일이긴 하다. 조선 시대 성현(成俔, 1439~1504)이 집필한 <용재총화慵齋叢話>에 고려 때 문관 말직 장사랑將仕郎 벼슬을 하던 영태永泰에 관한 일화가 담겨 있다. 가히 '기지의 전범典範'이라 부를 만하다.

영태는 광대놀이를 즐겼다. 한번은 충혜왕을 따라 사냥을 나갔는데 그날도 역시 광대놀이를 하고 있던 차에 왕이 영태를 물속에 밀어 빠트렸다. 영태가 허우적거리며 나오자 그 모습을 보고 왕이 껄껄 웃으며 물었다.

"그대 어딜 다녀오는 겐가?"

영태가 잠시 호흡을 가다듬더니 말했다.

"예. 초나라 굴원을 보고 오는 길입니다."

임금이 재미있어하며 말했다.

"그래 굴원이 뭐라고 하던가?"

영태가 즉시 답했다.

"굴원이 하는 말이 '나는 어리석은 임금을 만나 강에 몸을 던졌지만, 그대는 현명한 왕을 만났는데 어찌 이곳에 왔는가?'라고 물었습니다."

충혜왕은 영태의 기지에 탄복하며 그에게 은그릇을 상으로 내렸다.

아무리 장난이었다고 하더라도 왕이 고의로 물에 빠트린 행위는 신하의 기분을 상하게 할 수가 있다. 군신 관계이다 보니 신하는 불쾌한 표정을 지을 수도 없는 노릇이다. 분위기가 어색하게 전개돼서도 안 될 일이다. 대부분은 이런 대목에서 굴욕을 참으며 어색하게 웃거나, 순간을 제대로 넘기지 못하면서 '괘씸죄'를 당하거나 한다. 두 경우 모두 오래도록 불쾌한 기억으로 남게 될 처신들이다. 목숨이 위태로울 수도 있다. 이 위기 상황에서 영태를 구해준 것은 그 자신의 말 한 마디였다. 왕의 폭정에 맞서 멱라수에 투신자살한 초나라 굴원의 고사에 빗대어 오히려 자기를 빠트린 왕을 현군으로 치켜 올렸을뿐만 아니라, 신하에게 모욕감을 주는 행동은 어진 임금이 해서는 안 될 짓임을 은근히 비치고 있다. 관계를 망치지 않았을 뿐 아니라 슬기롭게 대응함으로써 오히려 분위기를 반전시키며 상까지 받았다. 이런 기지가 있고 없고는 상황 전개에 천양지차를 보인다.

사회 속에서 인간의 삶은 소통 없이는 불가능하다. 소통이라는 상호작용이 있어 개인과 개인, 개인과 집단 사이의 관계 형성이 가능해진다. 소통이 사람들 사이의 유대와 협동을 끌어내는 수단 역할을 하기 때문이다. 소통의 수단 가운데 으뜸은 역시 말이다. 이 말을 어떻게 쓰냐에 따라 개인의 인성과 사회의 규범들이 영향을 받는다. 아니 영향을 받는 정도가 아니라 절대적이라 해도 무방할 것이다. 말이 거칠면 인성도 해치고 사회도 경직되게 마련이다. 말이 아름답지 않은 곳에서 인간과 사회는 가치나 규범을 내면화하는 사회화^{socialization}의 꽃을 피울 수 없다. 우리 사회는 오랜 시간 진영논리에 지배당하면서 분열과 대립을 계속하며 상대에 대한 적대감을 키워왔다. 그 과정에서 말은 점차 품격을 잃고 있다. 같은 단어인데도 두 진영이 달리 쓰기도 한다. '국민', '정의', '민주주의' 등이 그러하다. 아름다운 말로 소통하며 결속해야 할 집단이 증오심 가득한 말들로 분열과 대립을 가속화하고 있다. 비단 진영의 차이만이 아니라 지위 고하와 빈부 차이 등 소위 '갑을관계'도 말의 품격을 추락시키면서 갈등을 키우고 있다. 갑질과 막말 소동들은 우리 주변에서 비일비재하게 발생한다. 말을 "인간의 확장"으로 본 언론학자 마샬 맥루헌(Marshall McLuhan, 1911~1980)의 관점에서 보면, 우리는 사회를 구성하는 한 인간으로서 제대로 역할 하지 못하고 있다. 하고 싶은 말을 전달하는 수단까지 아울러 '소통'을 이룬다는 사실에 둔감하다. 진심을 상대에게 전달하는 수단으로서의 말을 어떻게 유쾌하고 품격 있게 구사할 것이냐에 대한 깊은 고민이 없다. 대상을 '관조'하는 태도의 중요성을 알지 못하는 까닭이다. 관조하는 습관을 갖춘 사람과 그렇지 못한 사람 사이의 차이는 크다. 대상에 대한 이해와 배려의 있고 없음이다. 언어는 신성한 것이어서 신중하게 다뤄야 한다. 양의 동서를 막론하고 선현들은 이 사실을 알아 경구를 남기며 후세의 자중을 촉구했다.

신약성서 요한복음 1장 1절은 "태초에 말씀이 계셨다. 이 말씀이 하나님과 함께 계셨으니 이 말씀은 곧 하나님이시니라."라고 기록해 신의 존재를 형상이 아닌 언어로 현재화했다. 언어를 신과 동격으로 간주했던 것이다. 또한 "말씀이 사람이 되셨다."라고 함으로써 신성과 인성이 로고스(Logos, 진리) 안에서 완전히 조화를 이룬다고 말하고 있다. 말의 무게감이 고스란히 전달되는 가르침이다.

일본인은 입 바깥으로 뱉어내는 모든 말에 혼령이 깃들어 있다고 여긴다. '고토다마言靈'라는 경구가 그러한 생각을 대변한다. 남을 아프게 하는 말은 그 원혼이 자신에게 화禍가 되어 되돌아온다는 인식이다. 일본인이 말을 조심하는 문화적 배경이다. 우리 말에도 '말이 씨가 된다'는 비슷한 속담이 있지만, '섣부른 말 하면 말이 현실이 되니 삼가라'라는 뜻이어서 공격적 언사에 대한 응징의 의미를 내포하는 '고토다마'와는 차이를 보인다.

공자는 <논어>의 마지막 문장에서 "부지언 무이지인야(不知言 無以知人也; 말을 알지 못하면 사람을 알지 못한다)"라고 강조함으로써 '언言'이 '논어'의 결론임을 분명히 했다. '지언知言'이란 허신許愼이 <설문해자說文解字>에서 "언왈직언言曰直言"이라고 피력했듯이, 단순히 말을 아는 정도가 아니라 '올곧은 말을 할 수 있는 수준'을 일컫는다. 논어는 '바른말', '올곧은 말'을 사용할 수 있어야 '지언'에 도달하고, 그래야만 비로소 군자가 될 수 있음을 강조한 것이다. 말을 앞뒤 재지 않고 함부로 해서는 안 된다는 가르침을 준다.

2010년 3월 11일 법정스님이 입적하셨다. 스님은 "장례식도 다비식도 하지 말고 사리도 찾지 말라."고 유언을 남겼다. 마지막 순간에도 무소유 정신을 천명한 것이다. 참으로 시종일관한 자세로 유종의 미[有終

之美]를 거두었다. 덧붙여 "내가 지은 말빚을 저세상까지 가져가고 싶지 않다."라는 유언과 함께 자신의 책들을 절판해 주라고 당부했다. 스님의 저서 <무소유>만 해도 모두 3백만 부나 팔렸을 정도로 베스트셀러다 보니 출판사들은 못내 아쉬워하는 반응을 보이면서도 스님의 유지를 받들기로 했다.

'말빚'이라!

사람들은 스님의 글을 좋아한다. 무소유의 정신을 강조하는 만큼 간결하고 정갈하다. 욕심이 묻어있는 글과는 확연히 차이를 보인다. 그러나 스님은, 원하는 모양이 나올 때까지 돌을 깎는 석공처럼, 깎아내고 또 깎아낸 말조차도 사람들에게 폐스러운 빚이 된다 여긴 것이다.

"꽃이나 잎은 그냥 생겨나는 게 아닙니다. 멀리 씨앗을 날려 보내고 깊게 뿌리를 내리며 발아할 준비를 합니다. 여러분은 봄을 맞이하기 위해 어떤 준비를 하고 있습니까?"

"봄이 와서 꽃이 피는 게 아니라 꽃이 피어나 봄이 되는 것입니다."

"이 눈부신 봄날, 새로 피어나는 꽃과 잎을 보면서 무슨 생각을 하십니까? 각자 이 험난한 세월 살아오면서, 참고 견디면서 가꿔온 그 씨앗을 이 봄날에 활짝 펼쳐 보이기 바랍니다. 봄날은 갑니다. 덧없이 지나가지요. 제가 이 자리에서 다 하지 못한 이야기는 새로 돋아난 꽃과 잎들이 지어내는 거룩한 침묵을 통해 들으시기 바랍니다."

법정 스님이 입적하시기 전인 2009년 4월 서울 길상사에서 가진 법회에서 대중에게 남기신 말씀이다. 생의 마지막 공개 발언이라 스님의 말씀은 깊은 울림을 준다.

"봄을 맞이하기 위해 준비를 해야 한다."
"꽃이 피어나 봄이 된다."
"봄날은 덧없이 지나간다."
"침묵을 통해 들으라."

대중은 저마다 생각에 잠기는 표정이다. 스님의 한 마디 한 마디가 비수처럼 날카롭게 가슴에 박혀 편치가 않다. 어렵지 않은 낱말들로 이뤄진 문장이지만, 그 뜻은 결코, 간단치 않은 까닭이다. 실로 스님이기에 앞서 한 인간으로서의 생애를 건 발언이었다.

필자는 일찍이 스님과 인연을 맺은 바 있었다. 처음 스님을 만나던 날 받은 인상은 잊히지 않는 필자의 '인생 컷^{Cut}'이 되었다. 다름 아닌 스님의 말씀 때문이었다.

1986년 여름 송광사 불일암^{佛日庵}에서 법정 스님을 만났다. 무턱대고 찾아가서 어렵게 만났던 그분은, 첫 대면부터 헤어질 때까지 범상찮은 말솜씨를 보여주었다. 말을 아끼면서도 한 번씩 툭툭 던지는 표현력이 경탄을 자아내게 했다. 조그만 암자에서 혼자 기거하던 스님은 자신의 산중생활을 꾸밈없이 쉬운 단어들로 표현했다. 채마밭을 가꾸며 토끼와 새들의 틈입을 "같이 먹고사는 거지."라고 미소를 머금으며 말하고, 열병으로 며칠을 드러누워 있었더니 보살피던 다람쥐가 무슨 일인가 여겨 문을 두드리더라는 일화를 소개하며 "삼라만상에 다 불성^{佛性}이

깃들어 있다."라고 가르침을 주었다. 맞대면한다는 말을 "현품^{現品} 대조한다."라고 표현하기도 했다. 치과의사를 포기하고 딴 길로 들어선 필자에게 이런 유머를 던졌다.

"하긴, 남의 이빨로 밥 먹을 순 없지."

대단한 순발력이었다. 나는 생각에 잠겼다, '저분의 말씀은 어쩌면 저렇게 모두 위트와 지혜가 넘칠까?' 일주일을 함께 보내는 동안 단 한 번의 췌사도, 과장도, 허언도 들어본 적이 없었다. 서울로 돌아오는 길에서야 나는 비로소 그 비법(?)을 짐작할 수 있었다. 그는 한마디 말을 하기 이전에 속에서 수십, 수백 번을 죽이는 훈련을 했을 것이라는 생각이 든 것이다. 그런 까닭에 오랜 기간의 수행을 거친 지금, 그의 입에서 말이 되어 나오는 것들은 한결같이 잘 깎은 옥돌처럼 아름다울 수밖에 없는 것이라 여겨졌다. 스님은 그 옛날 천축의 유마 선사처럼 침묵의 수도를 해왔음이 틀림없어 보였다. 스님의 말씀 하나하나는 필자의 뇌리에 깊이 각인되었을 정도로 울림이 컸다. 말이라는 것의 의미와 그것을 구사하는 방법을 어렴풋이 깨달은 까닭이었다. 법정 스님의 기억은 지금껏 필자의 삶을 관통하고 있다.

불교의 <천수경^{千手經}>이 가르치는 '십악참회^{十惡懺悔}' 중 '4악참회^{四惡懺悔}'가 언어와 관련이 있다.

망어중죄 금일참회
(妄語重罪 今日懺悔, 거짓말한 죄업을 오늘 참회합니다)
기어중죄 금일참회
(綺語重罪 今日懺悔, 발림 말 한 죄업을 오늘 참회합니다)
양설중죄 금일참회

(兩舌重罪 今日懺悔, 이간질한 죄업을 오늘 참회합니다)

악구중죄 금일참회

(惡口重罪 今日懺悔, 나쁜 말 한 죄업을 오늘 참회합니다)

　천수경은 이 참회로써 말로 지은 죄를 씻어내라고 가르친다.[57] 천수경이 지적하는 죄업의 내용은 대부분 우리가 매일 저지르고 있는 것들이어서 스스로 되돌아보게 만든다. 이 죄업에서 자유로울 수 있는 사람은 많지 않을 것임이 자명하다.

　재미와 품격을 고루 갖춘 말들을 만나고 싶다. 그런 환경이면 세상이 더욱 유려해지고 삶이 빛을 발할 것이다. 우리가 익히 알고 있듯이 말 한 마디가 천 냥 빚도 갚게 하지만, 반대로 철천지 원한을 사게도 만든다. 말을 아름답게 하려는 개인의 노력이 필요하다. 못지않게 그런 노력이 빛을 발하도록 여건을 조성해 주려는 사회환경의 조성도 절실하다. 품격 있는 말 한 마디가 사회 분위기를 일신할 수 있다고 믿는다. 광고 문구 "남자는 여자 하기 나름이에요."처럼 한쪽이 먼저 배려의 마음으로 다가서면, 다른 한쪽도 감응하게 마련인 때문이다. 거칠고 상스러운 말에 미간을 찌푸릴 사람은 있어도 부드럽고 유쾌한 말에 분노할 사람은 없다. 말로 인한 갈등이 없어지려면, 충청도 사람들처럼 '마음을 접는' 습관을 갖는 것이 최선의 방안이 될 것이다. 희로애락의 모든 감정을 생기는 대로 표출하지 않고, 그때마다 적절히 '접는' 습관이 있으면, 스스로가 자기감정을 조절할 수 있게 된다. 갈등이 원천 봉쇄될 뿐만 아니라 그런 습관 속에서 부드러운 말과 여유 있는 표현들이 푸르게 생성된다.

57　　조한규, 중소기업신문, 2019. 3. 15., 〈조한규의 프리즘〉에서 재인용

예를 들어, 자꾸 잊어버리고선 딴소리를 되풀이 늘어놓는 사람에게 핀잔을 줄 때도 "왜 그렇게 기억력이 없어! 몇 번을 말해야 알아들어!" 라고 자기감정을 있는 대로 실어 쏘아대는 대신 청풍명월들처럼,

"어쩌면 그렇게 하나를 가르치면 열을 까먹는 비상한 재주를 갖고 있어?"

라고 말하면, 상대는 무안해하면서도 웃게 될 것이다. '하나를 가르치면 열을 깨친다'라는 칭찬을 패러디한 것이어서 어감이 나쁘지 않은 까닭이다. 화자의 여유와 유머감이 상대에게도 전달될 터이다. 메시지를 전달하는 방법으로서는 최선의 방책이 아닐 수 없다. 하고 싶은 말을 제대로 전달하면서도 둘 사이의 관계를 불편하게 만들지 않는 지혜를 갖추고 있다.

욕설을 퍼붓고 싶을 때도, '개새끼' 같은 직접적이고 원색적인 표현 대신에, 충청도 사람들처럼,

"운동화나 물어뜯을 위인!"

이라고 간접적이고 은유적으로 말하면 얼마나 유머러스할 것인가. '개'라는 소리가 없으면서 상대를 개로 만들고 있다. 이렇게 되면 상대는 즉각적으로 반응하기 어렵다. 무슨 소린가 잠시 생각하거나 그 의미를 알아차린다 하더라도 아마 빙긋이 웃거나 적어도 맥 풀린 코웃음을 쏟아내지 않을까. 싸우던 내용이나 악감정은 일거에 사라질지도 모를 일이다.

정치인의 수사^{Rhetoric}

모든 말은 간접적이고 은유적이며 여유가 느껴지는 식으로 표현되는 게 좋다. 직접적이며 직설적이고 감정적이면 관계를 망칠 뿐 아니라 서로가 상처를 입게 마련이다. 특히 정치인이 구사하는 말은 책임이 따르는 일이기 때문에 더욱더 그러하다. 2020년 현재도 우리 정치인들의 언어는 천박하고 거칠다. 이들에게 절실한 것은 청풍명월의 화법이다. 해학은 난망이라 하더라도 할 말은 하되 상대를 배려하는 문법만 깨쳐도 우리 정치 현실은 상식과 교양에 바탕을 두고 조금 나아질 수 있지 않을까 싶다. 일본인은 결정적인 순간을 제외하고는 불만스럽더라도 본심을 드러내지 않는 훈련이 되어 있고, 중국인은 인문을 동원한 간접적인 수사에 능하다. 이들이 공통으로 경계하는 것은 말로 인한 상황 악화이다. 대화로 풀 수 있는 것을 말로 망치는 경우를 원치 않는 것이다. 깊이와 품격이 느껴지지 않는가? 필자가 1990년대 초 베이징 특파원 시절 경험한 중국 정치인들의 레토릭은 우리 정치인들에게 귀감이 된다.

1995년 클린턴 정부와 중국은 서로 사이가 편치 않았다. 1989년 천안문 사건으로 드러난 중국의 인권탄압에 대한 미국 민주당 정부의 관심과 우려 때문이었다. 이런 와중에 장쩌민江澤民 국가주석의 미국 방문이 있었다. 국빈방문을 떠나기 직전 북경 인민대회당에서 장 주석은 내외신 기자회견을 했다. 미국의 CNN이 이 회견을 생중계할 정도로 세계적인 뉴스였다. 구소련의 와해로 세계 질서 재편에 있어 유일한 미국의 상대 축으로 부상하는 중국이었기에 더욱더 그러했다. 개방적 사고로 서방에 인기가 높았던 덩샤오핑鄧小平이 방문하던 1979년과 비교하면 미국 내 대 중국 여론이 사뭇 달랐다. 장쩌민에게는 중미 관계를 풀어야 하는 것이 큰 부담일 수밖에 없었다. 필자를 포함한 서방 기자들의 관심 역시 이 미묘한 시기에 장 주석의 방미가 미·중 관계에 돌파구를 만들 수 있을까 하는 데 모였다. 미·중 관계의 전망을 묻는 말에 장쩌민은 느닷없이 왕유王維의 시 '도원행桃園行'을 읊었다.

> 길이 다한 푸른 계곡 사람 하나 보이지 않고
> 산 어구를 가만히 들어서니 외지고 어슥하더라.
> 산이 열리며 드넓은 평지가 나타나길래
> 구름 낀 숲 다가가 보니 꽃과 대나무 울창한 마을이 그 속에 있네.

> 行盡靑溪不見人
> 山口潛行始隈隩
> 山開曠望旋平陸
> 遙看一處攢雲樹
> 近入千家散花竹

서방 기자들이 수군거리기 시작했다.

"아니! 이게 무슨 말이야?"

장쩌민은 '어려움이 있어도 중·미 관계를 낙관한다'라는 의사를 이처럼 우회적으로 표현한 것이다.

중국의 인권탄압을 질문받고서는,

"중국의 인권은 '원빠오(溫飽, 배불리 먹고 따뜻하게 입는 것)'가 기본이다. 서구의 잣대를 지금 중국에 들이대는 것은 시기상조이다. 중국은 우선 먹고 입는 문제를 해결하는 게 더 급하다. 나라마다 상황이 다르고 문화가 다른 것을 이해해야 한다. 세계가 하나의 기준, 동일한 문화만을 갖는다면, 이 세상은 얼마나 무미건조하겠는가?"
라고 청산유수로 답했다.

워싱턴 방문을 마친 후, 백악관에서 공동 기자회견이 있었다. 클린턴과의 정상회담이 만족스러웠는지 소감을 묻는 미국 기자의 질문이 있자 이번에는 이백李白으로 답했다.

원숭이들은 사방에서 시끄럽게 울어대지만
배는 물 위를 쏜살같이 미끄러져 간다.

兩岸猿聲啼不住
輕舟已過万重山
―早發白帝城

이백의 시는 배를 타고 유배지를 떠나면서 읊은 것으로 억압을 벗어버린 홀가분한 심정을 표현한 것인데, 장쩌민이 이를 '갈등을 겪던 미·중 관계가 정상회담을 통해 서로의 처지를 이해하게 되었다'라는 뜻으로 인용한 것이다. 평소 인문학에 깊은 조예를 보여온 장쩌민다운 멋이 배어있다. 클린턴이 그동안의 선입견을 벗고 호감을 표할 정도였다고 한다.

많은 중국 지도자들이 장쩌민식 화법을 구사한다. 미묘한 문제에 대해서는 직설법을 피하고 은유법을 사용함으로써 문제가 생겨도 피해 갈 수 있도록 퇴로를 남긴다. '달을 그리되 달을 그리지 않는다'라는 숨김의 미학을 구사하는 것이다. 달 주변에 그윽이 끼어 있는 달무리를 퍼뜨려 자연스레 달을 끄집어내는 '홍운탁월^{烘雲託月}' 기법이다. 굳이 달을 그리지 않아도 저절로 달이 그려지는 기법은 무릎을 치게 만든다. 말도 이런 식으로 구사하면 불필요한 마찰이나 오해를 피해갈 수 있을 터이다.

협상에 임해서도 구동존이^{求同存異}를 따른다. 즉, 의견이 같은 것은 추구하고 다르면 그냥 남겨둔 채 후일을 기약한다. 급하지 않고 유연한 중국식 사고의 발로이다.

비단 정치인뿐만 아니라 일반인들도 직설적 표현을 피한다. "나는 네가 싫다."라는 표현 대신에 "우리는 운명이 아닌 것 같다.", "네 제안이 맘에 들지 않는다."라고 말하지 않고 "옌져우^{硏究}", "카오뤼^{考慮}", "커이^{可以}" 등의 가치 배제적인 답변을 한다. 상대가 긍정적으로 받아들이든 말든 그것은 상대의 자유이다. 그러나 '연구', '고려', '가능' 등의 이런 표현들은 모두 "No."의 중국식 표현에 다름 아니다. 한중수교 초기 많은 한국 사업가들이 이 말을 긍정적 답변으로 오해함으로써 사업 진행에 차질을 빚곤 했다. 우리 충청도의 모호한 화법을 연상시키는 대목이다.

덩샤오핑이 1987년 사회주의 체제에 자본주의 경제를 접목하는 이른바 '중국 특색의 사회주의'를 주창할 때도 '백묘흑묘^{白猫黑猫}'라는 넉

자로 대신했다. 잘 알려진 것처럼 '흰 고양이든 검은 고양이든 쥐만 잡으면 된다'라는 뜻이다. 명분보다 실리, 형식보다 내용을 중시하는 표현이다. 생산성 향상에 한계를 보인 사회주의 체제에 자본주의 요소를 도입하겠다는 취지였다. 자체 부정으로 비칠 수도 있는 혁명적인 시도여서 그 어느 때보다도 호소력 있는 수사가 필요한 시점이었다. 덩샤오핑은 사회주의와 자본주의의 공존 필요성을 길게 호소하는 대신 이 짧은 수사로 가름했다. 이 '백묘흑묘'는 '20세기 최고의 레토릭 가운데 하나'로 꼽힐 정도로 유명세를 탔다. 중국공산당 내부의 날 선 보수파 논리를 굴복시킬 만큼 강한 설득력을 보였다. 오늘날 중국이 누리는 G2 위상은 이 4자의 작품이다. 이 표현은 지금도 실용성을 언급할 때마다 인구에 회자한다. 레토릭의 힘이다.

공자는 "불학시 무이언不學詩 無以言"이라 설파했다. '시를 모르면 말을 할 수 없다.', '배우지 않으면 말을 할 수 없다'는 뜻이다. '감성으로 마음을 얻으라'는 가르침이다. 중국 지도자들에겐 정치 입문의 교본이다.

시진핑(習近平, 1953~) 주석은 왕지환王之渙의 <등관작루登鸛雀樓>를 즐겨 인용한다. 이 시에는 '대국굴기大國屈起'를 선언하며 미국에 도전장을 던진 시진핑의 퍼스낼리티가 담겨 있다. 그에게서는 야심이 컸던 진시황과 마오쩌둥의 면모가 읽힌다.

白日依山盡

黃河入海流

欲窮千里目

更上一層樓

밝은 해는 서산에 기울고
황하는 바다로 흘러간다.
천 리 끝까지 바라보고자
다시 한 층 더 오른다.

후진타오(胡錦濤, 1942~) 전 총서기는 2006년 방미 시 미국 유학 중인 젊은이들을 이백李白의 <행로난行路難>으로 격려했다. 그에게서는 요란한 시진핑과 달리 경쟁국들의 견제를 피해 조용히 내실을 기하려는 '화평굴기和平屈起'의 신조가 엿보인다.

長風破浪會有時
直挂雲帆濟滄海

큰바람이 물결을 깨치는 날이 반드시 오리니
구름 같은 돛을 곧장 펴고 드넓은 창해를 넘어가리라.

이 시의 앞 연은,

欲渡黃河氷塞川　將登太行雪滿山
行路難, 行路難　多岐路, 今安在

강과 산을 넘자니 얼음과 눈이 가로막아 힘들구나.
인생길의 어려움이여 나는 지금 어디 서 있는가.

로서 어려움을 겪는 젊은이들을 시적 은유의 힘에 호소하며 격려한다. 진정성 강한 위로가 크게 와닿는다.

우리 정치인들은 외교적 수사에 약한 편이다. 직설적이고 저급하며 거침없다. 듣는 이의 마음은 배려하지 않는다. 이런 화법은 상대와의 갈등을 부를 뿐만 아니라 사회 분위기를 거칠게 만들기 마련이다. 걸핏하면 "빨갱이", "보수 꼴통", "토착 왜구", "민중은 개돼지로 취급하면 된다.", "늙으면 죽어야 한다.", "공업용 미싱으로 주둥이를 박아야 한다.", "OOO 정권을 죽여버리자!" 같은 원색적인 발언들과 막말, 조롱, 반말, 실언, 심지어 욕설까지 여과 없이 쏟아낸다. 그것을 지켜봐야 하는 국민의 가슴은 허허롭다. 로고스^{Logos}가 파토스^{Pathos}를 조금도 제어하지 못한 상태에서 그들이 뱉어내는 것은 언어가 아니라 증오에 다름 아니다. 대를 이어 물리는 유전자처럼 막말은 이제 우리나라 정치인을 특정 짓는 요소가 되고 있다.

1970년대에 경상도 출신 김영삼(YS) 야당 대표가 연설 담당 비서관이 써 준 유명한 수사, "여러분! 닭의 목을 쳐도 새벽은 반드시 오고야 맙니다!"로 재미를 톡톡히 보았다. '독재가 아무리 엄혹해도 자유의 그날은 반드시 찾아온다'라는 취지의 이 발언은 반독재 투쟁의 선봉에 서 있던 YS의 분신이 되다시피 했다. 눌변인 YS는 이 수사를 대중 집회는 물론이고 졸업식 축사, 결혼 주례사, 장례식 추모사 가릴 것 없이 써먹었다. 오늘날 한국에 통닭집이 많은 건 YS 덕일지도 모른다. YS는 '리크루트'를 '야구르트'로, 홍콩신문 '사우스차이나모닝포스트'를 '사우나'로, '아이러니'를 '아이노리(합승의 일본말)'로 정신없이 말해 듣는 이를 웃겼다. 그러나 김영삼의 행운은 여기까지였다. YS는 결국 허약한 내공을 드러내며 앞뒤 재지 않고 말을 뱉어냈다가 뒷감당을 못 해

진땀을 빼야 했다. 1990년대 중반 대통령 시절 독도 문제로 한일 관계가 악화하자,

"국민 여러분! 일본의 버르장머리를 고쳐 놓겠습니다."

라는 웅변조의 연설을 한 것이다. 그것이 가능하기나 한 일인지는 차치하고라도, 외교를 아는 국가수반이라면 감히 엄두도 못 낼 표현이었다. YS는 뒤이어 터진 IMF 사태로 일본의 도움이 필요해지자 '통화 스와핑' 등 아쉬운 부탁을 하면서 체면을 구겼다. "버르장머리" 운운은 골목에서 조무래기들 상대로 폼잡으려는 골목대장의 큰 소리에 지나지 않았다. 국가 최고 지도자의 이런 표현은 상대국을 영원히 적으로 돌리겠다는 의지의 반영으로서 경솔하기 짝이 없는 수사이다. 말은 늘 퇴로를 열어놓고 구사해야 한다. 정치인의 레토릭은 국가의 이해가 걸린 문제이므로 더욱 신중하게 표현돼야 마땅하다. 충청도 출신이었다면 절대로 나오지 않았을 표현들이다.

우리나라만 그런 건 아니다. 미국의 언어학자이자 철학자인 노암 촘스키(Avram Noam Chomsky, 前 MIT 교수, 1928~)는 2016년 미국 대선 이후 도널드 트럼프Donald Trump 미국 대통령이 쏟아내는 막말들에 대해 "인류의 삶을 파괴하기 위한 경주에 최선을 다하고 있다."라고 일침을 가한 바 있다.

중국 정치인들이 시적 은유를 빌려 간접적으로 의중을 드러내고, 서양의 지식인들이 비판적 의견을 피력함에 있어 유머와 풍자에 기대는 것은 충청도와 닮은 점이 있다. 정치를 예술로 본다면, 그 예술은 '레토릭Rhetoric'이라는 붓으로 그리는 것이다.

JP의 레토릭—은유와 교양

우리 정치인 가운데 품격있는 레토릭을 구사할 줄 알았던 인물은 손 꼽을 정도에 불과하다. 그 가운데 청풍명월 김종필(충남 부여 태생, 1928~2018) 전 총리를 으뜸으로 꼽아도 무방할 것으로 생각된다. 국민 은 그를 영어 이름 이니셜을 따서 'JP'로 불렀다.

"일생에 단 한 번 단 한 여자만을."

JP가 남긴 이 짧은 수사는 로맨티시스트 김종필의 면모를 축약한다. 그는 단순히 말에만 그치지 않고 실제 부인만을 평생 사랑했다. 권력자 들에게는 흔하게 마련인 스캔들 한 번 없었다.

1961년의 5·16쿠데타 후, 1963년 2월 25일 권력 내부의 암투에 밀려 외유를 떠나면서 JP가 남긴 말은 유명하다. 외유 동기를 묻는 기자들의 질문에,

"자의 반 타의 반."

이라고 답한 것이다. '청풍명월 특유의 의뭉과 모호가 빚어낸 지극히 충청도스러운 표현이었다. 이 말은 듣기에 따라 자신이 원해서, 혹은

원치 않음에도 불구하고 억지로 고국을 떠난다는 어감으로 비칠 수 있다. 그러나 사람들은 그가 후자의 이유로 떠날 수밖에 없다는 뉘앙스를 은근히 비치고 있음을 눈치챈다. 한동안 이 말은 일반에 널리 패러디되었다. 내키지 않는 일을 해야 할 때면, 모두 이런 말을 뇌까렸던 기억이다.

1990년 노태우 김영삼 김종필의 3당 합당 결정으로 민자당에 몸담고 있던 시절 김종필 최고위원은 노태우 대통령과 사사건건 마찰을 빚던 김영삼 대표를,

"'물틀레질'이나 하고 있다."

라고 언급했다. '물틀레질'이라는 표현을 처음 접한 기자들이 사전을 찾아 확인한 그 말의 의미는 '아이들이 뭘 달라고 자꾸 조르고 보채는 것'이었다. 합당 이후 3개 파가 치열한 권력 암투를 벌이는 가운데 김영삼이 합당 협상에서 밀약했던 '내각책임제 개헌'을 거부하자 김종필이 그를 비꼰 것이다. 이 상황에서 기타 지방 출신 인사였으면 직접적으로 험한 표현을 입에 올렸을 공산이 크지만, 충청도 출신의 JP는 간접적 표현을 택했다. 표현에 은유를 가미한 상대 비꼼은 쿠션을 한 번 먹고 날아가는 공처럼 충격이 덜했다. YS도 별다른 불쾌의 반응을 보이지 않았다. 자기가 하고 싶은 이야기는 다 하면서도 상대의 반감을 사지 않는 테크닉을 JP가 보여준 것이다. 의중이 전달되기 전에 거친 언어가 먼저 상대에 닿는 직접 표현에 반해 간접 표현은 부드러움과 느림 덕에 메시지를 전달하면서도 상대의 즉각적인 반감을 누그러뜨린다. 은유의 힘이다.

"5·16이 '형님'이고 5·17이 '아우'라고 한다면 나는 고약한 아우를 둔 셈

이다."(1987.11.3. 관훈토론회. 전두환 신군부의 광주민주화운동 진압에 대한 견해 피력)

"역사는 끄집어낼 수도, 자빠트릴 수도, 다시 세울 수도 없는 것이다. 역사는 그냥 거기서 배우는 것이다."(1996년 김영삼 대통령의 '역사 바로 세우기'에 대한 언급)

"내가 제일 보기 싫은 것은 타다 남은 장작이다. 나는 완전히 연소해 재가 되고 싶다."(1997.5.29. 자민련 중앙위원회 운영위에서 피력한 노정치인의 각오)

"시인 프로스트가 '잠들기 전 가야 할 몇 마일이 있다'고 한 것처럼 저도 앞으로 가야 할 몇 마일을 위해 발걸음을 재촉하겠다."(1998.10.16. 동의대 명예박사학위 수여식 특강서 언급한 노정치인의 각오)

"정치는 허업虛業이다. 기업인은 노력한 만큼 과실이 생기지만 정치는 과실이 생기면 국민에게 드리는 것이다."(2011.1.6. 안상수 당시 한나라당 대표에게 당부한 정치인의 자세)

언어적 감각이 뛰어나고 언어 구사가 세련됐던 JP는 살벌한 정치판에서 늘 '교양세대'로서의 품위를 잊지 않았다. 언필칭 '교양세대'는 '동서양의 고전을 읽어 마음의 양식으로 삼고, 집안 어른들로부터 예의 범절을 배워 사람들과 화목할 줄 알았던 세대'로 정의하고 싶다. 그를 낳고 키운 충청도의 소양도 작용했을 것이다. 자학할망정 가학은 피하고, 상대를 쳐다보지 않고 먼 산을 보며 말하고, 단숨에 내뱉지 않고 한 박자 쉬었다가 말하며, 직접적으로 말하지 않고 비유를 동원해 간접적으로 표현하는 충청도식 언어 구사를 익힐 필요가 있다. 갈등과 마찰을 피해갈 수 있을 터이다.

유머의 힘

말은 자기의 혼란스러운 감정이나 경험을 배출하는 통로이다. 정신의
학자 프로이트는 '말하기'를 정신치료법의 하나로 사용했다. 말을 하
고 싶은 인간의 본성에 착목한 것이다. 자연히 말속에는 희로애락喜怒
哀樂 등 그 개인의 온갖 사정들이 녹아들게 마련이다. 그런 이유로 자기
의 말이 상대에게 어떻게 효과적으로 전달될 것인지를 숙고하지 않을
수 없다. 말은 자기 감정을 배출하는 것만으로 끝나지 않는다. 듣는 상
대를 의식하지 않을 수 없는 까닭이다. 여기에 말하기의 중요성이 자리
잡는다. 자기 마음대로 지껄일 일이 아닌 것이 말이고 보면, 말하기에
는 깊은 인식에 바탕을 둔 훈련이 뒤따라야 한다. 젊잖고 품격 높은 문
장, 웃음을 자아내게 만드는 유머, 세련된 화술 등이 필요하다. 우아한
표현에 배려심을 갖춘 데다 농담까지 잘하면 그 사람의 말하기는 금상
첨화일 것이다. 고인이 된 노회찬 전 정의당 의원이 그런 모범을 보였
다. 그가 선거철마다 스스로 '청렴'하다고 주장하며 등장하는 후보들을
겨냥해 날린 비유는 지금도 회자한다.

"선거 때만 되면요, 갑자기 어디서 산천어 열목어들이 줄지어 나타납니

다. 다 자기가 깨끗하다는 것이죠. 그런데 1급수 아니면 못 사는 어종을 3급수 4급수 정당에 넣으면 어떻게 되겠어요? 다 죽고 맙니다."

우울한 정치 현실을 멋진 비유에 실어 날린 것이다. 사람들은 비유의 절묘함에 미소 지으며 고개를 끄덕였다.

이런 식의 유머러스한 말하기가 정착된 관계나 조직에서는 갈등이 있을 수 없다. 유머가 스트레스를 줄여 재미 지수가 높아진 조직은 구성원 간의 신뢰 지수도 높아진다. 미국에서는 해마다 '일하기 좋은 기업 100개'를 선정하는데 이들 기업의 공통점은 재미난 회사 분위기에 있다. 유머가 들어 조직을 부드럽게 만들고, 구성원의 창의성을 높이며, 건강과 만족을 제공한다. 이런 조직들이 늘어날수록 사회 풍토도 재미와 여유가 있는 쪽으로 향하게 마련이다.[58]

어떤 구두닦이 점포에 사람들이 줄을 서서 기다렸다. 그가 붙여놓은 플래카드 덕이었다.

"한쪽은 공짜로 닦아드립니다!"

유연한 생각이 빚은 아이디어가 사람들의 마음에 가닿은 것이다. 사람들은 분명히, "좀 웃기네!"라고 관심을 표하며 그 점포의 유머에 호감을 느꼈을 게 틀림없다. 재미난 말 한 마디가 천 냥을 벌게 한 것이다.

그래서 평소에도 그러하지만 경직된 순간에도 유머를 던질 수 있도록 노력하는 것이 필요하다. 유머가 이런 긴박한 상황을 타개하는 멋진 수단이 되기 때문이다. 고정관념을 벗어던지는 것에서부터 시작해야 한다. 굳어진 두뇌에서는 유머의 싹을 틔우지 못한다.

미국의 로널드 레이건(Ronald Reagan, 1911~2004) 대통령이 기자들과

---

58   임봉영, 〈유머의 법칙〉, 미래지식, 92~93p 참조

설전을 벌이다 "개새끼Son Of a Bitch"라고 욕을 했다. 며칠 후 기자들은 항의의 표시로 'SOB'를 새긴 티셔츠를 레이건에게 주었다. 욕을 돌려준 것이다. 그러자 레이건이 오히려 감사를 표하면서,

"꼭 Saving Of Budget을 하겠습니다. 여러분들은 모두 애국자들입니다."

라고 치하했다. '개새끼'를 순식간에 '예산 절감'으로 바꿔버린 유머 한방에 기자들은 모두 레이건 지지자로 돌아섰다.

초면의 사람들이 모인 장소에서 던져진 유머가 웃음을 유발하면 어색한 분위기는 일거에 날아가 버린다. 새로 부임한 여선생님을 소개하는데 애들이 떠들며 주목하지 않자 교감이 말했다.

"여러분, 이 선생님은 왼팔이 하나밖에 없습니다."

일순 분위기가 숙연해지며 아이들이 모두 그 교사를 바라보았다. 그때 교감이 말했다.

"그런데 오른팔마저도 하나밖에 없어요."

백 마디 말로도 다루기 어렵던 아이들을 유머 한 마디로 제압한 사례이다. 아이들이 깔깔댄 건 두말할 필요도 없다.

의견이 상충해 서로 다툴 때에도 마찬가지이다. 진심 어린 설득도 중요하지만, 단순히 말에 의존하는 것보다는 유머에 기대는 게 훨씬 효과적이다. 말은 자기를 정당화하려는 목적을 품고 있어서 자칫 언쟁으로 비화할 개연성이 높은 반면, 유머는 불을 끄는 소방수의 역할을 한다. 유머가 불러온 웃음으로 누그러진 분위기는 쉽게 다시 경직되지 않을뿐더러 악의로 대하던 상대를 변화시킨다. 친밀감을 느끼게 하고 심지어는 적대감을 벗어던지게 만드는 마법을 발휘한다.

에이브러햄 링컨(Abraham Lincoln, 1809~1865) 대통령이 반대당 의원

으로부터 "당신은 겉과 속이 다른 두 얼굴의 이중인격자이다."라고 인신공격을 당하자, "그렇다면 왜 이렇게 못생긴 얼굴을 달고 다니겠습니까?"라고 응수해 전세를 역전시켰다. 그는 이런 유머 감각으로 거대한 내부 위기를 극복하는 데 성공했다.

유머는 이런 긍정적 기능 덕에 리더십의 주요 요소로 여겨진다. 불행한 순간을 반전시켜 위안과 희망을 불어넣고 친밀감을 생성하는 힘으로서의 리더십이다. 공장이 부주의로 인해 불타버리자,

"여러분 고맙습니다. 그러잖아도 낡아서 새로 지을 생각이었는데 덕분에 돈 안 들이고 철거했어요." (정주영 회장)

연구실에 불이 나자 아들에게,

"얼른 어머니 모시고 오너라! 이만한 불구경이 어디 쉽니?" (발명가 에디슨)

정치 현실이 엄혹하던 시절 기자에게,

"저도 이번에 출마합니다. 기호는 1번입니다. 지역구요? 천국입니다." (김수환 추기경)

1986년 남아공 방문길에서 달걀 투척을 당하자 이튿날 의회 연설에서,

"저는 달걀 요리를 좋아합니다. 괜찮다면 다음부터는 아침 식사 시간에 부탁합니다." (엘리자베스 영국 여왕)

1958년 남미 순방 중 반미 시위대에게서 토마토 세례를 받자,

"내가 주문한 건 베이컨입니다." (리차드 닉슨 미 부통령)

'20세기의 성자'로 부르는 슈바이처 박사가 아프리카에서 독일 고향으로 돌아왔다. 3등 칸에서 내리는 그에게 마중 나온 사람들이 "왜 편하게 오지 않고 3등 칸을 탔느냐."라고 묻자 그는,

"이 열차엔 4등 칸이 없더군요."

이라고 답해 기차역을 한바탕 웃음으로 뒤덮었다. 그의 겸손하고 박애적인 면모는 더욱 돋보였다.

제7장

'충청도 따라 하기'의
필요성

영역을 불문하고 인간의 삶에서 언어는 그만큼 중요하다. 우리 사회는 말이 거칠다. 상사의 갑질, 정치인의 막말이 뉴스의 단골 내용으로 자리 잡은 지 오래다. 자기가 갑의 위치에 있다고 느끼면 하대 조의 언사가 새어 나오기 시작한다. 정치인들은 당론이 부닥치고 이념이 충돌하면 바로 막말을 해댄다. 운전자들은 핸들만 잡으면 상스러운 욕설을 퍼붓고 있는 자신을 보게 된다. 스님이나 목사도 운전대만 잡으면 쌍욕을 하고선 "나무아미타불!", "아멘!"을 읊조린다는 우스개도 있다. 버스를 타고 가다 앞차가 꾸물거린다고 욕을 쏟아내는 기사들을 접할 때마다 필자는 충청도를 떠올린다. "충청도 사람들은 저러지 않을 텐데…" 그것은 곧 청풍명월들이 보여주는 여유와 배려, 정중과 우직, 따뜻함과 정겨움을 아쉬워하는 까닭이다. 언어로 입에서 튀어나오기 전에 한 박자 쉬며 입안에서 삼켜버리는 훈련을 한다면, 혹은 같은 말이라도 유머러스하게 표현한다면 세상은 훨씬 편안해질 것임이 틀림없다.

청풍명월이 전하는 말

거장 밀레(Jean-Francois Millet, 114~1875)가 어느 부자의 부탁을 받아 초상화를 그려주었다. 그림이 완성되자 부자가 말했다.

"밀레 당신 솜씨도 별것 아니군!"

밀레가 답했다.

"당신도 그닥 뛰어난 작품은 아니지요."

밀레의 응수는 둘 사이를 긴장시키기는커녕 오히려 한바탕 웃으며 악수하게 했다. 유머의 힘이다. '물속에서처럼 유동적'이라는 뜻의 라틴어 'umere'에서 연원한 단어답다. 관조를 통해 습득한 유연한 사고가 생활 속에서 습관처럼 작용할 때 갖춰지는 능력이다. 비슷한 시기 조선 사회였다면 둘 다 다시는 상종을 원하지 않는 쪽으로 결판이 났을 스토리다. 유머를 모르는 경직된 사회였던 까닭이다. 지금이라면 이야기 전개가 조금 달라질까? 별반 달라질 것도 없지 싶다. 충청도 사람들이라면 다른 모습을 보였을 가능성이 높다. 다름 아닌,

"아 호박에 즐 그믄 수박 되남유?"

라고 해학적으로 대응하지 않았을까 싶다.

유머의 힘은 능히 세상을 바꾼다. 사례를 보자.

조지 부시$^{George Bush}$ 미 대통령의 부인 바바라^{Barbara}가 백악관 만찬에서 재담을 과시했다.

"9시면 잠자리에 드는 남편에게 제가 그랬죠, 여보 세계 평화를 이루려면 그렇게 일찍 자러 가서는 곤란해요."

폭소가 터졌다.

"사실 알고 보면 제가 드라마 '위기의 주부'의 진짜 주인공이랍니다."

웃음과 환호가 이어졌다. 부시와의 남다른 인연도 소개했다.

"도서관 사서였던 제가 책이라곤 읽지 않는 남편을 만났으니까요."

박수가 터져 나왔다. 폭로도 뒤따랐다.

"남편은 텍사스에 목장을 갖고 있지만, 사실 목장 일은 하나도 몰라요. 한 번은 수말의 젖을 짜려 들더라니까요."

사람들은 배꼽을 잡았다.

대통령 영부인이 이만한 유머 감각을 갖추고 있으면, 정적들도 호감을 갖게 되면서 정치가 경직성을 덜게 될 게 틀림없다. 웃음이 상대의 무장을 해제시키는 까닭이다. 노베르트 엘리아스$^{Norbert Elias}$가 말했듯이 "웃고 있는 자는 물지 못한다." 세상은 그만큼 훈훈해질 수밖에 없다.

필자의 생각에 충청도는 우리에게 가능성이다. 여유와 유머로 각박하고 거칠며 부박한 우리 삶을 부드럽고 윤기 나게 만든다.

음식 준비를 돕다 깨뜨려 당황해하는 객에게 청풍명월 주인은 이렇게 이야기한다.

"괜찮아유우~ 떨어뜨리면 깨져야 접시고 유리잔이지, 아니면 풍선이게유. 안 그류?"

그냥 '괜찮다'라고만 말하는 다른 지역 사람들과 비교해 훨씬 따뜻하다. 웃음도 유발한다. 이런 유머가 있는 환경은 건강하고 온화하다. 충청도의 가능성이다.

필자의 친구 하나는 처제가 천안으로 시집을 가서 충청도 사람이 되었는데, 그 '충청도 처제'가 한 번씩 서울 친정에 돌아와 충청도 사투리로 이바구를 늘어놓으면 좌중은 웃음이 그칠 새가 없다고 한다. 그 처제가 서울서 지내던 결혼 전에는 그런 일이 없었고 보면, 충청도는 확실히 우리에게 다른 삶, 더 나은 사회를 만들 수 있도록 가능성을 던져준다. 또 다른 사례를 보자.

2019년 가을. 한 TV 드라마가 충청도 사투리를 쏟아내자 그 반향이 컸다. KBS의 <동백꽃 필 무렵>이다. 필자도 즐겨 시청한 이 드라마는 '동백'으로 분한 공효진의 매력에 강하늘이 연기한 '황용식'의 충청도 사투리가 더 해져 큰 인기를 끈 것으로 분석된다. 용식이는 "쩌기", "워때유" 등 충청도 사투리의 정다움과 구수함을 마구 내뿜었다. 시청자들은 충청도 사투리에 완전히 매료당하고 말았다. 이런 식이다.

"개도 똥개가 제일루 귀여운 법이유. 월매나 주인을 잘 따르는디… 아 나중에 나 좋다고 쫓아다니지나 말아유~", "토백이는 못 당해유.", "요 동네는 텃세에 대한 투지가 있어유.", "그러지 말구 우리 만두나 한 판 해유. 가슴과 배는 한 뼘 차이라 가슴이 시리면 속이 허한 뱁유.", "쩌기… 동백 씨 지랑 지대루 사귀면유, 기냥… 죽여유우~", "워떠냐구유? 동백 씨는 워떨 것 같아유? 지는 아흐 환장허쥬~"

이 드라마는 언론들이 "모처럼 20%대의 시청률로 고공 행진"이라고 추켜세웠을 정도로 시청자들을 붙잡았고, 드라마의 인기는 곧바로 현실 세계로 파급됐다. 이른바 '용식이체'가 전염병처럼 퍼져나간 것이다. 그 현상은 흥미로웠다. 2019년 11월 27일자 조선일보는 "맘 카페Mom Cafe들과 온라인 몰Online Mall들이 '용식이체體'를 도입해 사용한다."라고 전한다. "이 옷 이쁘죠?" 대신,

"워뗘? 환장허쥬?"

라고 익살스럽게 표현하고,

"옜다, 세일이유.", "냅둬유, 이따는 안 팔아유.", "이래도 안 올 겨?"

라며 한정 세일을 코믹하게 광고하는 식이다. 시청자들이 충청도 사투리에서 다른 지방 언어들이 갖지 못하는 정감과 해학을 포착한 까닭일 것으로 생각된다. 충청도 따라 하기 덕에 세상은 조금 더 유머러스해지고, 그만큼 더 평화로워지지 않았을까?

옛 화가들은 매화를 그리면서 화지의 한 편에 매화 서너 송이가 만개한 가지 하나만을 담고 나머지를 여백으로 처리했다. 작가는 화선지의 빈 곳에서 보는 이의 상상과 만나고 싶었던 것일 게다. 마음속에 심은 대상을 화폭에 옮기고선 더 이상 붓질을 하지 않았다. 완벽히 대상으로부터 자유로워진 마음의 상태에서 머리가 기억하는 대상의 이미지를 순식간에 그림으로 옮기는 이 작업의 과정이 무라카미 하루키 소설의 삽화가였던 안자이 미즈마루(安西水丸, 1942~2014)의 창작 철학처럼 "마음을 다해 대충 그리는" 것일지 모르겠다. 이런 점에서 매화도梅花圖는 서구의 미니멀리즘minimalism과 닿아 있다. 반드시 화폭을 빈틈없이 다 채워야 한다는 관념에서 벗어나 최소한의 표현으로 대상을 그린다. 사물 하나를 그리는 데 그리 많은 수식을 필요로 하지 않는 것이다. 대상으로부터 자유로워지기 위해서는 평소 욕심을 버리고 마음을 비

우는 훈련을 전제로 하는데, 그 훈련은 관조를 통해 이루어진다. 그런 수련이 하나의 인격체를 형성하도록 돕는다.

무엇을 보든지 당신이 그것에 대해 제대로 알려면 오랫동안 바라보아야 한다. 초록을 보고서 "이 숲에 봄이 왔구나"라고 말하는 것만으로는 충분치 않다. 바라보는 그것과 하나가 돼야 한다.
(중략)
잎사귀들 사이의 작은 고요 속으로 들어갈 수 있어야 한다. 시간을 들여 찬찬히 그것들이 내보내는 평화로움을 만질 수 있어야 한다.

—<그것이 되어 바라보라>, 존 모피트(John Moffitt, 1897~1989)

"염생이를 과 묶을라믄 이런 늄으로 혀야 약이 되는 겨!"
자식같이 길렀다며 눈물을 보이던 노파는 염소의 털이 유난히 검다며 관심을 보이는 행인을 붙들고 신이나 흥정에 들어갔다. 이윽고 새로운 임자가 염소를 끌고 길을 나섰다. 염소가 뿔로 바닥을 치받아가면서 한참을 버텼고, 노파가 다시 눈물을 글썽이며 엉덩이를 몇 번 가볍게 두들겨 주자 비로소 순순히 길을 따라나섰다. 고개를 푹 숙이며 걷던 염소가 가끔씩 노파 쪽을 뒤돌아보았다. 그때마다 뿔이 시멘트 바닥을 긁으며 퍼런 불꽃이 튀었다.

—남덕현(1966~), <슬픔을 권함>, 양철북, 2015

바람이 유리문을 두드려
안으로 들어오게 해주었지
그랬더니 햇살까지 들어와

셋이서 수다를 떠네.

할머니 혼자서 외롭지 않아?

바람과 햇살이 묻기에

인간은 어차피 다 혼자야

내가 대답했네

애쓰지 말고

편하게 가는 게 좋은 거예요

모두 같이 웃어댄

오후의 한때

—시바타 도요(1911~2013), <약해지지 마> 중 '바람과 햇살과 나', 지식여행, 2010

세 작가는 각각 사물의 진실을 인지하는 자세와 약자의 슬픔과 분노 그리고 100세 인생의 풍경을 짚어내고 있다. 나무와 염소와 창가 풍경에 대한 관조가 없이는 나오기 어려운 표현들이다. 물아일체物我一體와 감정이입 그리고 상상 능력이 빚어낸 시어들이다. 예리하고 먹먹하고 해학적이다. 엉뚱하기까지 하다.

모든 '충청도 스타일'은 그들의 '관조' 자세에서 비롯됨을 안다. 바깥 상황에 구애받지 아니하고 고요한 마음의 상태를 유지하며 부드러운 시선으로 세상을 바라보는 자세는 구도적이다. 날 맑은 날 풍경 좋은 곳에 의자 하나 내놓고 앉으면 삶은 평화롭게 다가온다는 진실을 관조의 경험으로 안다. 그 의자 하나 내놓을 줄 알도록 가르치는 게 충청도의 관조 습관임을 알면 좋을 것이다.

우리는 스스로의 삶을 어떻게 그리고 있을까? 촘촘히 짜놓은 계획 아래 목표를 달성하기 위해 열심히 애쓰는 게 일반적일 것이다. 혹시

이와 다르게 오랜 시간의 관찰을 거쳐 불현듯 무언가를 떠올리고선 "그래 이거야!"하고 그 생각을 체현하는 사람이 있다면 그는 관조를 아는 사람임이 틀림없다.

관조의 힘은 가늠키 어렵다. 어디서 어떤 순간에 어떤 형태로 분출할지 모른다. 비단 자아실현의 영역뿐만 아니라, 사람들과의 관계 설정에서도 '마음을 다해 대충 그리는' 자세가 필요하다. 빈틈없이 그리려다, 혹은 함부로 그리려다 관계를 망쳐버리는 경우가 왕왕 일어나지 않는가? 마음을 다하되 관조하며 대충 그릴 일이다. 사고에서 비롯되는 말과 행동이 모두 그러하다면, 고요함 속에서 일정 거리를 두고 하나가 되는, 화엄華嚴의 세계를 경험할 수 있을 것이다.

다시 도입부로 돌아가,

"삶에 대한 관조가 유머를 낳는다."

는 린위탕林語堂의 정의를 기억하자. 관조로부터 생성되는 기억, 지식, 상상, 느낌 등이 공감각으로 함께 작동함으로써 해학이 생겨난다. 블라디미르 나보코프의 말처럼 "여러 겹의 의식을 '의식'"하는 것이다. 다중감각이 통합적 사고를 낳는다. 통합적 사고는 느끼는 것과 알고 행하는 것을 하나로 이어줌으로써 사회를 건강하게 만든다. 점차 품격이 땅에 떨어질 위기를 보이면서 거친 환경으로 내몰리는 우리 사회 역시 충청도의 해학을 형성하는 요소들, 즉 여유와 묵힘, 배려와 조화를 배울 필요가 있다. 해학이 선물처럼 제공하는 긍정의 세상을 만들기 위해서이다. 웃음이 있는 환경만이 우리를 구원할 수 있다. 유머가 예술과 마찬가지로 우리 삶을 좌우하는 규범들을 멀리하고 상대화함으로써 오히려 그 규범들을 강화하는 까닭이다.[59] 한강 변에 걸려 있는 경

---

[59]　테리 이글턴, 〈유머란 무엇인가〉, 210p 참조, 문학사상, 손성화 옮김, 2019.

고 문자에서도 그런 진실이 확인된다.

"인어공주라고 생각되면 물에 뛰어들어도 좋습니다."

'입수금지'나 '수영금지' 혹은 '수심이 깊어 위험하니 물에 들어가지 말기 바랍니다' 등의 직접적인 경고는 거부감을 준다. 이에 비해 '인어공주'는 유머러스하면서도 주의를 환기하는 힘이 있다.

충청도 버전은 이쯤 되지 않을까?

"맞쥬? 인어공주?"

물로 향하던 사람들은 그 경고문 앞에서 빙그레 웃으며 발걸음을 돌릴 것이다. 세상은 계속 평화롭고 사람들은 여전한 생명의 기쁨을 구가할 것이다.

막말과 비속어로 품격이라곤 찾아보기 어려워진 우리 정치판 역시 예의를 잃지 않으면서 재치가 넘치는 충청도의 화법에 눈을 돌려야 마땅하다. 1960~70년대 충남 금산 출신 정치인 유진산(柳珍山, 1905~1974)은 1970년 신민당 당권 경쟁에서 상대 정일형(鄭一亨, 1904~1982)의 공격에 이렇게 응대해 좌중을 웃음 짓게 했다.

"역시 '당나귀[鄭]'는 '버드나무[柳]'에 묶여야 안전한 법이야."

성씨의 뜻을 빌려 상대를 제압한 말솜씨이다. 꼴사나운 막말이나 듣기 거북한 비방은 그림자도 비치지 않았다. 세상살이의 모든 갈등은 관계를 이루는 요소 간의 복잡함을 감당하지 못해 발생한다. 가장 저능한 방법은 욕하고 싸우는 것이다. 그러나 우리가 모두 경험으로 알다시피 이것은 관계를 악화시키기만 할 뿐, 결코 해결책이 될 수 없다. 가장 효능 있고 품격 있는 방법은 역시 은유를 동원하는 것이다. 환경이 주어지고 연습이 따를 때라야 비로소 갖출 수 있는 능력이다. 은유할 줄 모르는 사회에서는 희망을 찾기 어렵다. 충청도에 주목하는 이유이다.

한국 정치는 유진산과 김종필이라는 청풍명월들이 활동할 때 멋이 있었다. 충청도의 품격이 역할을 하던 시기였다. 그 품격은 은유적 상상력에서 비롯되고, 상상력은 관조의 습관에서 주어진 것이었다. 일상을 은유로 치장하는 청풍명월들의 패턴 덕에 그 시기 한국 정치에는 여유와 함께 양보와 타협도 있었다. 소위 '주고받기Give and Take' 식 거래였다. 승자독식이나 진영논리가 아닌 양보와 타협으로 여야 정당들이 필요한 바를 취했다. 그것이 제대로 된 정치 문화라는 사실을 알지 못한 사람들이 그때그때 자기 논리를 바꾸는 일본식 정치 행태로 여겨 '사꾸라'라고 손가락질을 했지만, 당시의 정치인들은 'All or Nothing'이라는 '너 죽고 나 살기' 식의 극한 대립을 피했다. 시기적으로 민주주의 초기 단계이긴 했지만, '정파 간 갈등이 있더라도 타협점을 찾아내는 과정이 성숙한 정치 행위'임을 어렴풋하게나마 인식하고 있던 까닭이었다.

진영논리에 갇힌 채 사사건건 갈등과 대립을 되풀이하는 작금의 정치와 비교해 보면 그때의 정치는 확실히 품격이 있었다. 지금의 정치인들이 뇌 기능이 정지된 '운동화나 씹을 위인'의 꼴이라면, 당시의 정치인들은 살아 움직이는 뇌세포의 활동이 있는 운동선수 같은 존재들이었다. 그 시절 정치의 선봉에 충청도 정치인들이 있었다는 사실에 주목할 필요가 있다. 충청도의 평화주의와 양반연하는 점잖음, 직접 표현을 피하는 화법 그리고 타고난 해학 감이 우리 정치를 활성화하는 세포로 작용했다. 그 시절 청풍명월의 언어들이 그리운 이유이다. 그런 충청도의 여유와 멋, 배려와 정중함이 한국인의 의식 속에 자리 잡을 수만 있다면, 경직되고 거친 한국 사회의 분위기가 확연히 달라질 것이라 믿는다. 충청도가 주목받아야 하는 당위성이다.

주요 참고문헌

〈유머란 무엇인가〉, 테리 이글턴, 손성화 옮김, 문학사상, 2019.9

〈생각의 탄생〉, 로버트&미셀 루트번스타인, 박종성 옮김, 에코의서재, 2018

〈셰익스피어의 5대 희극〉, 뉴트랜스레이션 편역, 다상출판사, 2006.2

〈셰익스피어의 5대 비극〉, 뉴트랜스레이션 편역, 다상출판사, 2006.2

〈우리 동네〉, 이문구, 민음사, 2017.11.1

〈한국 연극과 기호학〉, 황훈성 외, 연극과 인간, 2006.12.31

〈중국이 쓴 한국사〉, 이기훈, 주류성, 2019

〈중국, 중국인〉, 임어당, 도서출판 장락, 1991

〈唐詩三百首〉, 齊義農, 線裝書局, 2006.

〈미디어의 이해〉, Marshall McLuhan, 심두보 역, 명인문화사, 2014

〈매스커뮤니케이션의 이해〉, 유재천 외, 커뮤니케이션북스, 2011

〈유머의 법칙〉, 임붕영, 미래지식, 2009.8

〈유머 코드〉, 송길원, 랜덤하우스, 2008

〈말공부〉, 조윤제, 흐름출판, 2014

〈슬픔을 권함〉, 남덕현, 양철북, 2015

〈한 치 앞도 모르면서〉, 남덕현, 빨간 소금, 2017

〈조선의 명문장가들〉, 안대회, humanist, 2016

〈정말〉, 이정록, 창비, 2010

〈오래된 웃음의 숲을 노닐다〉, 류정월, 샘터, 2006

〈용재총화〉, 성현, 이대형 역, 서해문집, 2012

〈오태석공연대본전집〉, 서연호, 연극과 인간, 2005

〈의자〉, 이정록, 문학과지성, 2006

〈직업으로서의 소설가〉, 무라카미 하루키, 양윤옥 역, 현대문학, 2016

〈바나나가 뭐예유?〉, 김기정, 시공주니어, 2002

〈바깥은 여름〉, 김애란, 문학동네, 2017

〈두근두근 내 인생〉, 김애란, 창비, 2011
〈꽃피는 것들은 죄다 년이여〉, 박경희, 서랍의 날씨, 2014
〈순례자〉, 파울로 코엘류, 문학동네, 2011
〈관촌수필〉, 이문구, 문학과지성사, 2003
〈약해지지 마〉, 시바타 도요, 채숙향 역, 지식여행, 2010

충청도는 왜 웃긴가?

—

초판발행	2020. 05. 11.
초판 2쇄	2020. 08. 10.

—

지 은 이	안상윤
펴 낸 곳	휴먼필드
출판등록	제406-2014-000089
주　　소	경기도 파주시 탄현면 장릉로 124-15
전화번호	031-943-3920　　**팩스번호**　0505-115-3920
전자우편	minbook2000@hanmail.net

—

—

ISBN 979-11-968433-2-8 03700

—

—

이 도서의 국립중앙도서관 출판예정도서목록(CIP)은 서지정보유통지원시스템 홈페이지(http://seoji.nl.go.kr)와
국가자료종합목록 구축시스템(http://kolis-net.nl.go.kr)에서 이용하실 수 있습니다. (CIP제어번호 : CIP2020018219)